TEACH YOURSELF BOOKS

POLISH

NTC *NTC Publishing Group*

TEACH YOURSELF BOOKS

POLISH

M. Corbridge-Patkaniowska
M.A., Ph.D.

NTC *NTC Publishing Group*

Long-renowned as *the* authoritative source for self-guided
learning – with more than 30 million copies sold worldwide –
the *Teach Yourself* series includes over 200 titles in the fields
of languages, crafts, hobbies, sports, and other leisure activities.

This edition was first published in 1992 by NTC Publishing Group,
4255 West Touhy Avenue, Lincolnwood (Chicago), Illinois 60646 –
1975 U.S.A. Originally published by Hodder and Stoughton Ltd.
Copyright 1948, 1960 by M. Corbridge-Patkaniowska

Printed and bound in Great Britain by
Cox & Wyman Ltd., Reading, Berkshire.

CONTENTS

PART II

FOREWORD

English is a language in which the grammar is simple and easy to learn, while the pronunciation is difficult, irregular and inconsistent. The Polish language has a complicated, yet largely regular grammar, but the pronunciation is consistent and therefore comparatively easy.

Polish is a highly inflected language. This means that most words undergo a change in form in order to indicate their changing function, or their changing relationship to other words in the sentence. The change of form consists principally in a variation of the ending. By its ending, a verb will declare, precisely, its person, number, tense and mood; a noun will indicate its number and case, defining exactly its relationship to other words in the phrase or sentence; and an adjective will show its complete agreement with the noun it qualifies.

To learn Polish properly, the student must be able to distinguish these varying forms and to apply them correctly, that is, to learn to associate with each its particular sense and function.

To make the work easy for the beginner and, also, to assist the advanced student who may wish to brush up the essentials, a new method of teaching Polish has been devised in this book. Instead of having to learn by heart laborious tables of all the possible variations of one word, the student now meets only a few specific forms at a time, and becomes accustomed to using them correctly by means of examples drawn from everyday speech. His progress, lesson by lesson, is further simplified by a new arrangement of the grammatical material, departing from and replacing the usual sequence of cases and the "order of declensions," generally followed in Polish grammars. The neuter declension is taken first, as this shows the fewest changes and in it the whole process of inflection can be demonstrated in the simplest terms. When the student has become well accustomed to the habit of showing case relationship and adjectival agreement in the endings, he proceeds to study grammatical gender and the more complicated inflection of other nouns. Forms with identical endings are grouped together, similarities are brought out, and memory is further helped by lists of examples in which, where possible, the device of rhyme and assonance is used.

Throughout the book the student's attention is drawn to the difference between Polish and English usage in everyday idiomatic expressions, in the use of common prepositions, in certain features of sentence structure, etc. Special stress is laid on the importance of understanding thoroughly and using correctly the "aspects" of the Polish verb. As this is a feature unfamiliar to English-speaking people, its meaning and implication have been illustrated by annotated lists of specific examples.

In scope, the book comprises the essential elements of Polish grammar, excluding participles and the conditional mood. The vocabulary contains about 1,000 words.

M. C-P.

THE 1964 EDITION

This revised and enlarged edition appears in the year of a memorable anniversary of the University of Cracow, the *Alma Mater Jagellonica* to so many throughout the world and to the author. While joining with all in tribute and homage in the celebration of the University's six hundred illustrious years of scholarship and teaching, the author would like to wish her here:

Quod felix, faustum, fortunatumque sit—ad Milennium.

PART I

THE PRONUNCIATION OF POLISH

Vowels

Polish possesses the following eight vowel sounds:

1. Oral: a—as in half, laugh
   o—as in a few English words such as molest, November
   u (ó)—as in book, look
   e—as in ten, men
   i—as in heat, seat, but shorter
   y—as the sound for y in Mary, very, sorry

2. Nasal: ę—as in the French words un, Verdun—a nasal *e*
   ą—as in the French words on, comprenons—a nasal *o*

The sound *u* is spelled *ó* in certain words, positions, endings; both *u* and *ó* are pronounced in exactly the same way.

The vowels *ę, ą* are not always pronounced nasally, as indicated above. At the end of words the *ę* loses its nasality in colloquial Polish and is pronounced as oral *e*, the *ą*, however, preserves it. In the middle of words both these vowels, unless in very careful elocution, are pronounced nasally only when followed by a fricative consonant, i.e. by *s, z, ś, ź, sz, ż (rz), w, f,* or *ch (h)*. For *ę, ą* in other positions see page 5.

All Polish vowels are of one, medium length, i.e. they are shorter than the English long vowels, but longer than the English short vowels.

Consonants

The following consonants are pronounced in Polish very much as in English:

p — b
t — d but in the articulation of *t, d* the Pole touches not
the teeth-ridge but the back wall of the teeth with
the tip of the tongue (this pronunciation of *t, d*
occurs in English before *th*, e.g. shu*t* the . . ., buil*d*
the . . .)
k — g
f
s — z
m
n
l — as the English "light" *l* in leek, leaf

The following two consonants sound almost the same in
Polish and Scottish pronunciation:
r — the "rolled" variety
h, ch — (two spellings) like the *ch* in loch

The following sounds exist in English, but are indicated
in Polish by a different letter or combination of letters:

w — pronounced like the English *v*
ł — generally pronounced in Polish like the
English *w*; in very careful elocution the
ł sounds like the "dark" *l* in table, ill
j — like the sound for *y* in yeast, yield

two letters to mark one sound	sz — English *sh* in shoe, sugar rz (ż) — as the sound for *s* in measure, treasure; the sound for *rz* may also be spelled *ż* (*z* with a dot over it)—both are pronounced in exactly the same way cz — English *ch* in church, choose, or *tch* in switch dż — English *j* in jewel, jungle (ch — also spelled *h*, see above)	but harder

The sounds indicated by the following letters do not exist
in English:

ś — a very soft, hissing *s*; articulation: the air-stream
forces its way through a long, narrow passage
formed by raising the whole middle part of the
tongue to the hard palate

ż — a very soft, hissing *z*; articulated as *ś*, but voiced

ć — combinations *t* + *ś*, pronounced in so rapid a succession that the time of the articulation of both elements is the same as that of a single sound

dż — combination *d* + *ż*, articulated as *ć*, but voiced

ń — a very soft *n*, articulated with the middle of the tongue making contact with the front part of the hard palate; the nearest sound in English is the first *n* in onion, companion

c — combination *t* + *s*, pronounced in quick succession (see *ć*); the nearest sound in English is the *tz* in Switzerland

dz — combination *d* + *z*, articulated as *c*, but voiced

The letters *ś, ż, ć, dż, ń* are used in spelling only when the sounds they represent appear before a consonant or at the end of words; when, however, they appear before a vowel, the letter

ś is replaced by si+	a vowel (a, e, o, u, ę, ą, never y) thus forming groups	sia, sie, sio, siu, się, sią
ż is replaced by zi+		zia, zie, zio, siu, zię, zią
ć is replaced by ci+		cia, cie, cio, ciu, cię, cią
dż is replaced by dzi+		dzia, dzie, dzio, etc.
ń is replaced by ni+		nia, nie, nio, etc.

In these groups the letter *i* is not pronounced at all, it has no sound value, it does not represent a vowel, but is merely a spelling sign used to indicate that in connection with the vowel on its right hand side the letters *s, z, c, dz, n* are pronounced as *ś, ż, ć, dż, ń*, respectively, so that, e.g., the syllable spelled *sia* is pronounced as *śa*. Thus, in fact, the *i* in these positions replaces the sign over the letter.

The sounds *ś, ż, ć, dż, ń* frequently appear in Polish words with the vowel *i* as the only vowel in a syllable, with no other vowel following. Such groups are spelled *si, zi, ci, dzi, ni,* and in these the *i* performs a double function: it indicates the pronunciation of *s* as *ś*, of *z* as *ż*, etc., and is itself pronounced as the vowel *i*.

To sum up: the letters *s, z, c, dz, n,* whenever followed by *i* (whether pronounced as *i* as in groups *si, zi,* etc., or merely as a spelling sign as in groups *sia, zia,* etc.), have the phonetic value of *ś, ż, ć, dż, ń* and must be pronounced as such.

The "softening" effect of the *i*, however, is not limited to the above five consonants. Other Polish consonants, viz. *p, b, k, g, f, w, m, l, (r, h)*, when followed by the *i*, acquire a soft pronunciation. This "softness" is clearly distinguishable by ear and is brought about by a feature additional to and simultaneous with their normal "hard" articulation: the raising of the middle of the tongue towards the hard palate.

The soft pronunciation of these consonants may occur in Polish before any vowel except *y*, but it does not occur at the end of words or before another consonant.

In spelling, the softness of these consonants is indicated by the *i*, either in groups like:

pia, bio, kie, etc., etc.—in which the *i* is not pronounced, but is merely a spelling sign indicating the softness of *p, b, k,* etc., in connection with the vowel on its right hand side (*a, o, e,* etc.).

or in groups like:

gi, wi, mi, etc., etc.—in which the *i* performs the double function of indicating the softness of the *g, w, m,* etc., and of being pronounced itself as the vowel *i*.

Conclusion: Almost all Polish consonants (with the exception of *l* which is never soft and *j* which is always soft) possess a hard and a soft articulation. The former corresponds to the English pronunciation, the latter is a characteristic feature of Polish phonetics. The student must, therefore, distinguish carefully between syllables like, e.g.:

ba and *bia, wo* and *wio, ne* and *nie*

—they differ in both articulation and the aural effect produced.

The characteristic groups spelled:

prz are pronounced p + sz (sto*p sh*outing)
krz   k + sz (too*k s*ugar)
chrz   h + sz (lo*ch sh*ore)

brz	b + ż	(*bzh*, *zh* as for *s* in *measure*, *treasure*)
drz	d + ż	
grz	g + ż	(*gzh* as often for *x* in *luxurious*)

trz is generally pronounced czsz (mu*ch* *s*ugar)

The group *szcz*, although it looks formidable to the English eye, presents no difficulty to the English tongue, as a similar group occurs daily in the English phrase, e.g. girli*sh* *ch*arm, ra*sh* *ch*oice, ca*sh* *ch*eques, etc.

Sounds and Spelling

As compared with English, Polish spelling is consistent and provides a guide to pronunciation. The sound value as represented by a letter or a combination of letters remains on the whole the same all through the vocabulary whenever the same letter, or combination of letters, occurs.

The following deviations from spelling must, however, be borne in mind:

I.—The Nasal Vowels ę, ą:

1. The vowels ę, ą when followed by *ł* and *l* lose their nasality and are generally pronounced in spoken Polish as *e*, *o*, e.g.: *ginął*, *ginęli*, sound; *ginoł*, *gineli*.

2. When followed by a consonant other than *ł*, *l* or a fricative consonant (see p. 1), these vowels are pronounced as oral *e*, *o* + the nasal consonant *n* or *m* (or their variants), depending on the nature of the following consonant.

Thus głęboki is pronounced głemboki (*m* before *b* and also before *p*)

zajęty	zajenty	⎫
mądry	mondry	⎬ (*n* before *t*, *d*, *c*
ręce	rence	⎪ and also *dz*)
tysiąc	tyśonc	⎭
pięć	pieńć	⎫ (*ń* before *ć* and
wziąć	wźońć	⎬ also *dź*)
ręka	renka	⎫ (*n* as in thi*n*k,
ciągnie	ćongńe	⎬ ki*ng*, before *k*, *g*)

II.—Consonants:

1. At the end of a word (not followed immediately by another word) a voiced consonant invariably changes into a breathed one, thus:

b changes into p, e.g.:		chleb is pronounced hlep	
d	t	rząd	żont
g	k	róg	ruk
w	f	słów	słuf
z	s	teraz	teras
ż (rz)	sz	etc.	etc.
ź	ś		
dz	c		
dź	ć		

2. (*a*) In the middle of a word, whenever any of these voiced consonants is immediately followed by a breathed one, it changes into the corresponding breathed sound (b into p, d into t, etc., as above). Thus:

babka is pronounced bapka
książka   kśąszka
Rogowski   rogofski (or: rogoski)
wchodzić   fhodzić
     etc.   etc.

Note the opposite result (a breathed and a voiced consonant resulting in two voiced):

także   tagże

2. (*b*) The following groups, however, follow their own law and are pronounced:

tw as tf (not: *dw*)			twoje is pronounced tfoje	
kw	kf (not: *gw*)		kwiat	kfiat
sw	sf	etc.	swoje	sfoje
szw	szf		Szwecja	szfecja
św	śf		święto	śfiento
cw	cf			
czw	czf		czwartek	czfartek
ćw	ćf		ćwiczenie	ćficzeńe
chw	hf		chwytać	hfytać

3. The same changes as in 2 (*a*) take place when a group of mixed breathed and voiced, or voiced and

breathed consonants is formed between words pronounced
in quick succession, as, e.g., between a preposition and
the following noun.   Thus:

pod stołem is pronounced	pot stołem
bez ciebie	bes ćebie or even: beś
	ćebie
w szkole	f szkole
chleb taki	hlep taki
róż pięknych	rúsz pienknyh
And: jak długo	jag długo
etc.	etc.

Stress

With few exceptions, the stress in Polish falls on the
penultimate syllable.

The Polish Alphabet

a	d	g	k	n	p	t	z
ą	e	h	l	ń	r	u	ź
b	ę	i	ł	o	s	w	ż
c	f	j	m	ó	ś	y	
ć							

LESSON 1

NEUTER NOUNS—THE QUALIFYING PRONOUN
AND ADJECTIVE

Nouns which in the nominative singular end in -o and -e
are neuter: *okno*, window; *pióro*, pen; *pudełko*, (a small)
box; *dziecko*, child; *pole*, field; *morze*, sea.

The nominative is the case of the subject of the sentence,
e.g.: *Pióro jest nowe.*   The pen is new.   *Morze jest głębokie.*
The sea is deep.

The form of the nominative singular of nouns in -o and -e
serves also for two other cases of that number, i.e. for the
vocative, the case in which a person or thing is addressed,
and for the accusative which is the case of the direct object:

Voc.:		Acc.:	
Dziecko!	Child!	*Mam pióro.*	I have a pen.
O morze!	Oh sea!	*Kocham morze.*	I love the sea.
		Zamykam pudełko.	I am closing the box.

The adjective in Polish agrees with the noun it qualifies in gender, case and number.

An adjective qualifying a neuter noun in the nominative, vocative and accusative singular ends in *-e*: *nowe pióro*, a new pen; *głębokie morze*, a deep sea; *dobre dziecko*, a good child; *duże pole*, a large field; *moje okno*, my window; *małe pudełko*, a small box. The demonstrative adjective and pronoun, however, ends in *-o*: *to*, this, that (here); *tamto*, that (over there); so does the numeral adjective *jedno*, one. Thus: *to małe dziecko*, this small child; *tamto pole*, that field; *jedno dobre pióro*, one good pen.

Read and translate:

1. To jest pióro.   2. To jest moje nowe pióro.   3. Mam nowe pióro.   4. Mam jedno nowe pióro.   5. Dziecko jest małe.   6. To dziecko jest małe.   7. Moje dziecko! 8. Kocham to dziecko.

In the nominative, vocative and accusative plural the neuter nouns in *-o* and *-e* take the ending *-a* in place of the *-o* or *-e*: *okno*, window—*okna*, windows; *pióro*, pen—*pióra*, pens; *pole*, field—*pola*, fields; *morze*, sea—*morza*, seas. The plural of *dziecko*, child, is irregular (as in English): *dzieci*, children.

The adjective for these cases has the same ending in the plural as in the singular. But the demonstrative adjectives *to*, *tamto* change into *te*, *tamte* (i.e. in the plural they take the ending *-e* like all other adjectives). Thus: *duże okno*, a big window—*duże okna*, big windows; *to nowe pióro*, this new pen—*te nowe pióra*, these new pens; *małe pudełko*, a small box—*małe pudełka*, small boxes; *tamto pole*, that field—*tamte pola*, those fields; *to dobre dziecko*, that good child—*te dobre dzieci*, those good children.

The numbers two, three, four are: *dwa*, *trzy*, *cztery*. Thus: *Te dwa pióra są nowe.* These two pens are new. *Cztery okna są duże.* Four windows are large.

With the word *dzieci*, children, however, the forms *dwoje*, *troje*, *czworo* are used in place of the ordinary numbers. Thus the Polish for: I have two, three, four children—is: *Mam dwoje, troje, czworo dzieci.** The forms *dwoje*, *troje*, *czworo* are called collective numbers and imply that in the group of children mentioned there may be boys and girls, i.e. male and female persons. Apart from the word *dzieci*, collective numerals are not frequently used in Polish.

Translate into English:

1. To pole jest małe, tamto jest duże. 2. Te pola są małe, tamte są duże. 3. Mam dobre dzieci. 4. O moje dzieci! 5. Dobre dziecko. 6. Kocham dzieci. 7. Mam pudełko. 8. Mam jedno pudełko. 9. Mam jedno małe pudełko. 10. Mam trzy nowe pudełka. 11. Głębokie morze. 12. To jedno pióro jest dobre. 13. To pióro. 14. Te pióra. 15. Mam te cztery pióra. 16. Jedno okno jest duże, dwa są małe. 17. Te dwa pudełka są moje. 18. Moje pudełko jest małe.

Translate into Polish:

1. These two pens are good. 2. This field is large. 3. I have small children. 4. I have one child. 5. I have four children. 6. The sea is deep. 7. This is my window. 8. My good children!

Vocabulary

dziecko	child	*jest*	is
okno	window	*są*	are
morze	sea	*mam*	I have
pióro	pen	*kocham*	I love
pole	field	*to*	this, that
pudełko	box	*tamto*	that (over there)
dobre	good	*jedno*	one
duże	large	*dwa*	two
głębokie	deep	*trzy*	three
małe	small	*cztery*	four
moje	my, mine	*dwoje dzieci*	two children
nowe	new	*troje dzieci*	three children
		czworo dzieci	four children

* *Dzieci* here is the form of the genitive plural, see pp. 27 and 205.

Speech drill. Read aloud, dividing into syllables as indicated:

pió-ro — biu-ro	ó and u, ż and	mo-je — je-dno — jest	
pió-ra — biu-ra	rz are pronounced in	dziec-ko — dzie-ci	
du-że — mo-rze	exactly the	są —są —są —pronounce	
ma-łe — po-le	same way, comp. pp. 1, 2	ą like *on* in the French words *bon*, *garçon*.	

głębokie pronounce głem-bo-kie — głembokie

czworo   „   czfo- (like su*ch four*) ro — czforo.

cztery   „   czte- (like cat*ch ten*) ry — cztery.

trzy   „   czszy (like mu*ch sugar* + *y* as the final sound in *Mary*).

LESSON 2

THE FIRST CONJUGATION AND THE PERSONAL PRONOUN—FORMAL ADDRESS—THE PREPOSITION *na*

Many verbs with infinitives ending in -*ać* are conjugated in the present tense as follows:

kochać, to love	*czytać*, to read	*zamykać*, to close, to shut
kocham, I love	czytam, I read	zamykam, I close
kochasz, thou lovest	czytasz, thou readest	zamykasz, thou closest
kocha, he, she, it loves	czyta etc.	zamyka etc.
kochamy, we love	czytamy	zamykamy
kochacie, you love	czytacie	zamykacie
kochają, they love	czytają	zamykają

The verb *mieć*, to have, the infinitive of which ends in -*eć*, not in -*ać*, is also conjugated like *kochać*: *mam, masz, ma; mamy, macie, mają*—I have, thou hast, he, she, it has, etc.

The present tense of a Polish verb can also be translated into English by the progressive form: *czytam*, I read, or: I am reading.

Verbs with infinitives ending in -*ać*, conjugated in the present tense as the above, will be called the first conjugation verbs.

The personal pronouns in Polish are:

ja	I	my	we
ty	thou	wy	you
on	he	oni	they—used only with reference to men or a mixed group of men and women.
ona	she	one	they—used with reference to women and *all* other nouns.
ono	it		

It will have been noticed, above, that the personal pronoun given in the English rendering of the conjugation does not appear in Polish. Since in Polish the person referred to is clearly indicated by the ending, the personal pronoun becomes superfluous and is generally omitted before a verb, especially in the first and the second persons. When a personal pronoun is used with either of these two persons, it is to stress the speaker's desire for a clear differentiation between the persons: *Ja mam twoje pióro.* I have your pen. (It is I who have your pen.)

In formal address a whole expression is used in Polish. It is composed of the noun *pan*, gentleman, when addressing a man, *pani*, lady, when addressing a woman, followed by the verb in the third person singular:

Pan ma moje pióro.	You have my pen (to a man).
Pani ma moje pudełko.	You have my box (to a woman).

In the plural:

Panowie mają moje pióro.	You have my pen (to men).
Panie mają moje pióro.	You have my pen (to women).

Thus the English form of direct address, a verb preceded by the pronoun *you*, may have several correspondents in Polish, with the result that the Polish gives a much clearer idea as to who is addressed. Thus, e.g., *you have*—is in Polish:

(*ty*) *masz* when addressing one person ⎤

(*wy*) *macie* when addressing several persons ⎬ in familiar address (brothers and sisters, husband and wife, school children, teacher speaking to his pupils, close friends, etc.).

pan ma   when addressing a man ⎤

pani ma   when addressing a woman ⎬ in formal address

panowie mają when addressing a group of men

panie mają   when addressing a group of women ⎦

There is one more possibility in formal address: when addressing a married couple or a mixed group of men and women, you say:

państwo mają, you have—where *państwo* implies Mr. and Mrs., or ladies and gentlemen.

The accusative, which is the case of the direct object, is also used after several prepositions. One of these is the preposition *na*, meaning *to*, after which the accusative is used to express motion:

Idę na zebranie.   I am going to the meeting.

Na may also mean *for* (some purpose), as in the phrase *czekać na*, to wait for, when it is also followed by an accusative:

Czekamy na dzieci.   We are waiting for the children.

na święta   for the holidays

Translate into English:

1. Zamykamy okna. 2. Zamykam okno. 3. Otwierają to pudełko. 4. Czytam twoje zadanie. 5. Ona czyta moje zadanie. 6. Macie ładne mieszkanie. 7. Dziś mamy święto. 8. Mamy dwa święta. 9. On kocha dzieci. 10. Pani ma małe dzieci. 11. Pamiętasz to mieszkanie. 12. Pamiętacie te święta. 13. Czekają na śniadanie. 14. Oni mają dziś zebranie. 15. One mają ładne mieszkanie. 16. Ona czeka na zebranie. 17. Pan otwiera dwa okna.

Exercise

Give the Polish correspondents in familiar and formal address for: you remember.

Translate into Polish:

1. The child is opening this large box.   2. The children are opening this large box.   3. I remember that flat. 4. We are waiting for these new pens.   5. They (men) have a nice flat.   6. Your (thy) exercise is good.   7. They (women) are reading the exercises.   8. You (to a man, formal) are reading my exercise.   9. To-day you have two exercises.   10. I am waiting for breakfast.   11. We have a meeting to-day.   12. You (women, formal) are closing the windows.   13. I love the sea.   14. To-day is a holiday.

Vocabulary

pan, gentleman, sir, Mr.
pani, lady, madam, Mrs.
państwo, Mr. and Mrs.,
  ladies and gentlemen
mieszkanie, flat, dwelling,
  home
śniadanie, breakfast
święto, (church) holiday
zadanie, exercise, task
zebranie, meeting
czekać na, to wait for
czytać, to read
kochać, to love
mieć, to have
otwierać, to open
pamiętać, to remember
zamykać, to close, to shut

ładne, nice, pretty
twoje, thy, thine (your, yours)

ja, I
ty, thou
on, he
ona, she
ono, it
my, we
wy, you
oni, they (men)
one, they (women and all
  other nouns)
dziś, to-day
dzisiaj, to-day
na (with acc.) to; for

Speech drill.   Read aloud:

za-da-nie
ze-bra-nie
mie-szka-nie
śnia-da-nie
świę-to (śfien-to)
dzi-siaj

cze-ka-my — czy-ta-my
my cze-ka-my — my czy-ta-my
wy cze-ka-cie — wy czy-ta-cie
czy-ta-ją — cze-ka-ją
czy — cze
je — ją
ty — my — wy
o-ni — o-ne
mie — nie — cie
mieć — czekać — czytać

two-je — o-twie-ra — świę-to are pronounced: tſo-je —
   o-tfie-ra — śfien-to

świę-to (śfien-to) — pa-mię-tać (pa-mien-tać)

LESSON 3

QUESTIONS AND INTERROGATIVES

A simple question, requiring the answer yes or no, is
introduced by the interrogative particle *czy*, the word order
of the sentence being the same as that of a simple statement.

Simple statement:

Zamykacie okna.	You are closing the windows.

Question:

Czy zamykacie okna?	Are you closing the windows?
	Do you close the windows?

Answer:

Tak, zamykamy.	Yes, we are. Yes, we do.
Nie, nie zamykamy.	No, we aren't. No, we don't.
Masz zadanie.	You have the exercise.
Czy masz zadanie?	Have you the exercise?
Tak, mam.	Yes, I have.
Nie, nie mam.	No, I haven't.

In colloquial speech, especially in direct address, the *czy*
is often omitted:

Masz zadanie?	Have you the exercise?
Mam. Nie mam.	I have. I haven't.
Czekacie na śniadanie?	Are you waiting for break-fast?
Pamiętasz to słowo?	Do you remember that word?

When *pan, pani* is used, the omission of *czy* usually causes
the inversion of the subject and predicate, *pan, pani* being
put after the verb:

Pamięta pan to słowo?	Do you remember that word? (to a man).
(Pan pamięta to słowo.	You remember that word).

Ma pani jabłka?	Have you apples? (to a woman).
(Pani ma jabłka.	You have apples).

When asking about a direct object which is a thing, the interrogative *co*, what, is used:

Co pan czyta? Czytam wasze zadania.	What are you reading? I am reading your exercises.
Co macie na śniadanie?	What have you for breakfast?
Na co czekasz?	What are you waiting for?

When asking about a person who is the subject of the sentence, the interrogative *kto*, who, is used:

Kto ma moje pióro?	Who has my pen?
Kto pamięta to słowo?	Who remembers that word?
Kto czeka na śniadanie?	Who is waiting for breakfast?
Kto czyta pisma wie- czorne?	Who reads the evening papers?

When asking about quality, the interrogative adjective *jakie*, what, what sort of, is used:

Pani ma jabłka.	You have apples.
Jakie pani ma jabłka?	What apples have you?
Mam dobre jabłka.	I have nice apples.
Jakie to jest pióro?	What sort of a pen is this?
To jest dobre, nowe pióro.	It is a good, new pen.
Jakie pisma pan czyta?	What newspapers do you read?
Czytam pisma wieczorne.	I read the evening papers.

When asking which one (of several, of many), the interrogative adjective *które* is used:

Które okno zamykasz?	Which window are you closing?
Zamykam to duże okno.	I am closing this big window.
Które zadanie jest najlep- sze?	Which exercise is the best?
To zadanie jest najlepsze.	This exercise is the best.

Które, like which in English, is also used as a relative pronoun. When so used, *które* is always preceded by a comma:

Okno, które zamykam,   The window which I am
jest duże.   closing, is large.

When asking about possession, the interrogative adjective
czyje, whose, is used:

Czyje to jest pióro?   Whose pen is this?
Czyje zadanie jest najlep- Whose exercise is the best?
sze?

Summary of interrogatives:

Czy czytasz? or simply: Are you reading?
   Czytasz?
Kto czyta?   Who is reading?
Co czytasz? }   What are you reading?
Co pan czyta? }
Jakie pisma czytasz?   What (sort of) periodicals do
                         you read?
Które zadanie czytasz?   Which exercise are you read-
                         ing?
Czyje zadanie czytasz?   Whose exercise are you read-
                         ing?

Translate into English:

1. Które okno jest duże? 2. Jakie jest to okno? 3. Jakie
są nasze okna? 4. Co masz na śniadanie? 5. Kto ma
jabłka? 6. Co on otwiera? 7. Co ona zamyka? 8. Kto
czeka na śniadanie? 9. Czyje są te pisma? 10. Czyje jest
to zadanie? 11. Kto ma moje pióro? 12. Jakie jest okno,
które zamykasz? 13. Które pisma pan czyta? 14. Jakie
jest morze? 15. Czy wasze mieszkanie jest duże czy małe?
16. Czy pan ma jedno pudełko, czy dwa pudełka?

Exercise.—Answer the above questions in Polish.

Translate into Polish:

1. Whose exercise are you reading? (give seven render-
ings of this sentence, two in the informal address, and five
in the formal address). 2. Which periodical is the best?
3. Whose apples are the best? 4. What pen have you (to a
lady)? 5. Who has a nice new flat? 6. Whose words do
we remember? 7. Are the evening papers good? 8. Is
the sea deep? 9. What are we waiting for? 10. He re-
members three words—what words? 11. What periodicals

do you read (to a gentleman)?   12. Who has your exercise (translate your by *thy*)?   13. Who has your exercises (translate your by *wasze*), Mr. S. or Mrs. K.?   14. Yes or no?

Vocabulary

jabłko, apple
pismo, writing; periodical, newspaper
słowo, word
najlepsze, best
wieczorne, evening (as adj.)
nasze, our, ours
wasze, your, yours
czyje, whose
jakie, what, what sort of

które, which, which one
kto, who
co, what
czy, whether (interrog. particle)
czy, or
czy . . . czy, whether . . . or
tak, yes
nie, no, not

Speech drill.   Read aloud:
czy — czy-je — wie-czor-ne
czy-je — ja-kie — naj-lep-sze
na-sze — wa-sze
jabłko is generally pronounced japko.

LESSON 4

NEUTER NOUNS—THE FUNCTIONS OF THE GENITIVE

The genitive singular of neuter nouns is the same, i.e. it takes the same ending as the nominative plural.   Thus: *pióro*, pen, *pióra*, pens, and gen. sing.: *pióra*, of the pen; *morze*, sea, *morza*, seas, and gen. sing.: *morza*, of the sea; *święto*, holiday, *święta*, holidays, and gen. sing.: *święta*, of the holiday.   From dziecko, *child*, the genitive singular is *dziecka*.

The genitive is a case of many functions.

1. The principal function of the genitive is to express possession:

pióro dziecka   the pen of the child, the child's pen
okno mieszkania   the window of the flat

2. Another very important function of the genitive in Polish is that it replaces the accusative as the direct object whenever the verb is preceded by *nie*, not. In other words, the direct object which in an affirmative sentence is put in the accusative, in a negative sentence must be put in the genitive:

Mam dziecko.	I have a child.
Nie mam dziecka.	I haven't a child.
Czytam zadanie.	I am reading the exercise.
Nie czytam zadania.	I am not reading the exercise.
Otwieram okno.	I am opening the window.
Nie otwieram okna.	I am not opening the window.

3. There are, however, verbs which regularly require the genitive, not the accusative, as their direct object, e.g. *szukać*, to look for, *słuchać*, to listen to. After such verbs the object remains unchanged when an affirmative sentence is changed into a negative one:

Szukam pióra.	I am looking for the pen.
Nie szukam pióra.	I am not looking for the pen.
Słucham opowiadania.	I am listening to the tale.
Nie słucham opowiadania.	I am not listening to the tale.

4. The genitive is also used as complement after expressions of quantity, e.g. *dużo*, much, *mało*, little:

dużo mleka	much milk
mało mleka	little milk

5. Many prepositions take the genitive. Among these are:

od	from; since	od dziecka	from the child
		od okna	from the window
		od zebrania	since the meeting
do	to, into	do okna	to the window
		do pudełka	into the box
		do biurka	to, into the writing-table
		od morza do morza	from sea to sea
dla	for	dla dziecka	for the child
koło	near, by	koło okna	by the window
		koło biurka	by the writing-table

z, ze out of, from (off); (made) of   z biurka — out of the writing-table, from the writing-table

(The form ze is used when the following word begins with a group of consonants.)

z pudełka — out of the box
z drzewa — of wood
ze szkła — of glass

A pronoun or adjective qualifying a neuter noun in the genitive singular takes the ending -ego in place of the final vowel:

Nom:	Gen:	
to	tego	(t-o, t-ego)
tamto	tamtego	(tamt-o, tamt-ego)
jedno	jednego	(jedn-o, jedn-ego)
duże	dużego	(duż-e, duż-ego), etc.
ładne	ładnego	
czyje	czyjego	
moje	mojego	
wasze	waszego	

Note the genitive of *kto* and *co*:

kto — kogo
co — czego

Translate into English:

1. Czyje zadanie jest najlepsze? Zadanie tego małego dziecka jest najlepsze. 2. Kto zna to słowo? 3. Kto nie zna tego słowa? 4. Kogo pani tu nie zna? 5. Dla kogo są te jabłka? 6. Mam masło i jajka, ale nie nam mleka dla dziecka na śniadanie. 7. Nie znam tego pisma. 8. Mamy bardzo mało drzewa. 9. Biurko jest zrobione z drzewa. 10. Okna są zrobione z drzewa i ze szkła. 11. To jabłko jest z naszego drzewa. 12. Którego pisma pan szuka? 13. Chowam pióro do pudełka. 14. Biorę pudełko z biurka. 15. Dużo masła, dużo mleka. Duże jajko, duże drzewo. 16. Dzieci słuchają opowiadania. 17. Kogo pani szuka? 18. Czego pani szuka? 19. Czego szukasz? 20. Szukam tego pudełka. 21. Którego pudełka? Naszego? 22. Nie, nie waszego, mojego.

Translate into Polish:

1. We do not know this new periodical. 2. I am going (idę) from the window to the writing-table. 3. Little milk,

little butter. Small apple, small flat. Little wood—a small tree. 4. What is made of glass? of wood? 5. She is putting the pens away into the box. 6. You (thou) know this periodical. 7. You (to a woman) do not know this periodical. 8. What is by that tree? 9. For whom are these apples? 10. The child's tale. From (z) this field.

Vocabulary

biurko, writing-table, writing-desk
drzewo, tree; wood
jajko or *jaje*, egg
masło, butter
mleko, milk
szkło, glass
opowiadanie, tale
dużo, much
mało, little
bardzo, very
zrobione z, made of
biorę, I am taking

chować, to put away
słuchać, to listen
szukać, to look for
znać, to know
do, to, into
dla, for
koło, near, by
od, from; since
z, ze, out of, from
tu, here
ale, but
i, and

Speech drill.   Read aloud:
żu-żo-ża-że — du-że
drzu-drza-drze — pronounce the group drz as the initial sound in *gin, jet*, plus the ż sound (as for *s* in *measure, treasure*).
drze-drze-drze-wo
szu-ka-cie — słu-cha-cie — cho-wa-cie — zna-cie
cha-cho-cha-cho-cham-chasz-cha — pronounce the sound spelled ch as *ch* in Scottish *loch*.

cho-wam — słu-cham
Note the pronunciation of the prepositions *od*, *z*, i.e. prepositions ending in a (voiced) consonant (comp. p. 6, paragraph 3):

od okna	the *d* in *od* is pronounced as *d*	but:		*d* becomes *t*
od biurka		od pudełka (otpud . . .)	
od zebrania		od śniadania (otśniad . . .)	

z okna		but:		
z biurka	z is pronounced as z	z pudełka	(spud . . .)	z becomes s
z zebrania		z tego . . .	(stego)	

Thus the final voiced consonant of a preposition remains voiced if the following word begins with a vowel or with a voiced consonant; but it changes into a corresponding breathed consonant (*d* into *t*, *z* into *s*) if the initial consonant of the following word is breathed. A monosyllabic preposition (*od*, *dla*, etc.) or a non-syllabic preposition (*z*) is pronounced together with the following word, so that there is no stop between the preposition and the following word.

LESSON 5

THE SECOND CONJUGATION

The second Polish conjugation comprises a very small number of verbs. These are conjugated as follows:

umieć, to know how to . . .	*rozumieć*, to understand
umiem, I know how to . . .	rozumiem, I understand
umiesz, thou knowest how to, etc.	rozumiesz, thou understandest, etc.
umie	rozumie
umiemy	rozumiemy
umiecie	rozumiecie
umieją	rozumieją

The two following verbs are conjugated much like *umieć*, but the third person plural takes the ending *-dzą*, not *-ją*:

wiedzieć, to know	*jeść*, to eat
wiem, I know	jem, I eat
wiesz, thou knowest, etc.	jesz, thou eatest, etc.
wie	je
wiemy	jemy
wiecie	jecie
wiedzą	jedzą

It will be noticed that *wiedzieć* is the third Polish correspondent for the English verb *to know*—the other two are *umieć*, in this lesson, and *znać*, in lesson four. *Wiedzieć* and *znać* are comparable to the French verbs *savoir* and *con-*

naître, or German *wissen* and *kennen.* *Wiedzieć* and *znać* are used as follows:

Wiem, że . . .	I know that . . .
Wiesz, kto . . .	You know who . . .
Wiesz, co . . .	You know what . . .
Wiesz, które . . .	You know which . . .
Wiesz, jakie . . .	You know what sort of . . .
Wiesz, czyje . . .	You know whose . . .
Wiesz, gdzie . . .	You know where . . .
Wiesz, kiedy . . .	You know when . . .
Wiesz, dlaczego . . .	You know why . . .
Znam to dziecko.	I know this child.
Znam to pismo.	I know this periodical.
Znam to słowo.	I know this word.
Znam to opowiadanie.	I know this tale.

Umieć expresses the knowledge of how to do a thing, a knowledge acquired by practice, training, study:

Umiem czytać.	I know how to read.*
Umiem pływać.	I know how to swim.*
Umiem śpiewać.	I know how to sing.*

Also:

Nie umiem polskiego na dzisiaj.	I don't know my Polish (my Polish lesson) for to-day.

Translate into English:

1. Co je to dziecko? 2. Co jedzą te dzieci? 3. Ona to rozumie. 4. Ona to umie. 5. Wiem, że tego nie rozumiecie. 6. Nie rozumiesz tego słowa? 7. Czy pani wie, gdzie są dzieci? 8. Czy wy wiecie, co on czyta? Nie, nie wiemy, nie rozumiemy ani słowa. Może ty rozumiesz? Nie, ja także nie rozumiem. 9. Idę do biura. Wracam z biura. 10. Może pani wie, kiedy pan Rawicz wraca z

* Or, in English, simply: *I can read, swim, sing.* Note, however, that when *I can* implies ability based on former training, on having learned, or having been taught, *umiem* must be used in Polish; if it implies physical ability, *I can* would be rendered by *mogę,* a form of *móc,* to be able to (see p. 135), a direct English correspondent in this sense. Thus *umiem czytać* would be said by a small child, or a former illiterate, or by somebody referring to a special script, a foreign text, etc.; while *mogę czytać* would mean *I am able to read,* implying, for instance, because I feel strong enough to do so—an invalid speaking, or because I can see well enough to read, or because I am not forbidden to read, etc.

biura? Ja nie wiem, ale one pewnie wiedzą. 11. Pan już pewnie wie, czyje zadanie jest najlepsze. 12. Nie umiecie pływać? 13. Moje dzieci już umieją czytać. 14. Ona bardzo ładnie śpiewa. Hania także dobrze śpiewa. 15. Rozumie pan? Tak, rozumiem. 16. Nie rozumie pani? Nie, nie rozumiem tego. Czego pani nie rozumie? Tego zadania. Maryla i Staszek także nie rozumieją dobrze tego zadania. 17. To jest dobrze zrobione. 18. Nie wiemy, do czego wracamy.

Translate into Polish:

1. This child does not know how to swim. 2. When is he coming back? I don't know when. 3. Does he already know that she is coming back to-day? He doesn't know, but Staszek and Maryla know (put the verb in the plural). 4. We are having (trans. eating) breakfast. 5. Why don't you know (wiedzieć) this? 6. They (men) eat, they know. They (women) understand it; they know (umieć) it. 7. When are they coming back from the office? 8. Do you know where the butter is? No, I don't know, but Zosia is sure to know (trans.: surely knows). No, she doesn't know either (także). Perhaps the children know. No, they don't know. 9. Who is singing? We are singing. 10. I understand these four words, but I do not understand this one. 11. Why aren't you (to a woman) singing? 12. I know—you (thou) also (already) know. 13. Why aren't the children coming back? 14. She doesn't know, she doesn't remember. 15. I remember it well.

Vocabulary

biuro,	office
idę do,	I am going to . . . (a place)
jeść, II,	to eat
pływać, I,	to swim
rozumieć, II,	to understand
śpiewać, I,	to sing
umieć, II,	to know how to
wiedzieć, II,	to know
wracać, I,	to be coming back, to come back; to go back

The Roman numbers will henceforth be given to indicate the conjugation of a verb.

dlaczego, why
gdzie, where
kiedy, when
już, already
może, perhaps
pewnie, surely, probably
także, also, too
także nie, neither
że, that (conj.)
ładnie, nicely
dobrze, well (properly)
ani słowa, not a word

Christian names:
Male:
Staszek — diminutive of *Stanisław*, Stanislas
Female:
Hania — Nan, diminutive of *Anna*, Ann
Maryla — diminutive of *Maria*, Mary
Zosia — diminutive of *Zofia*, Sophia

Speech drill:

mo-że — mo-rze — może-morze (*rz* and *ż* are pronounced in exactly the same way, compare p. 2).

u-mieć — ro-zu-mieć — wie-dzieć — jeść — jeść — jeść
wie-dzą — je-dzą — dzie-ci wie-dzą — dzie-ci je-dzą
także is pronounced: ta-gże
gdzie-dzie-ci — gdzie-gże-gdzie-gże
śpie-śpie-śnia — śpie-wa — świę(śfien)-to — śnia-da-nie

LESSON 6

NEUTER NOUNS—VOWEL INTERCHANGES
THE GROUPS *kie, gie*

The genitive plural of neuter nouns is found by dropping the final *-o* or *-e* ending of the nominative singular. Thus the genitive plural has no ending and the root or the stem of the noun is exposed:

Nom. Sing.:	Gen. Plur:
piór-o	piór
biur-o	biur
pism-o	pism
drzew-o	drzew
mieszkani-e	mieszkań
zadani-e	zadań
uczuci-e, feeling	uczuć

1. Note the last three examples of nouns ending in -*nie*, like *mieszkanie*, *zadanie*, *śniadanie*, and in -*cie*, like *uczucie*, feeling, *zajęcie*, occupation, etc.   The *i* in -*nie*, -*cie* does not indicate the vowel sound *i* (we do not pronounce: za-da-ni-e, or u-czu-ci-e) but—as always when the *i* finds itself between a consonant and another vowel—it serves as a graphic sign to indicate the softness of the preceding consonant.   In the case of -*nie* and -*cie* the consonants *n* and *c* happen to belong to the small group of Polish consonants which possess special letters to indicate their soft variants—the letters *ń* and *ć*.   These letters, however, are only used in Polish spelling when a soft *n* or *c* occur before another consonant or at the end of a word.   (If these letters could be used before a vowel we should be writing in Polish: mieszkańe, zadańe, uczuće, zajęće, etc., that is, in the phonetic way).   By the dropping of the vowel ending in the genitive plural in nouns ending in -*nie*, -*cie* the soft *n* or *c* is exposed, i.e. it finds itself at the end of the word, and is then spelled *ń*, *ć*.   Thus the spelling of the genitive plural of *mieszkanie*, *zadanie*, *uczucie* as *mieszkań*, *zadań*, *uczuć* is regular and logically in keeping with the rules of spelling obtaining in Polish.

2. There are, however, some nouns in which the dropping of the ending in the genitive plural brings about certain strictly defined changes in the remaining root of the word.   These changes can be generally described as the result of a process of lengthening of the root—with the intention, so to speak, of "making up" for the curtailment of the word through the disappearance of the ending, and to-day they consist simply in one sound being replaced by another.

The phenomenon of sound alternation, of varying nature and origin, affecting both vowels and consonants, occurs not only in nouns, but in other parts of speech, and as it is a feature of Polish inflection and word formation, the student's attention is drawn to it at this early stage.

In neuters under discussion, the following types of vowel interchange are exemplified in the genitive plural:

(*a*) The root vowel -*o*- changes to -*ó*- (pronounced *u*) in some nouns, others retain the -*o*-:

pole	pól	but: wojsko	army	wòjsk
morze	mórz	słońce	sun	słońc
słowo	słów	jezioro	lake	jezior
zboże, corn zbóż				

(b) The root vowel -ę- changes to -ą- in the noun:

święto   świąt

while in numerous other neuters, mostly nouns derived from verbs and generally prefixed, the -ą- is retained, e.g. zajęcie, occupation, zajęć.

The change of the root vowel as in *pole/pól* and *święto/świąt* is called here *vowel interchange* to indicate that when the change does occur, the changing vowel can only be replaced by one other definite vowel as its correspondent.

We have now learned two vowel interchanges in Polish: o/ó and ę/ą. Although inconsistent, they can only take place under certain conditions. What are these conditions? The word *pole* is dissyllabic —*po-le*. Each of the two syllables ends in a vowel. A syllable ending in a vowel is called in Polish grammar an *open* syllable. But in the form *pól* we have only one syllable. This syllable ends in a consonant and is called a *closed* syllable. This can be represented briefly as follows:

interchange o/ó }
            ę/ą } may occur in an open/closed syllable

The next interchange is quantitative, *naught/e*, thus:

(c) In nouns where the disappearance of the final vowel would produce a group of consonants which a Pole finds difficult to pronounce, an -e- is inserted before the last consonant of the group:

jajko	jaj-e-k	jajek
jabłko	jabł-e-k	jabłek
pudełko	pudeł-e-k	pudełek
biurko	biur-e-k	biurek
okno	ok-ie-n	okien

Note the last example: *okien*, not oken—why? Here we come to a very important rule in Polish which holds true all through the Polish grammar: the groups *ke* and *ge* do not exist in indigenous Polish words, and whenever these hard groups would be produced by an *e* following a *k* or *g*, they are replaced by the corresponding soft groups spelled *kie, gie*. Compare the endings of adjectives: we have ład*ne*, dob*re*, nas*ze*, etc., but ja*kie*, głębo*kie*, dłu*gie*, long, dro*gie*, dear, etc.

3. A small group of nouns in -*e*, mostly of nouns composed of three syllables, are an exception to the general rule for this case, as they take an ending in the genitive plural. The ending is -*i*, as in *narzędzie*, tool, *narzędzi*, or -*y*, as in *przymierze*, alliance, *przymierzy*.

4. The genitive plural of *dziecko* is the same as the nominative plural: *dzieci*.

Translate into English:

1. Mam jabłka. Nie mam jabłek. Mam dużo jabłek. 2. Czytam zadania. Nie czytam zadań. 3. Czego szukacie? Szukamy pudełek. 4. Wracają z biur. 5. Mamy dużo pism dla dzieci. 6. Nie biorę szkieł. 7. Nie otwieracie okien. 8. Jest mało mieszkań. 9. To jest małe mieszkanie. Tu są małe mieszkania. 10. Jabłka spadają z drzew. 11. Dzieci mają teraz dużo zajęć. 12. Ona chowa pióra do pudełek. 13. Jest to bardzo przyjemne uczucie. 14. Jakie masz narzędzia? Nie mam narzędzi, czekam na narzędzia. 15. Przymierze polsko-brytyjskie. 16. My już teraz czytamy polskie pisma.

Exercise 1.—Change the following sentences into the plural:

Nie zamykasz okna.   Nie otwieram pudełka.
Wracasz z pola.   Nie znam uczucia . . .
Nie je śniadania.   Szuka pióra.

Exercise 2.—Give the genitive singular and the genitive plural of:

pole, morze, pismo, przymierze, słowo, święto, narzędzie, zebranie, szkło, opowiadanie, uczucie.

Vocabulary

narzędzie, tool
przymierze, alliance
uczucie, feeling, emotion
zajęcie, occupation
szkła, *szkieł* (plural of *szkło*), glasses, spectacles

*brytyjskie**, British
polskie, Polish
*polsko-brytyjskie**, Polish-British

* Note that adjectives of nationality are not written with a capital initial letter in Polish.

przyjemne, pleasant, agree-   *teraz*, now
  able
spadać z . . . (gen.), to
  drop, to fall from . . .
jest mało, there is little,
  there are few
jest dużo, there is much,
  there are many

Speech drill:
przy is pronounced pszy (sto*p sh*outing).
przy-jem-ne przy-mie-rze — duże przymierze.
u-czu-cie — za-ję-cie (za-jeń-cie) — na-rzę-dzie (na-
  rzeń-dzie).

LESSON 7

ADJECTIVES AND PRONOUNS—CARDINAL
NUMBERS—THE IMPERATIVE

The genitive plural of adjectives and pronouns takes the
ending *-ych* or *-ich*. It is very easy to tell which ending
should be applied: adjectives like dob*re*, du*że*, ma*łe*, ład*ne*,
na*sze*, wa*sze*, *to*, tam*to*—take the ending *-ych*: dob*rych*,
du*żych*, ma*łych*, ład*nych*, na*szych*, wa*szych*, *tych*, tam*tych*.

Adjectives and pronouns which have an *-i-* before the *e*
(an *-i-* which marks the softness of the preceding consonant)
like ta*nie*, cheap, kró*tkie*, short, dłu*gie*, long, dro*gie*, dear,
ja*kie*, what sort of, ta*kie*, such a, take the ending *-ich*:
ta*nich*, kró*tkich*, dłu*gich*, dro*gich*, ja*kich*, ta*kich*. Note that
most of these adjectives have a *k* or *g* before *-i*. No ending
beginning with *-y* can be used after *k*, *g*, as the groups *ky*,
gy (like the groups *ke*, *ge*, comp. p. 26), do not occur in
Polish words.

Adjectives in *-je*, like mo*je*, two*je*, czy*je*, take the ending
-ich in place of *-je*: mo*ich*, two*ich*, czy*ich*. Thus:

Nom. Plur.:	Gen. Plur.:
te dobre dzieci	tych dobrych dzieci
te tanie jabłka	tych tanich jabłek
moje nowe pióra	moich nowych piór
twoje długie zadania	twoich długich zadań

The -*ych* or -*ich* form of pronouns and adjectives serves to qualify *all* Polish nouns in the genitive plural, irrespective of gender.

The genitive of *dwa, trzy, cztery* is *dwu* or *dwóch, trzech, czterech*:

Z tych dwóch (dwu) drzew mamy dużo jabłek.	We have many apples from these two trees.
Szukam tych trzech pism.	I am looking for these three papers.
Nie pamiętam tych czterech słów.	I don't remember these four words.

The cardinal numbers from five to ten are:

Nom., (Voc.) and Acc.:			Gen: (and the remaining cases):	
	pięć	five		pięciu
	sześć	six		sześciu
	siedem	seven		siedmiu
	osiem	eight		ośmiu
	dziewięć	nine		dziewięciu
	dziesięć	ten		dziesięciu

When qualifying a noun in the genitive, a cardinal number from *pięć* upwards behaves like any other adjective, i.e. it takes the same case as the noun. Thus:

Nie znam tych słów.	I don't know these words.
Nie znam tych pięciu słów.	I don't know these five words.
Szukam waszych zadań.	I am looking for your exercises.
Szukam waszych sześciu zadań.	I am looking for your six exercises.

In the next lesson, however, we shall learn of other cases, in which the behaviour of these numbers is more complicated.

The imperative of the first conjugation words is formed as follows:

kochać	*czytać*
kochaj, love (to one person)	czytaj, read
kochajmy, let us love	czytajmy, let us read
kochajcie, love (to two or more persons)	czytajcie, read

pamiętać	Note: *mieć* forms:
pamiętaj, remember	miej, have
pamiętajmy, let us remember	miejmy, let us have
pamiętajcie, remember	miejcie, have

The imperative for the third persons is formed with the particle *niech* corresponding to *let* in English:

niech czyta, let him, her, (it) read　　　niech czytają, let them read

niech pamięta, let him, her, (it) remember　　　niech pamiętają, let them remember

The imperative in formal address is formed similarly; thus (*will you*) *read* is:

niech pan czyta (to a man)　　　niech panowie czytają (to men)

niech pani czyta (to a woman)　　　niech panie czytają (to women)

niech państwo czytają (to man and woman, or men and women)

Of the second conjugation verbs, the imperative for the first and second persons of *umieć* and *rozumieć* is very rarely used.* *Jeść* and *wiedzieć* form it as follows: *jedz, jedzmy, jedzcie; wiedz, (wiedzmy), wiedzcie*, and *niech je, niech jedzą, niech wie, niech wiedzą*.

The verb *proszę*, please, put before *niech*, makes the imperative more polite: *proszę, niech pani czyta*; *proszę, niech państwo czytają*—will you please read. The English: *please read* is in Polish *proszę czytać*, a more impersonal form.

The word *proszę*, literally: *I beg you*, or *please*, *if you please*, is a polite word widely used in Polish. When somebody knocks at the door, the Pole says *proszę!*—meaning: *come in*. When he hands you anything, he says *proszę*. When

---

* Of *umieć*, the forms are: *umiej, umiejmy, umiejcie* (comp. *mieć*). Of *rozumieć*, similar forms are more likely to occur with *nie* (e.g.: *Nie rozumiejcie mnie źle*. Don't understand me wrongly. Don't misunderstand me.) An imperative in common use for *understand* is, however, formed from the verb *zrozumieć* (a perfective correspondent of *rozumieć*, Lesson 21 and p. 119) and it is: *zrozum* (an abbreviated form), *zrozumiejmy, zrozumiejcie* or *zrozumcie*. The descriptive 3rd person imperative of *umieć* and *rozumieć* is more frequently used: *niech umie, niech rozumieją*.

you thank him, he again answers *proszę*, or *proszę bardzo* (meaning: *it is no trouble*). When you say *I beg your pardon, I haven't heard*, the Pole says *proszę*, or *co proszę?* At the beginning of a sentence in conversation he frequently inserts the expression *proszę pana*, *proszę pani*, *proszę państwa* (comparable to: well, sir, madam, ladies and gentlemen, or: if you please sir, etc.).

Translate into English:

1. Nie otwieraj tych trzech okien. 2. Zamykam te trzy okna. 3. Nie mam dużych, ładnych jabłek, te małe tu są bardzo drogie. 4. Dziecko drogie, dlaczego ty tego nie umiesz? 5. Proszę, niech pan siada. 6. Proszę pani, Janek nie rozumie tych trzech zdań. A ty rozumiesz? Tak, ja rozumiem. Których trzech zdań nie rozumiesz, moje dziecko? Tych trzech i tego jednego. Więc razem czterech zdań nie rozumiesz, czy tak? Tak, proszę pani. No to słuchaj. Słucham, proszę pani. 7. Jak ona ładnie śpiewa — słuchajcie. 8. Niech pan tego nie czyta. 9. Jajka są teraz tanie, ale masło jest bardzo drogie. 10. Nie jedz tego. 11. My nie mamy takich długich świąt. 12. Twoje zadanie jest bardzo krótkie. 13. Idę do miasta. Idę z miasta. 14. Wracamy z miasta. Wracają do miasta. 15. Życie jest krótkie. 16. Hania już czyta tak dobrze jak ty.

Translate into Polish:

1. I am not taking those four eggs. 2. Don't let us wait for breakfast. 3. Please read. 4. Will you please sit down (to a couple). 5. I don't remember those five exercises. 6. Haven't you got my glasses? 7. Children, don't eat that! 8. What is she looking for? She is looking for those five papers. 9. We have now many evening meetings. 10. I am reading two short sentences of (trans. from) your exercise. 11. He hasn't got such tools. 12. As you know, we are looking for a flat. 13. There are few large flats. 14. Please don't wait for the children. 15. I do not know these three Polish cities. 16. Life here is very pleasant. 17. I know already how this is made. 18. Let us read together.

Vocabulary

miasto, town, city	*siedem*, seven
zdanie, sentence	*osiem*, eight
życie, life	*dziewięć*, nine
proszę, please	*dziesięć*, ten
siadać, *I*, to sit down, to take a seat	*jak*, how; as, like
drogie, dear, expensive	*tak*, so
długie, long	*tak . . . jak*, as . . . as
krótkie, short, brief	*czy tak?* is it so?
takie, such a . . ., so . . . a	*razem*, together
tanie, cheap	*no to*, well then (coll.)
pięć, five	*więc*, so, thus
sześć, six	*Janek*, Johnny (comp. p. 55)

Speech drill:

sze-że-cze — sześć.

sześć-śnia-dań — sześć-sze-ściu — sze-ściu śnia-dań.

sie-dem — o-siem — o-siem — sie-dem.

pięć, dziewięć, dziesięć are pronounced in colloquial speech: pieńć, dziewieńć, dziesieńć.

Practise: pięć   (pieńć) — dzie-więć(wieńć) — dzie-sięć (sieńć)-dzie-cko

         pię(pień)-ciu — dzie-wię(wień)-ciu — dziesię-(sień)-ciu.

         oś-miu — sied-miu — mia-sto.

LESSON 8

NUMBERS FROM FIVE UPWARDS—THE
THIRD CONJUGATION

Compare these two sentences:

Dwa pióra są nowe.	Two pens are new.
Pięć piór jest nowych.	Five pens are new.

The first sentence is composed very much like the English: Two pens—*dwa pióra*, are—*są*, new—*nowe*. But the second sentence is very different: Five pens is *pięć piór*, *piór* is the genitive; are is *jest*, i.e. the predicate is in the singular although the subject of the sentence is in the plural—five pens; new is *nowych*, i.e. it is again a genitive, as it refers to the genitive *piór*.

How is this phenomenon explained?

A cardinal number from *pięć* upwards, when qualifying a noun which is the subject of the sentence, assumes the character of a collective noun singular in number; as such, it requires: (1) a complement in the genitive, and (2) the verb in the singular (third person neuter). Supposing we said in English: This lot of pens is new—we should have a construction very much as in Polish after these numbers. Substitute any number from *pięć* up for *this lot* and the construction becomes clear:

| This lot | of pens | is | new. |
| Osiem | piór | jest | nowych. |

Thus we say in Polish:

| Jedno pióro jest nowe. | One pen is new. |
| Dwa, trzy, cztery, pióra są nowe. | Two, three, four pens are new. |

But:

| Pięć, sześć, siedem, osiem, etc., piór jest nowych. | Five, six, seven, eight, etc., pens are new. |

The same construction is used after the interrogative of quantity *ile?* how much? how many?, and after indefinite expressions of quantity, like *kilka*, a few, several, used for numbers up to ten, *parę*, a couple, several, *dużo*, much, many, *mało*, few, a few:

| Ile piór jest nowych? | How many pens are new? |
| Kilka, parę, dużo, mało piór jest nowych. | Several, a couple, many, few pens are new. |

And:

| Ile jest nowych piór? | How many new pens are there? |
| Jest kilka, parę, dużo, mało nowych piór. | There are several, a couple, many, few new pens. |

A cardinal number from *pięć* up behaves like a collective

noun, i.e. requires a genitive, also when it qualifies a noun which without that number would be put in the accusative.

Compare:

Mam nowe pióra (acc.)	I have new pens.
Mam dwa nowe pióra (acc. no change).	I have two new pens.

But:

Mam pięć nowych piór. (I have a lot of new pens.)	I have five new pens.

In the last example, *pięć* is the accusative after *mam*, but the noun following the number is in the genitive: *piór*, and so is its qualifying adjective: *nowych* (*nowych piór*).

To sum up, we say in Polish:

Mam jedno nowe pióro.	I have one new pen.
Mam dwa, trzy, cztery nowe pióra.	I have two, three, four new pens.
Mam pięć, sześć, osiem, dziesięć etc. nowych piór.	I have 5, 6, 8, 10 etc. new pens.
Ile masz piór? Mam kilka, parę, dużo, mało no· wych piór.	How many pens have you? I have a few, a couple, many, few new pens.

Verbs of the third conjugation are very numerous and are divided into several groups. They have no characteristic infinitive ending, in fact, judging by the infinitive endings many could easily be taken for first or second conjugation verbs. Their conjugation in the present tense, however, differs from that of the first and second conjugation verbs. We shall begin with the third conjugation verbs which end in the infinitive in -*wać* and -*ować*.

dawać, to be giving, to give	*zostawać*, to be staying, to remain
daję, I give, I am giving	zostaję, I am staying
dajesz, thou givest, etc.	zostajesz, thou art staying
daje, he, she, it gives, etc.	zostaje, he, she, it is staying,
dajemy	zostajemy etc.
dajecie	zostajecie
dają	zostają

Imperative:

dawaj	zostawaj
dawajmy	zostawajmy
dawajcie	zostawajcie

pracować, to work	*kupować*, to be buying, to buy
pracuję, I work, I am working, etc.	kupuję, I buy, I am buying, etc.
pracujesz	kupujesz
pracuje	kupuje
pracujemy	kupujemy
pracujecie	kupujecie
pracują	kupują

Imperative:

pracuj	kupuj
pracujmy	kupujmy
pracujcie	kupujcie

Let us now compare the present tense of the three conjugations:

First:	Second:	Third:
kocha-m	umie-m	pracuj-ę
kocha-sz	umie-sz	pracuje-sz
kocha	umie	pracuje
kocha-my	umie-my	pracuje-my
kocha-cie	umie-cie	pracuje-cie
kocha-ją	umie-ją	pracuj-ą

Henceforward new verbs—with the exception of the first conjugation verbs which are always conjugated like kochać —will be given in the Vocabulary as follows: pracować (infinitive), pracuje, pracują (third person singular and third person plural of the present tense as from these the whole conjugation of the present tense can be formed), pracuj (imperative for the second person singular—if used), followed by the number of the conjugation.

Exercise

Rewrite the following sentences, replacing the numbers *dwa*, *trzy* and *cztery* with any numbers from *pięć* upwards or, except in sentences 10–12, with the word *kilka*, several:

1. Są tu dwa bardzo głębokie jeziora.
2. Znam tylko trzy polskie słowa.
3. Tylko dwa okna są otwarte.
4. Czytamy codziennie dwa wieczorne pisma.
5. Koło biurka są trzy krzesła.
6. Macie tu cztery bardzo stare drzewa.
7. Z tych miast (from among those . . .) dwa są duże, cztery małe.
8. Może pamiętasz te dwa zdania.
9. Kupuję te cztery jabłka.
10. Nie kupuje tych czterech jabłek.
11. Nie biorę tych dwu pudełek.
12. Szukam tych trzech miast.

Translate into English:

1. Jak długo tu zostajesz? Niedługo, jutro wracam.
2. Kupuj zawsze najlepsze jabłka. 3. Kupujemy kilka krzeseł do nowego mieszkania. 4. Dziś jest święto i biura są zamknięte. 5. Ona bardzo ciężko pracuje. 6. Nie zostawaj tam długo. 7. Ona mi (me) zawsze daje wieczorne pisma. 8. Pan wie, że on nie umie pracować. 9. Ile jajek mi (me) pani daje? pięć? Dobrze, a ile zostaje? Dwa zostają. 10. Proszę pani, niech pani zawsze zamyka biurko — znowu jest otwarte. 11. Koło jeziora jest dużo bardzo pięknych starych drzew. 12. Kilka jezior jest bardzo głębokich, nie pływamy tam. 13. Pamiętam tylko parę słów. 14. Jutro znowu tam idę. 15. Niech dzieci teraz codziennie razem jedzą — dobrze? 16. Czy to okno jest dobrze zamknięte? 17. Nie umiesz tego dobrze. 18. Proszę niech pani dzisiaj nie wraca, bardzo proszę. No to dobrze, zostaję, ale tylko do jutra. 19. Nie czekaj długo. 20. Nie mam masła na jutro. 21. Takie jest życie — dziś tu, a jutro tam.

Translate into Polish:

1. Who is staying? 2. What remains? 3. How much

remains? 4. How many apples remain? 5. How many
windows are open? 6. Don't buy (to a man) such expensive apples. 7. Are they staying here for the holidays?
8. What are you (thou) serving (trans.: giving) for breakfast? 9. They (fem.) are giving six eggs, Maryla is giving
butter, and I am giving milk. 10. The flat is always closed.
11. Where is she working? 12. They have a few nice old
chairs. 13. I am not staying here long. 14. He is coming
back shortly. 15. Let us work today and tomorrow.

Vocabulary

jezioro, lake
krzesło, chair
dawać, daje, dają, dawaj, III,
  to be giving, to give
*kupować, kupuje, kupują,
  kupuj, III*, to be buying,
  to buy
*pracować, pracuje, pracują,
  pracuj, III*, to be working,
  to work
*zostawać, zostaje, zostają,
  zostawaj, III*, to be staying, to remain
zostaje, zostają, may also
  mean: is left, are left
jest, są may also mean: there
  is, there are
otwarte, open
zamknięte, closed, shut
piękne, beautiful
stare, old

ile? how much, how many?
kilka, several, a few
parę, a couple, a few
ciężko, hard (adverb)
długo, long (adverb)
niedługo, not long, before
  long, shortly, soon
jak długo? how long?
dobrze, all right, very well,
  good, "O.K."
codzień, codziennie, every day
jutro, tomorrow
od jutra (gen.), from tomorrow
do jutra (gen.), until tomorrow
na jutro (acc.), for tomorrow
tam, there
tylko, only
zawsze, always
znowu, again
a, and, but, whilst

Note.—*i* and *a* are not interchangeable: *i* is used in the
conjunctive sense, e.g.: *on i ona*, he and she—*a* in the
antithetical sense, approximating to *but* or *while*, e.g.: *Ja
idę, a ty zostajesz.* I am going and (but) you are staying.

Dobrze is a constantly used affirmative in Polish.
Jutro, though listed here with adverbs, is a noun which explains the
case endings after prepositions in a few everyday expressions.

Speech drill. Read aloud:

dzie-ci co-dzien-nie - dzie-więć - dzie-sięć - co-dzien-nie
zawsze is pronounced: za-fsze
otwarte   o-tfar-te
ciężko   cię-szko
piękne   pien-kne

LESSON 9

NEUTER NOUNS—THE FUNCTIONS OF THE DATIVE AND THE INSTRUMENTAL

Neuter nouns form the dative singular by taking the ending -*u* in place of the final -*o* or -*e*: *dziecku, oknu, polu, morzu, drzewu, życiu, uczuciu.*

Pronouns and adjectives qualifying a neuter noun in the dative singular take the ending -*emu* in place of the final -*e* of the nominative singular: *dobremu, dużemu, ładnemu, temu, czyjemu, mojemu, waszemu, takiemu, jakiemu, taniemu.* The dative of *kto, co* is: *komu, czemu.*

1. The dative is primarily the case of the indirect object which in English is expressed by *to: temu małemu dziecku, to* this good child; in English, however, the *to* often disappears:

Daję dziecku dwa jabłka.	I am giving the child two apples.
	I am giving two apples *to* the child.
Pożyczam temu dziecku pióro.	I am lending this child a pen.
	I am lending a pen *to* this child.

2. The dative is required as complement after certain verbs, like *pomagać komuś,** to help (extend help to) somebody; *pozwalać komuś,* to allow (give permission to) somebody:

Pomagam dziecku.	I am helping the child.
Nie pozwalam dziecku pływać.	I don't allow the child to swim.

* Dative of *ktoś,* somebody, see p. 61.

3. Only four prepositions take the dative. Of these remember: *dzięki*, thanks; *ku* towards; *przeciw*, against.

E.g.:

dzięki temu	thanks to that
ku morzu	towards the sea
przeciw przymierzu pol-sko-brytyjskiemu	against the Polish-British alliance

As the indirect object is usually a person, and as the nature of most verbs requiring a complement in the dative is such that this complement is usually a person, the dative case of nouns denoting things is not very frequently used and, in fact, there are nouns from which it is almost awkward to form it.

The instrumental case, on the contrary, is frequently used from nouns denoting both persons and things. The instrumental singular of neuter nouns takes the ending *-em* in place of the final *-o* or *-e*: *piórem, oknem, drzewem, morzem, polem, słowem, zadaniem*, etc., but for nouns ending in *-ko, -go* a softening *-i-* is inserted before the *-em* ending to avoid the formation of the groups *ke, ge*, which do not exist in indigenous Polish words (comp. p. 26): *jabłkiem, mlekiem, biurkiem, pudełkiem, tangiem* (from *tango*, tango).

Adjectives and pronouns take the ending *-ym* or *-im* in the instrumental singular. Those ending in a consonant plus *e*, like *dobre, duże, ładne, nowe, małe, to, tamto*, take *-ym*: *dobrym, dużym, ładnym, nowym, małym, tym, tamtym*. Those which between the consonant and the *-e* have an *i* (which indicates the softness of the preceding consonant), like *tanie, krótkie, długie, drogie, takie, jakie*, take *-im*: *tanim, krótkim, długim, drogim, takim, jakim*. Those in *-je*, like *moje, twoje, czyje*, take *-im* in place of *-je*: *moim, twoim, czyim*.

1. The instrumental, as its name indicates, expresses primarily means, instrument, way, manner:

Piszę nowym piórem.	I am writing with (my) new pen.
Słucha jednym uchem.	He is listening with one ear (not paying much attention).

2. But the instrumental is also extensively used with prepositions. These are: the preposition *z* or *ze*, meaning with, together with (comp. p. 19 for *z*, *ze* used with the genitive when it means *from, out of*), and a group of prepositions denoting position (i.e. used in reply to the question *where?* but not to the question *where to?*): *przed*, before, in front of; *pod*, under; *nad*, above, over; *za*, behind. Thus:

z dzieckiem	with the child
przed oknem	in front of the window
pod oknem	under the window
nad oknem	above the window
przed biurkiem	in front of the writing table
pod biurkiem	under the writing table
nad biurkiem	above the writing table
za biurkiem	behind the writing table
pod tym starym, wielkim drzewem	under that old, big tree
z moim małym dzieckiem	with my small child
nad naszym mieszkaniem	above our flat
za tamtym krzesłem	behind that chair
przed dużym miastem	before a large city

Note: nad morzem means at the seaside.
      nad jeziorem means by the lake, on the shore of the lake.
      za miastem means beyond the town, on the outskirts of the town.

Translate into English:

1. Jakie pisma pani dziecku kupuje? 2. Co pani daje dziecku na śniadanie? 3. Kto pomaga temu dziecku? 4. Nie dawaj dziecku ostrych narzędzi. 5. Idę z dzieckiem do miasta. 6. Czytam to z bardzo przyjemnym uczuciem. 7. To biuro jest nad naszym biurem. 8. Zosia mieszka za miastem. 9. Przed biurkiem jest duże, ciężkie krzesło. 10. Dzieci są teraz nad morzem. 11. Piszę moim nowym piórem. 12. Nie pozwalajcie dziecku tu pływać, jezioro tu jest bardzo głębokie. 13. Dzięki temu przymierzu mamy teraz spokojne życie. 14. Nad jeziorem jest dużo drzew. 15. Któremu dziecku pożyczasz pisma? 16. Staszek je

jabłko przed śniadaniem. 17. Komu dajesz pióro?
18. Szukam spokojnego, przyjemnego zajęcia.·

Exercise

Give the Polish for:

1. Today (two forms)—now.
   Every day (two forms)—always.
   Tomorrow—again.
2. Here—there.
3. Perhaps—surely.
4. Also—already—together.

Give the English for:

Może wie.
Pewnie wie.
Już wie.
Teraz wie.
Zawsze wie.
On także wie.

Translate into Polish:

1. Where is the chair—before the writing-table or behind the writing-table? 2. The chair is behind the writing-table, near the window. 3. Who is staying with the child? 4. Why don't you (fem. formal) allow the child to sing? 5. I am going towards the window. 6. Where do they (women) live? 7. They (women) live at the seaside. 8. They (men) live on the outskirts of the town. 9. I am writing (my) exercise. 10. What are you (thou) lending this child? 11. What is under the box? 12. They live under our office. 13. These children are very quiet. 14. There are many apples under that tree.

Vocabulary

ucho, ear
mieszkać, to live (somewhere)
piszę, I write, I am writing
pomagać, to help
pozwalać, to permit, to allow
pożyczać, to lend
ostre, sharp
spokojne, quiet, peaceful
ciężkie, heavy, hard
nad, above, over
pod, under
przed, before, in front of
za, behind
z, ze, with
dzięki (*temu*) thanks (to this)
ku, towards, in the direction of
przeciw, against, in opposition to

Speech drill:

Note the pronunciation of the prepositions *pod*, *nad*, *przed* in connection with the following nouns (comp. pp. 6 and 7); the stress is marked before the accented syllable:

pod-'o-knem — nad-'o-knem — przed (pszed)-'o-knem
pod-'biur-kiem — nad-'biur-kiem — przed-'biur-kiem

But:

pot-pu'deł-kiem — nat-pu-'deł-kiem — przet-pu-'deł-kiem
pot-tym-'drze-wem — nat-tym-'drze-wem — przet-tym-
  'drze-wem

LESSON 10

THE DATIVE, INSTRUMENTAL AND LOCATIVE
PLURAL—THE USE OF THE LOCATIVE

Learn the following endings:

-om
-ami (-mi)
-ach

pole —	polom	mieszkanie —	mieszkaniom
	polami		mieszkaniami
	w polach		w mieszkaniach
zebranie —	zebraniom	okno —	oknom
	zebraniami		oknami
	na zebraniach		w oknach
pudełko —	pudełkom	słowo —	słowom
	pudełkami		słowami
	w pudełkach		w słowach
dziecko — dzieci —	dzieciom		
	dziećmi		
	o dzieciach		

These are the endings of the dative (*polom, oknom, dzieciom*), instrumental (*polami, oknami, dziećmi*) and locative (*w polach, w oknach, o dzieciach*) plural not only for the neuter, but *for all Polish nouns*.

Thus:

ku oknom	towards the windows
przed oknami	in front of the windows
w oknach	in the windows

Daję dzieciom jabłka.	I am giving apples to the children.
Idę z dziećmi do miasta.	I am going to town with the children.
Rozmawiamy o dzieciach.	We are speaking about the children.

The locative case is used only with prepositions. The name locative is explained by the fact that this case is required after several prepositions which denote position.

The following prepositions take the locative:

na, on; at (in the sense: where ? *on, at* something)*:

na krzesłach	on the chairs
na drzewach	on the trees
na pudełkach	on the boxes
na morzach	on the seas
na zebraniach	at the meetings

w, we in (in the sense: where? *in* something):

w pudełkach	in the boxes
w biurach	in the offices
w miastach	in towns
w pismach	in the newspapers

przy, by, at:

przy oknach	by the windows
przy krzesłach	by the chairs
przy drzewach	by the trees

po, after; (all) over (some area):

po świętach	after the holidays
po zebraniach	after the meetings
po zwycięstwach	after the victories
po morzach	over the seas
po polach	(all) over the fields

o, about, of:

o dzieciach	about the children
o zadaniach	about the exercises
o świętach	about the holidays
o drzewach	about the trees

* Compare *na* with the accusative, p. 12.

Pronouns and adjectives take the following endings for
the dative, instrumental and locative plural *for all genders*:

-*ym* or -*im*
-*ymi* -*imi*
-*ych* -*ich*

Thus (compare the use of -*ym*, -*im*, p. 39):

	to	nasze	wasze	ładne	duże	stare
Plural:						
Dat.:	tym	naszym	waszym	ładnym	dużym	starym
Instr.:	tymi	naszymi	waszymi	ładnymi	dużymi	starymi
Loc.:	tych	naszych	waszych	ładnych	dużych	starych

	takie	moje	twoje	tanie	krótkie	długie
Plural:						
Dat.:	takim	moim	twoim	tanim	krótkim	długim
Instr.:	takimi	moimi	twoimi	tanimi	krótkimi	długimi
Loc.:	takich	moich	twoich	tanich	krótkich	długich

Rozmawiam z tymi małymi dziećmi. (instr.)	I am speaking with these small children.
Rozmawiamy o twoich małych dzieciach. (loc.)	We are speaking about your small children.
Opowiadam waszym dzieciom (dat.) o świętach (loc.) Bożego Narodzenia.	I am telling your children about the Christmas holiday.

Translate into English:

1. Za tymi wielkimi starymi drzewami są dwa piękne
jeziora. 2. Jeziora te widać z okien naszego mieszkania.
3. Z okien naszego mieszkania widać także lotnisko, które
jest za tymi polami, o tam. 4. Siadają na krzesłach pod
drzewami i rozmawiają. 5. Już teraz rozumiem wszystkie
słowa w tych dwu zdaniach. 6. W miastach nie ma
lotnisk, lotniska są koło miast. 7. Następne zebranie mamy
po świętach. 8. W tych dwu dużych pudełkach jest tylko
dziesięć nowych piór. 9. Jest to wielkie zwycięstwo.
10. Oni teraz otwierają nowe biura we wszystkich wielkich
miastach. 11. Przy nowych biurach są często ładne małe
mieszkania. 12. Ale ja o tym dobrze wiem! 13. Maryla
wraca przed świętami. 14. Nie opowiadajcie teraz o

waszych zadaniach, teraz jedzcie. 15. Na tych drzewach
jest mało jabłek—nie ma dużo jabłek—nie ma ani jednego
jabłka—jest zawsze dużo jabłek. 16. Pamiętaj o dzieciach.
17. Hania dzisiaj zostaje z dziećmi. 18. Nie opowiadaj
tego dzieciom. Nie opowiadaj o tym dzieciom. Nie
opowiadaj tego przy (in the presence of) dzieciach. 19.
Zostaje na Boże Narodzenie, wraca po świętach. 20.
Proszę, niech teraz czyta następne dziecko. 21. Często o
tym rozmawiamy. 22. Na jutro nie mamy ani jednego
zadania.

Exercise

Put the following into the opposite number and translate
each phrase:

z pudełkiem	z pudełek	od tych świąt
pod pudełkami	do pudełka	przed tymi świętami
ku morzu	z moim dzieckiem	naszym dzieciom
od morza	dla moich dzieci	od tego dziecka

Translate into Polish:

1. They are working in the fields. 2. The writing-table
is in front of the windows. 3. She is going back to town
with the children. 4. Don't lend (thou) the children sharp
tools. 5. I am going towards the windows. 6. Do you
(formal, men) know (wiedzieć) about these two aerodromes?
7. In the following exercises there are many new words.
8. Don't open this box before the holidays. 9. What are
you (formal, man) looking for in these newspapers?
10. Who is speaking with the children?

Vocabulary

Boże Narodzenie, Christmas
lotnisko, aerodrome, airport
zwycięstwo; victory
opowiadać o ... (loc.), to tell,
   to relate about ...
pamiętać o . . . (loc.), to
   remember about ...
rozmawiać o . . . (loc.), to
   converse, speak about
   . . .

rozmawiać z . . . (instr.), to
   converse, speak with . . .
wiedzieć o . . . . (loc.), to
   know about . . .
pamiętaj o tym, remember
   (about) this
rozmawiamy o tym, we are
   speaking about it
wiem o tym, I know about it
widać, is visible, can be seen

nie ma, there is not; there
  are not (followed by subject in the genitive)
tu nie ma biur, there are no
  offices here
następne, next, following
wielkie, large, big
wszystkie, all

ani jeden, not (even) one,
  not a single
na (with loc.) on; at
w, we, in
przy, by, at
po, after; (all) over
o, about, of
często, often

LESSON 11

THE FOURTH CONJUGATION—
THE PERSONAL PRONOUN

Verbs which end in -*i* or -*y* in the third person singular
and in -*ą* in the third person plural of the present tense are
known as the fourth conjugation verbs. Learn the conjugation of the following verbs:

lubić, to like	*mówić*, to speak
lubię, I like	mówię, I speak, I am speak-
lubisz, thou likest	mówisz ing, etc.
lubi, he, she, it likes	mówi
lubimy, we like	mówimy
lubicie, you like	mówicie
lubią, they like	mówią

palić, to smoke; to burn	*robić*, to make, to do	*widzieć*, to see
palę	robię	widzę
palisz	robisz	widzisz
pali	robi	widzi
palimy	robimy	widzimy
palicie	robicie	widzicie
palą	robią	widzą

Imperative (not used of lubić and widzieć):

mów, speak	pal	rób
mówmy, let us speak	palmy	róbmy
mówcie, speak	palcie	róbcie

The vowel *i* cannot follow the consonants *sz, ż, rz, cz* and *dż* in Polish. After these consonants an *-i* ending is replaced by a *-y* ending, as in the following verbs:

uczyć, to teach	*słyszeć*, to hear	*patrzyć*, to look at	*służyć*, to serve
uczę	słyszę	patrzę	służę
uczysz	słyszysz	patrzysz	służysz
uczy	słyszy	patrzy	służy
uczymy	słyszymy	patrzymy	służymy
uczycie	słyszycie	patrzycie	służycie
uczą	słyszą	patrzą	służą

Imperative (not used of słyszeć):

ucz	patrz	służ
uczmy	patrzmy	służmy
uczcie	patrzcie	służcie

The ending of the infinitive of a Polish verb is no indication of the conjugation to which it belongs (compare: *kochać*—I, but *pracować*—III; *umieć*—II, but *widzieć*—IV). The only reliable indication of the conjugation is to know the forms for the third person singular and the third person plural of the present tense (compare p. 35).

The accusative and the genitive of *my*, we, *wy*, you, is *nas*, us, *was*, you. Thus:

Acc.: **Ona nas uczy polskiego.**   She teaches us Polish.
       Czekam na was.   I am waiting for you.
Gen.: **Szukają nas.**   They are looking for us.

Read the following quickly, pronouncing *nas, was* as *one word* with the preceding verb or preposition; stress the penultimate syllable of the verb.

Pamięta nas.	Lubi was.	Rozumiem was.	Mówię do was.
Uczy nas.	Zna was.	Słucham was.	Idę do was.
Widzi nas.	Słyszy was.	Biorę was . . .	Piszę do was.
		Proszę was . . .	
Nie pamięta nas.	Patrzę na was.		Idę od was.
Nie uczy nas.	Czekam na was.		Wracam od was.
Nie widzi nas.	Liczę na was.		

The monosyllabic forms of the personal pronoun are *enclitics*, i.e. they are pronounced as an additional unstressed syllable with the *preceding* word.

Translate into English:

1. Ona bardzo lubi dzieci. 2. Nie widzę was. 3. Nie pal tak dużo. 4. Nie lubię tego mieszkania. 5. Kto was uczy polskiego? Pani Zaworska i pan Nowak uczą nas polskiego. 6. On patrzy, ale nie widzi, słucha, ale nie słyszy. 7. Czy pani lubi uczyć? 8. Lubię, zwłaszcza małe dzieci. 9. Patrz, mam tu ładne czerwone jabłka. Ile jest tych jabłek? 10. Liczę—jedno, dwa, trzy, cztery, pięć, sześć, siedem—jest tu siedem jabłek. 11. Dobrze, jest siedem jabłek. Teraz biorę dwa jabłka—ile zostaje? 12. Zostaje pięć jabłek. 13. Nie słyszę, co pan mówi. 14. Ona czyta, ale nie mówi po polsku. 15. Co pan robi dziś po południu? 16. Idę na zebranie do waszego biura, a potem do kina. 17. Och, nie mam pióra—czy może pan ma pióro? Mam—służę pani. 18. Często słuchamy radia, zwłaszcza po południu. 19. Niech pani patrzy, co te dzieci robią—widzi pani? 20. Słuchajmy—słyszysz teraz? 21. Gdzie ty patrzysz? Tu patrz, nie tam. 22. Robię śniadanie. 23. Co znaczą te dwa słowa? 24. Dlaczego ty tego nie widzisz? 25. Licz do dziesięciu. Liczę do trzech. 26. Mam dla was jabłka.

Exercise

Put the verb into the plural, the same person and the first person:

Nie mów tego.	Nie słuchaj tego.
Nie rób tego.	Nie patrz na to.
Nie pal tego.	Nie licz na to.

Translate into Polish:

1. What are the children doing? 2. Are you (formal, fem.) teaching Polish? 3. What do you see here? 4. Do you like the cinema? 5. I like a quiet life. 6. Don't say that. 7. Zosia likes swimming (infinitive) and, as you see, she swims very well. 8. Staszek smokes too much. 9. We are looking at these lovely (piękny) old trees. 10. What cigars do you (formal, man) smoke? 11. I know that she

does not hear well.   12. What is he saying?   13. Why is he saying it?   14. Do you like milk?   15. I don't understand what this means.

Speech drill:

patrzy is pronounced paczszy (mu*ch* *su*gar).
patrz is generally shortened to pacz, patrzcie to paczcie.

Practise: patrz-cie (pacz-cie), ucz-cie
         pa-trzy-my (pa-czszy-my), u-czy-my
         pa-trzą (pa-czszą), u-czą

Vocabulary

cygaro, cigar
kino, cinema
radio, radio, wireless
liczyć, liczy, liczą, licz, IV, to count
lubić, lubi, lubią, IV, to like
mówić, mówi, mówią, mów, IV, to speak; to say
palić, pali, palą, pal, IV, to smoke; to burn
patrzyć, patrzy, patrzą, patrz, IV, to look (at)
robić, robi, robią, rób, IV, to make, to do
służyć, służy, służą, służ, IV, to serve
słyszeć, słyszy, słyszą, IV, to hear
uczyć, uczy, uczą, ucz, IV, to teach

widzieć, widzi, widzą, IV, to see
znaczyć, znaczy, znaczą, IV, to mean.
patrzyć na dziecko (acc.), to look at the child
uczyć polskiego (gen.), to teach Polish
mówić po polsku, to speak Polish
służę pani (dat.), (I am) at your service, madam.
co to znaczy? what does it mean?
nas, us
was, you (acc.)
czerwone, red
potem, afterwards, later, then
po południu, in the afternoon
za dużo, too much
zwłaszcza, especially

LESSON 12

ENDINGS OF MASCULINE AND FEMININE NOUNS— ACCUSATIVE AND GENITIVE SINGULAR OF MASCULINE NOUNS—THE QUALIFYING ADJECTIVE

We have discussed so far only neuter nouns ending in *-o* and *-e*. In this lesson we shall become acquainted with masculine and feminine nouns. Compare the following groups of nouns with their accompanying pronouns and adjectives:

to dobre dziecko	ten dobry ojciec	ta dobra matka
this good child	this good father	this good mother
	ten dobry mąż	ta dobra żona
	this good husband	this good wife
	ten dobry syn	ta dobra córka
	this good son	this good daughter
	ten mały brat	ta mała siostra
	this little brother	this little sister
moje dziecko	mój wuj	moja ciotka
my child	my uncle	my aunt
twoje dziecko	twój dziadek	twoja babka
your child	your grandfather	your grandmother
nasze dziecko	nasz nauczyciel	nasza nauczycielka
our child	our teacher (man)	our teacher (woman)
tamto dziecko	tamten chłopiec	tamta dziewczynka
that child	that boy	that (little) girl
	tamten pan	tamta pani
	that gentleman	that lady

It will be seen from the above that:

(1) Polish adjective and pronoun changes its endings with the gender of the noun it qualifies;

(2) masculine nouns end in a consonant: *ojciec*, father, *mąż*, husband; *syn*, son; *brat*, brother; *wuj*, uncle; *dziadek*, grandfather; *nauczyciel*, teacher; *chłopiec*, boy; *pan*, gentleman; more examples: *most*, bridge; *pokój*, room; *ołówek*, pencil;

(3) nouns in -*a* are feminine: *matka*, mother; *żona*, wife; *córka*, daughter; *siostra*, sister; *ciotka*, aunt; *babka*, grandmother; *nauczycielka*, (woman) teacher; *dziewczynka*, little girl; nouns in -*i* are also feminine: *pani*, lady (these are not numerous).

The declension of masculine nouns has some features in common with that of neuter nouns.

Masculine nouns denoting *things* have the accusative singular the same as the nominative, i.e. in this case they behave exactly as neuter nouns, e.g.:

Nom. Sing.:	Acc. Sing.:
Things: most, bridge	Widzę most.
	I see a bridge.
pokój, room	Czekam na pokój.
	I am waiting for a room.
ołówek, pencil	Mam ołówek.
	I have a pencil.

An adjective or pronoun qualifying a masculine noun which denotes a thing, also has the accusative singular the same as the nominative, e.g.:

Nom. Sing.:	Acc. Sing.:
Duży most jest . . .	Widzę duży most.
A large bridge is . . .	I see a large bridge.
Ten mały pokój jest . . .	Lubię ten mały pokój.
This small room is . . .	I like this little room.
Czerwony ołówek jest . . .	Masz czerwony ołówek?
A red pencil is . . .	Have you a red pencil?

Masculine nouns denoting *persons* and *animals*, however, have the accusative singular the same as the genitive singular. How, then, is the genitive singular of masculine nouns formed?

Many, and those denoting persons and animals exclusively, take the same ending as the neuter nouns, i.e. the ending -*a*. Thus the genitive and the accusative singular of *syn*, *brat*, *pan*, *wuj*, *nauczyciel*, are: *syna*, *brata*, *pana*, *wuja*, *nauczyciela*; of *kot*, cat, *ptak*, bird, *koń*, horse: *kota*, *ptaka*, *konia*.

Nouns in -*ec* drop the -*e*- (and the *i*, the sign of softness, if it precedes the *e*) before the genitive ending; thus the genitive and accusative singular of *chłopiec*, boy, *cudzoziemiec*, foreigner, are: *chłopca, cudzoziemca*; *ojciec* forms *ojca*.

Similarly the numerous nouns in *-ek*, like *dziadek*, grandfather, *synek*, sonny, *ołówek*, pencil, and the diminutives of male Christian names like *Janek, Staszek, Władek*, form: *dziadka, synka, ołówka, Janka, Staszka, Władka*.

A few monosyllabic nouns with the *e* vowel, like *pies*, dog, *lew*, lion, also drop the *e* in the genitive and accusative: *psa, lwa*.

From *mąż*, husband, the genitive and accusative singular are: *męża* (compare *święto, świąt*, p. 26 and see p. 96).

The genitive singular of pronouns and adjectives qualifying any masculine noun is the same as that of pronouns and adjectives qualifying a neuter noun, e.g., *to małe dziecko*, that small child, *tego małego dziecka*, and *ten mały syn*, that small son, *tego małego syna*. Thus:

Gen. Sing.:

brat mojego męża	my husband's brother
nauczyciel tego małego chłopca	the teacher of this little boy
Szukam naszego psa.	I am looking for our dog.
Nie znam tego pana.	I don't know this man.
Nie mam twojego ołówka.	I haven't your pencil.

When the accusative singular of a masculine noun is the same as its genitive, the adjective or pronoun accompanying that noun follows the same rule, e.g.:

Acc. Sing.:

Persons:	Dziadek lubi mojego męża.	Grandfather is fond of my husband.
	Znam tego pana.	I know this man.
	Patrz na tego małego chłopca.	Look at that little boy.
Animals:	Hanka ma dużego psa.	Nan has a large dog.
	Widzę małego, czerwonego ptaka.	I see a small red bird.
	Kupują tego starego konia.	They are buying that old horse.

Adjectives and pronouns have been introduced up to now only in the neuter gender. Here is the list of those already known to you, including—in the generally accepted order—the masculine and feminine forms for the nominative singular:

Masc.	Fem.	Neuter	
ten	ta	to	this, that
tamten	tamta	tamto	that (over there)
jeden	jedna	jedno	one
mój	moja	moje	my, mine
twój	twoja	twoje	thy, thine
nasz	nasza	nasze	our, ours
wasz	wasza	wasze	your, yours
czyj	czyja	czyje	whose
który	która	które	which
dobry	dobra	dobre	good
duży	duża	duże	big
nowy	nowa	nowe	new
ładny	ładna	ładne	nice
etc.		etc.	
tani	tania	tanie	cheap
jaki	jaka	jakie	what sort of; which
taki	taka	takie	such a
krótki	krótka	krótkie	short
głęboki	głęboka	głębokie	deep
długi	długa	długie	long
drogi	droga	drogie	dear
wielki	wielka	wielkie	great
etc.		etc.	

The expression *the same* has two correspondents in Polish: (1) *ten sam*, and (2) *taki sam*. The first, with the demonstrative pronoun *ten*, means *the same* as regards identity; the second, with the demonstrative adjective *taki*, means *the same* as regards quality or qualities (e.g. *such* which is *the same*, or *almost the same*, in kind, type, appearance, size, character, etc.). Note the basic construction:

ten sam — co   the same — as (identical)
ta   sama — co
to   samo — co

taki sam   — jak   the same — as (very much like, so
taka sama — jak   alike   that   there   is   hardly   any
takie samo — jak   difference)

My mamy tego samego nauczyciela, co wy.
(We have the same teacher as you.)   We both have the
    same teacher.   (There is one teacher—he teaches both you and
    us.)
Ja mam takie samo pióro jak twoje.
I have the same (kind, make of a) pen as yours.   (There
    are two very similar pens—you have one and I have one.)
On ma teraz ten sam pokój.
He has the same room now.   (got his old room back).
On ma taki sam pokój jak ja.
He has the same room as I (have).   (his is a replica of mine).
To jest ta sama pani, to samo dziecko.
This is the same lady, the same child.
Ona jest taka sama jak twoja matka.
She is the same as your mother.   (e.g., in character).

Note the pronominal and adverbial use:
On robi to samo.   He does the same.
On robi tak samo.   He does likewise.
On to tak samo robi.   He does it in the same way.

Translate into English:

1. Piszę teraz do ojca.   2. Nasza matka już tam nie
mieszka.   3. Kiedy syn pana wraca z lotniska?   4. Nauczyciel czyta i poprawia nasze ćwiczenia.   5. Słuchaj, mam
psa!   Masz psa, jakiego?   Ślicznego, dużego psa, takiego
samego, jak Janek ma.   6. Mój wuj nie lubi morza.   7. Ta
pani uczy Janka polskiego.   8. Ja już nie mam ojca.
9. Pani pewnie zna mojego męża?   Owszem, znam, ale nie
znam pani* syna.   10. Już widać stary most.   11. Gdzie
pracuje pana córka?   12. Nasz dziadek pali codziennie
dwa cygara.   13. Czyj jest ten koń—wasz?   14. Moja
siostra znowu szuka tego małego kota.   15. Na kogo czeka
pani* mąż?   Na brata i na Władka.   16. Często widzę
tego ptaka, nie wiem, czy to zawsze jest ten sam ptak, ale
zawsze ładnie śpiewa.   17. Ta mała dziewczynka ma

* Gen. Sing., see pp. 111 and 112.

jednego brata. 18. Ciotka tego chłopca mówi to samo.
19. Ja na to tak samo patrzę. 20. Ćwiczenie znaczy to
samo co zadanie.

Translate into Polish:

1. Brother and sister; husband and wife; son and
daughter; grandfather and grandmother. 2. I do not see
your uncle. 3. What does a lion eat? 4. We haven't got
a horse, but we have a dog and a cat. 5. Do you (thou)
know my brother? Your brother Władek? Yes, I have
only one brother. 6. Staszek's exercise is the best. 7. The
(lady) teacher is looking at you. 8. Remember your
father's words. 9. Mother is buying the same pencil.
10. The bird is looking at the cat and the cat at the bird.
11. My flat is the same as yours.

Vocabulary

poprawiać, I, to correct
brat, brata, brother*
chłopiec, chłopca, boy*
ćwiczenie, exercise
dziadek, dziadka, grandfather*
koń, konia, horse
kot, kota, cat
lew, lwa, lion
mąż, męża, husband
most (gen. see p. 61), bridge
nauczyciel, nauczyciela,
    teacher (man)
ojciec, ojca, father
ołówek, ołówka, pencil
pan, pana, gentleman; sir;
  Mr.
pies, psa, dog
pokój (gen. see p. 62), room
ptak, ptaka, bird
syn, syna, son
synek, synka, sonny
wuj, wuja, uncle (maternal)
babka, grandmother

ciotka, aunt
córka, daughter
dziewczynka, (little) girl
matka, mother
nauczycielka, teacher (woman)
siostra, sister
żona, wife
śliczny, śliczna, śliczne, lovely, sweet, delightful
taki sam jak, the same as
to samo co, the same as
tak samo, in the same way,
  likewise
już nie, no longer, no more
owszem, yes, rather
Władek, Władka, diminu-
  tive of Władysław, Ladis-
  las
Hanka, another diminutive
  of Ann (compare p. 24)
Janek, Janka, Johnny,
  diminutive of Jan, John

* The genitive singular will henceforth be given with masculine nouns
in the vocabulary.

Speech drill:

lew is pronounced lef, but lwa is pronounced lva.
mąż is pronounced mąsz, but mę-ża.
babka is pronounced ba-pka.
ćwiczenie is pronounced ćfi-cze-nie.
dziewczynka is pronounced dzie-fczyn-ka.
owszem is pronounced o-fszem.

LESSON 13

VERB: PAST TENSE, THIRD PERSON SINGULAR— THE EXPRESSION: TO JEST

In the singular of the past tense a Polish verb has different forms for the three genders. E.g., from *kochać*, to love, the third person singular past tense is *kochał*, he loved, *kochała*, she loved, *kochało*, it loved; from *być*, to be: *był*, he was, *była*, she was, *było*, it was.

Note, however, that the forms like *kochał*, *był*, and *kochała*, *była*, refer not only to feminine or masculine persons, but must be used, respectively, after any noun of masculine or feminine gender, i.e. also after masculine or feminine nouns denoting animals and things. Similarly, forms like *kochało*, *było* must be used after any noun of the neuter gender. Thus you say in Polish:

	Ojciec był . . .	The father was . . .
	Brat był . . .	The brother was . .
and:	Pies był . . .	The dog was . . ,
	Koń był . . .	The horse was . . .
and:	Dom był . . .	The house was . . .
	List był . . .	The letter was . . .
	Matka była . . .	The mother was . . .
	Siostra była . . .	The sister was . . .
and:	Krowa była . . .	The cow was . . .
	Owca była . . .	The sheep was . . . ·
and:	Rzeka była . . .	The river was . . .
	Droga była . . .	The road was . . .

> Dziecko było . . .   The child was . . .
> and: Pole było . . .   The field was . . .
> Morze było . . .   The sea was . . .

The formation of the past tense is simple and regular in Polish, exceptions are not numerous. To form the third person singular you change the final -ć of the infinitive of the verb into -ł, -ła, or -ło, depending on the gender. Thus:

kochać—to love; *kochał,* he (it) loved; *kochała,* she (it) loved; *kochało,* it loved.

pomagać—to help; *pomagał, pomagała, pomagało,* he, she, it helped.

pracować—to work; *pracował, pracowała, pracowało,* he, she, it worked.

kupować—to be buying: *kupował, kupowała, kupowało,* he, she, it was buying.

mówić—to speak; *mówił, mówiła, mówiło,* he, she, it spoke.

liczyć—to count; *liczył, liczyła, liczyło,* he, she, it counted.

Verbs with infinitives ending in -eć, however, change the -e- preceding the -ć into -a- before the -ł, -ła, -ło endings; in other words, these verbs form their past tense for the third person singular by changing the final -eć of the infinitive into -ał, -ała, -ało, depending on the gender. Thus:

mieć—to have; *miał, miała, miało,* he, she, it had.

umieć—to know how to; *umiał, umiała, umiało,* he, she, it knew how to (he, she, it could).

rozumieć—to understand; *rozumiał, rozumiała, rozumiało,* he, she, it understood.

wiedzieć—to know; *wiedział, wiedziała, wiedziało,* he, she, it knew.

słyszeć—to hear; *słyszał, słyszała, słyszało,* he, she, it heard.

widzieć—to see; *widział, widziała, widziało,* he, she, it saw.

The verb *jeść,* to eat, forms the past tense irregularly: *jadł, jadła, jadło,* he, she, it ate.

The verb *patrzyć,* to look (at), which has another infinitive: *patrzeć,* may form the past tense from either infinitive, thus *patrzył, patrzyła, patrzyło,* or *patrzał, patrzała, patrzało,* he, she, it looked (at). Both forms are in use.

The expression *to jest*, it is, this is, that is, remains unchanged whether followed by a neuter, masculine or feminine noun. Thus:

To jest pióro.	This is a pen.	It is a pen.
To jest koń.	This is a horse.	It is a horse.
To jest rzeka.	This is a river.	It is a river.

In this expression the verb *jest* is frequently left out, especially if the following noun is qualified by an adjective:

To moje pióro.	This is my pen.	It is my pen.
To ładny koń.	This is a nice horse.	It is a nice horse.
To bardzo głęboka rzeka.	This is a very deep river.	It is a very deep river.

In the plural, in the expression: *to są*, they are, these are, those are, the verb *są* may also be omitted after *to*. Thus: *To (są) nasze okna.* These are our windows. *Czyje to (są) zadania?* Whose exercises are these?

In the past tense the *to* also remains unchanged for the three genders, but the verb agrees in gender with the following noun and is not left out, as in the present tense:

To był nasz nauczyciel.	This was our teacher.	It was our teacher.
To była nasza nauczycielka.	This was our teacher.	It was our teacher.
To było nasze pudełko.	This was our box.	It was our box.

Translate into English:

1. Czy twój ojciec to widział? Nie, ojciec jeszcze nie widział, ale matka widziała. 2. Dziewczynka bardzo lubiła jabłka. 3. List był długi i ciekawy. 4. Co pani robiła wczoraj po południu? 5. Siostra nie znała angielskiego i nie rozumiała, co on mówił. 6. Czy wiesz, co pies jadł dzisiaj? 7. Ciotka znowu pracowała przez całe święta. 8. Babcia lubiła patrzeć na drzewa tam nad jeziorem i zawsze siadała tu koło okna; to jest jej (her) krzesło. 9. Pani nie znała mojego męża, prawda? 10. Nie widział pan naszego kota? 11. Żona nie umiała pływać i nie wiedziała, że rzeka tam była tak głęboka. 12. Czy ciocia wiedziała, że Maryla dzisiaj wraca? 13. To nasz koń.

14. To jeszcze małe dzieci.   15. Ona bardzo kochała tego syna.   16. Czy to prawda, że już nie uczysz angielskiego? 17. Co dziecko wczoraj jadło?   To samo co my.   18. Przez całe życie pomagała dzieciom.   19. Ty jeszcze szukasz tego ołówka?   Nie, już nie szukam.   20. Znowu kupujesz za mało masła, a za dużo jaj.   21. Idę przez most, przez całe miasto, przez cały pokój, przez cały dom.   22. Droga była ciekawa i przyjemna.

Translate into Polish:

1. She knew my brother very well.   2. The lake was very deep.   3. My uncle had a large flat.   4. The boy did not remember that word.   5. I am reading a long letter from my son who was at the seaside with the children.   6. My grandfather's house was old and beautiful, but too large for my brother.   7. This cow gives a lot of milk.   8. The boy listened to (his) grandfather's tales (genitive).   9. She probably did not hear what he was saying.   10. Whose sheep is this? It is our sheep.   11. Uncle always ate too much. 12. The road was very good.   13. What was he looking for?   14. He did not allow the children to sing.   15. What was he reading?   16. Hania had four pens, and Johnny had six pens.   17. This is the whole truth.

Vocabulary

dom, house; home (for the genitive see p. 61)

list, letter, epistle (for the genitive see p. 61)

babcia, grannie

ciocia, auntie

droga, road; route; trip

krowa, cow

owca, sheep, ewe

rzeka, river

prawda, truth

prawda? isn't it true? isn't it so?—often added colloquially at the end of a statement (compare: is it? is it not?)

angielski, angielska, angielskie, English

cały, cała, całe, whole, all

ciekawy, ciekawa, ciekawe, curious; interesting

przez (with acc.), through

przez całe święta, all through the holidays

jeszcze, still

jeszcze nie, not yet

za duży, too large

za mały, too small

za dużo, too much

za mało, too little

wczoraj, yesterday

Speech drill:

owca is pronounced o-fca, but
prawda is pronounced pra-wda.
przez całe . . . is pronounced pszes ca-łe . . .

In everyday speech the final *ł* in *jadł* (and in other verbs with a
consonant preceding the *ł* in this form) is not pronounced. Thus *jadł
dużo* is: jad dużo; *jadł ser* is jat ser.

LESSON 14

NEGATION IN POLISH — MASCULINE NOUNS
GENITIVE SINGULAR (*Continued*)

Negation is expressed in Polish in a very different way
from English. Compare the following sentences in Polish
and English:

Kto śpiewa?	Who is singing?
Nikt nie śpiewa.	Nobody is singing.
Co robisz?	What are you doing?
Nic nie robię.	I am doing nothing.
Ja *nigdy nic nie* robię.	I never do anything.
Nikt tu *nigdy nic* nie robi.	Nobody ever does anything here.

Nie znam *żadnego* takiego pisma.	I don't know any such periodical.
	I know no such periodical.

In English one negative word gives the whole sentence a
negative meaning; in Polish not only is the verb put in a
negative form by the insertion of a *nie* before it, but words
like anything, anybody, ever, etc., if they do occur in the
sentence, are expressed by their negative equivalents (i.e.
by words like nothing, nobody, never, etc.).

Learn the following negatives:

(kto	—who?)	nikt	nobody (not anybody)
(co?	—what?)	nic	nothing (not anything)
(kiedy?	—when?)	nigdy	never (not ever)
(gdzie?	—where?)	nigdzie	nowhere (not anywhere)

(czy który?—does any?　żaden, no, none (not any)
　　　whether any?)　żadna,
　　　　　　　　　żadne

The declension of *nikt*, nobody, *nic*, nothing, corresponds closely to that of *kto*, who, *co*, what. Thus:

Nom.		Nom. & Acc.	
kto	nikt	co	nic
Gen. & Acc.		Gen.	
kogo	nikogo	czego	niczego, nic
Dat.		Dat.	
komu	nikomu	czemu	niczemu
Instr.		Instr.	
(z) kim	(z) nikim	(z) czym	(z) niczym
Loc.		Loc.	
(o) kim	(o) nikim	(o) czym	(o) niczym

Note the exception: *nic*, instead of the genitive *niczego*, is generally used as the direct object after a negative verb, e.g.: *Nie mam nic.* I have nothing. *Nic nie wiem.* I know nothing. *Nic nie kupuję.* I buy nothing. *Nic tu nie ma.* There is nothing here. But: *Nikogo nie znam.* I know nobody. *Nikogo tu nie ma.* There is nobody here.

By the addition of an -*ś* to the nominative or any other case of *kto*, *co*, an indefinitive pronoun is formed, thus *ktoś* means somebody, *coś* something.

Apart from the ending -*a* (compare p. 51), masculine nouns may also take the ending -*u* in the genitive singular. The ending -*a* is regular for nouns denoting persons and animals, but nouns denoting things may take either the ending -*a* or the ending -*u*, and there is no reliable rule to determine which noun is likely to form the genitive singular in -*a* and which in -*u*. The safest method therefore is to learn the genitive case with every new noun, and henceforward the genitive form will be given in the vocabulary with that of the nominative singular.

Nom. & Acc. Sing.:		Gen. Sing.:
most	bridge	mostu
dom	house	domu
list	letter	listu
sklep	shop	sklepu

Nom. & Acc. Sing.:		Gen. Sing.:
chleb	bread	chleba
czas	time	czasu
las	forest	lasu
ser	cheese	sera
owoc	fruit	owocu
*pokój	room	pokoju
*Kraków	Cracow	Krakowa
Londyn	London	Londynu

* Note the ó changing to o (see p. 96).

Learn by heart:

Idzie do domu, do lasu, do sklepu, do Londynu; do Krakowa, do miasta.

He (she, it) goes home, to the forest, to the shop, to London; to Cracow, to town.

Wraca z domu, z lasu, ze sklepu, z Londynu; z Krakowa, z miasta.

He (she, it) is coming back from home, from the forest, etc.

Note the positive-negative relation between the two ubiquitous little adverbs in Polish *już* (Lessons 5, 12) and *jeszcze* (Lesson 13). *Już*, basic sense *already*, is the opposite of *jeszcze nie, not yet*. *Już nie, no longer, not any more*, (*not again*), is the opposite of *jeszcze, still*. Thus:

Już uczy.	He is already teaching.
Jeszcze nie uczy.	He is not teaching yet.
Jeszcze uczy.	He is still teaching.
Już nie uczy.	He is no longer teaching.

W sklepach jest już chleb.	There is already bread in the shops.
W sklepach nie ma jeszcze chleba.	There is no bread in the shops yet.
W sklepach już nie ma chleba.	There is no bread left in the shops.
W sklepach jeszcze jest chleb.	There is still some bread in the shops.

Już nie ma means *there is none left*, implying: all is *already* gone (sold out, eaten up, spent, disposed of, etc.).

In short replies to impatient calls or requests *już* implies *straight away*, though in English the same sense may be indicated only by intonation. E.g.: *Już idę!* I am coming! *Już daję!* I am (giving, i.e.) bringing it (to you, fetching it). *Już panu służę!* I am coming to serve you, sir! (e.g., a harassed waiter to a remonstrating customer who, in fact, is kept waiting a little longer). *Już słucham* means: I am listening now (I am now ready to give you my whole attention). *Już jestem* is: Here I am. *Już mam*—I have got it (now).

Jeszcze acquires the meaning *else* when accompanying interrogatives. E.g.: *Kto jeszcze tam był?* Who else was there? *Co jeszcze pamiętasz?* What else do you remember? *Jaki jeszcze?* may mean *what other? any other (any more)?*, e.g. *Jakie jeszcze drzewa znasz?* What other trees do you know? *Masz jeszcze jakie jabłka?* Have you any other (any more) apples? (but, if it were the matter of another variety of apples, the speaker would ask: *Masz jakie inne jabłka?* Comp. *inny*, p. 123). Similarly *gdzie jeszcze?* means *where else?*, e.g.: *Nie wiem, gdzie jeszcze szukać.* I don't know where else to look (for it). *Kiedy jeszcze?* with the present and past tense means *when else?*, *at what other time?*, e.g.: *Kiedy jeszcze pan tam był?* At what other time were you there? In questions referring to the future *kiedy jeszcze* means the same as *kiedy znowu*, *when again.* The phrase *czy ja kiedy jeszcze* followed by the verb in the future tense means *shall I ever again . . .?* *Jeszcze jeden* means *one more*; *jeszcze raz*, *once more*, etc. Follow it up, as you go on learning.

Translate into English:

1. Nic nie wiem, on o tym nigdy nic nie mówi. 2. Czy ktoś już czytał ten list? Nie, nikt jeszcze nie czytał. 3. Nie mam czasu. 4. On nigdy na nic nie ma czasu. 5. Komu Staszek o tym mówił? O ile wiem, nikomu nie mówił. 6. Z kim ona rozmawia? Nie wiem, nie znam tego pana. 7. Czego szukasz? Szukam tego listu od Władka. Patrz, tam jest, pod tym pudełkiem. 8. Nie lubię tego sklepu i nigdy tam nic nie kupuję. 9. Nikogo tu nie znam. 10. Temu dziecku nikt nigdy w niczym nie pomaga. 11. O czym dziadek dzieciom opowiadał? O drzewach, lasach i ptakach (compare pp. 42 and 43). 12. Czy pani wie, z kim pani córka wczoraj wracała z kina? 13. Żaden las nie jest tak piękny jak nasz. 14. Ta nauczycielka nie uczy żadnego z naszych dzieci. 15. Mam chleb, ser, jajka i mleko na śniadanie. 16. Nigdzie nie widziała tak pięknych drzew. 17. On nie lubi Londynu. Nie znają Krakowa. 18. To bardzo piękny owoc. 19. Ktoś mi (me) coś mówił o tych dzieciach. 20. Ona tu kogoś szukała. 21. Może one wiedzą o kimś, kto wraca do Krakowa. 22. Dała* komuś ołówek, ale nie pamięta komu.

Exercises

1. Put the following sentences into the past tense:

1. Na kogo pani patrzy?
2. Zosia lubi ten stary las.
3. On zawsze czyta wieczorne pisma.
4. Hania ma list dla Staszka.
5. To dziecko nic nie słyszy.

*She gave, see *dać*, p. 107.

2. Answer the following questions in the negative, using the negatives given in this lesson:

1. Kogo on widział?
2. Komu ona dała ten list?
3. Kiedy masz czas?
4. Co oni wiedzą?
5. Z kim on rozmawiał?
6. O czym ona mówiła?
7. Kto tu jest?

8. Co było w pismach?
9. Która z was ma dzisiaj czas?
10. Czy pies coś jadł?
11. Czekacie na kogoś?
12. Czy już coś widać?

Translate into Polish:

1. I like bread and butter very much.   2. What are you looking at?   3. Who is going to the forest?   Nobody, we haven't the time.   4. Father says that he has not heard anything.   5. He never smoked cigars.   6. We have wood from the forest.   7. Where is that new shop?   8. All through that time he had only one letter from (his) brother. 9. I never know what he is doing.   10. No child knew that. 11. I never write to (do) anybody for Christmas. 12. About whom are you talking (conversing)?   13. Father is buying this house for (my) brother.   14. With whom is she going to town?   15. When are they going back to London? to Cracow?   16. That fruit shop (translate: sklep z owocami) was closed.   17. She does not like that cheese. 18. Somebody is waiting for you (pan).

Vocabulary

chleb, chleba, bread
czas, czasu, time
dom, domu, house; home
las, lasu, forest
list, listu, letter, epistle
owoc, owocu, fruit
ser, sera, cheese
sklep, sklepu, shop
Kraków, Krakowa, Cracow
Londyn, Londynu, London
idzie, he, she, it goes
nikt, nobody
nigdy, never
nigdzie, nowhere

nic nie ma, there is nothing
nikogo nie ma, there is nobody
ktoś, somebody
coś, something
żaden, żadna, żadne, no, none
żaden z nas, none (man) of us
żadna z was, none (woman) of you
żadne z dzieci, none of the children
chleb z masłem, bread and butter
o ile wiem, as far as I know

LESSON 15

REFLEXIVE VERBS—MASCULINE AND FEMININE NOUNS

1. The reflexive pronoun corresponding to the English *oneself* (*myself, yourself,* etc.) is *się.* E.g., the verb *ubierać* means *to dress,* but *ubierać się* means to *dress oneself*; *myć* means *to wash, to give a wash,* but *myć się* means *to wash oneself, to have a wash.* Unlike English, the pronoun *się* remains unchanged all through the conjugation of a verb, i.e. it has but one form for the three persons and two numbers. A verb accompanied by the reflexive pronoun is called a reflexive verb and is conjugated as follows:

ubierać się, I, to dress oneself		*myć się*, III, to wash oneself	
ubieram się	I dress myself	myję się	I wash myself
ubierasz się	thou dressest thyself	myjesz się	thou washest thyself
ubiera się	he dresses himself	myje się	he washes himself
	she dresses herself		she washes herself
	it dresses itself		it washes itself
ubieramy się	we dress ourselves	myjemy się	we wash ourselves
ubieracie się	you dress yourselves	myjecie się	you wash yourselves
ubierają się	they dress themselves	myją się	they wash themselves

2. There are many more reflexive verbs in Polish than in English. In addition to verbs like the above which, when used with *się*, clearly indicate that the person or thing performing the action is also its object, other transitive verbs in Polish may take *się* to obtain the meaning which in English is often expressed by a transitive verb used intransitively, i.e. without an object. E.g. the verb *zaczynać* means to begin . . . (something), but *zaczynać się* means to begin. Thus: *Profesor zaczyna wykład*—The professor is beginning his lecture; but: *Wykład się zaczyna*—

The lecture is beginning. *Kończyć* means to end, to finish . . . (something), but *kończyć się* means to end. Thus: *Profesor kończył wykład*—The professor was ending his lecture; but: *Wykład się kończył*—The lecture was ending, was coming to an end. *Palić* means to smoke (e.g. *papierosa*, a cigarette, etc.), or to burn . . . (something), e.g.: *Palę stare pisma*—I am burning old periodicals; but *palić się* means to burn, to be on fire, e.g.: *Dom się pali*—The house is on fire; or: *To drzewo dobrze się pali*—This wood burns well. *Otwierać* means to open . . . (something), but *otwierać się* means to open, e.g.: *On otwiera okno*—He opens the window, but: *Okno się otwiera*—The window opens.

The modification of the meaning of a Polish verb brought about by the addition of *się* may require the use of an entirely different verb in English, e.g. *uczyć* means to teach; thus: *Pani S. uczy nasze dzieci*—Mrs. S. is teaching our children, but *uczyć się* means to teach oneself, i.e. to learn, to study, thus: *Pani S. uczy się polskiego*—Mrs. S. is learning Polish.

3. There is a group of verbs in Polish which are always (or almost always) accompanied by *się*. These verbs usually denote a state of mind or an emotional reaction. Learn the following:

dziwić się czemuś (dat.)	to be surprised at something
spodziewać się czegoś (gen.)	to be expecting something
wstydzić się czegoś (gen.)	to be ashamed of something
cieszyć się z czegoś (gen.), or czymś (instr.)	to be glad of something, well pleased with something, to rejoice over something
śmiać się z czegoś (gen.)	to laugh at something
gniewać się na kogoś o coś (acc.)*	to be angry, to be cross with somebody about something

4. *Się* added to the third person singular (in the past tense to the neuter form) of the verb forms an impersonal expression. E.g.: *Jak to się robi?* How does one do it? *Gdzie się to kupuje?* Where does one buy it? Where do you buy it? Where is it to be bought?

* Compare *o* used with the loc., p. 43.

Note the following idioms:

robi się zimno, ciepło, gorąco, ciemno, jasno*	it is getting cold, warm, hot, dark, light
robiło się, zimno, ciepło, gorąco, ciemno, jasno	it was getting cold, warm, hot, dark, light
Chory ma się lepiej.	The invalid is better.
Jak się pan ma?	How are you?

Masculine nouns form the instrumental singular in the same way as neuter nouns. Thus *syn, brat, nauczyciel, dom, list, sklep* form: *synem, bratem, nauczycielem, domem, listem, sklepem; ojciec, chłopiec, dziadek: ojcem, chłopcem dziadkiem* (the stem as in the genitive: *ojca, chłopca, dziadka*), etc.—compare the neuters: *oknem, piórem, polem, jabłkiem, biurkiem*, etc. The same applies to pronouns and adjectives, thus: *to małe dziecko—z tym małym dzieckiem*, this small child—with this small child, and *ten mały chłopiec—z tym małym chłopcem*, this small boy—with this small boy.

It has been said before about the dative, instrumental and locative plural (p. 42) that the endings for these cases, viz.: -om, -(a)mi, -ach are the same for all Polish nouns. Therefore if you know how to form these cases from neuter nouns you also know how to form them from masculine† and feminine nouns.   E.g.:

Neuter:

pole	polom	polami	w polach
święto	świętom	świętami	po świętach
pudełko	pudełkom	pudełkami	w pudełkach

Masc.:

syn	synom	synami	o synach
chłopiec (gen. sing.: chłopca)	chłopcom	chłopcami	o chłopcach
koń (gen. sing.: konia)	koniom	końmi	o koniach
dom	domom	domami	w domach

* The forms in -o here are adverbs (see p. 230).
† Of the masculine nouns which you have come to know so far, *brat* is an exception as it forms an irregular plural (see p. 205).

Fem.:

matka	matkom	matkami	o matkach
siostra	siostrom	siostrami	o siostrach
żona	żonom	żonami	o żonach
droga	drogom	drogami	o drogach

Translate into English:

1. Z czego ty się śmiejesz? Z tego psa się śmieję—patrz, co on robi! 2. Chłopiec cieszył się dobrym świadectwem. 3. Dziwię się matkom, które nie pozwalają dzieciom pływać. To taki wspaniały sport. 4. Czy pan mówił córkom, że dzisiaj nie ma zebrania? 5. Patrz, znowu ktoś idzie przez pola ku tym domom tam nad jeziorem. 6. Czy to prawda, że ty się gniewasz na Staszka? Tak, prawda. 7. O co się gniewasz? Bo on się śmiał z mojego brata. 8. Ona zaczynała się ubierać, kiedy on kończył. Kiedy się kończą święta? 9. Zamykam okna, bo się robi zimno. 10. W tych dwu domach nikt nie mieszka. 11. Ja się już niczemu nie dziwię. 12. Za domem jest las, a za lasem jezioro. 13. Nie masz się czego wstydzić. Nie ma się czego wstydzić. 14. Myjemy się mydłem. 15. Ona się bardzo dobrze ubiera. 16. Nasz syn lepiej się teraz uczy. 17. Nikt się tego nie spodziewał. 18. Zaczynało się robić gorąco. 19. Las się pali! 20. Niczego się już od życia nie spodziewam.

Translate into Polish:

1. The girl is washing herself. The boy is washing himself. The child is washing itself. 2. What was father angry about? About that letter. 3. I am very pleased that you are buying this house. 4. (My) husband was there with (our) daughters. 5. The boy is well pleased because he was not expecting such a good report. 6. She was teaching my son Polish. She was learning Polish. 7. How is your (formal, to a man) mother? 8. I am surprised that this flat is so (takie) cold. Flats in old houses are often very warm. 9. I don't like cold weather (trans.: the cold). 10. He lived with my brother. 11. My husband was very ill, but he is better now (already). 12. It was very warm at the seaside. 13. Who is learning better, he or she? 14. Now they are ashamed of this letter. 15. We are

rejoicing over your victory.   16. Mother was expecting a letter from (my) brother.   17. My office was very dark and cold.   18. The children are staying here for the holidays with the grandfather and the aunts.   19. Don't laugh (use sing.) at this.   20. One often sees that.   One often saw (neuter form) that.   One often hears that.   One often heard that.   21. Why are you burning this letter?   What is burning here?   22. This window does not close.   23. Your life is beginning, mine is ending.

Answer the following questions:

1. Z czego robi się masło?—krzesła?—okna?
2. Kiedy robi się zimno? (in the afternoon).
3. Czy słowo sport to polskie słowo?

Vocabulary

mydło, mydła, soap

sport, sportu, sport

świadectwo, świadectwa, certificate; school report

ciepło, ciepła, warmth, heat, warm weather

zimno, zimna, cold, cold weather

cieszyć się, cieszy się, cieszą się, ciesz się, IV, to be glad, to rejoice

dziwić się, dziwi się, dziwią się, dziw się, IV, to be surprised

gniewać się, I, to be angry, to be cross

myć, myje, myją, myj, III, to wash, to give a wash

myć się, to wash oneself, to have a wash

spodziewać się, I, to expect

śmiać się, śmieje się, śmieją się, śmiej się, III, to laugh

ubierać, I, to dress (somebody)

ubierać się, to dress (oneself)

wstydzić się, wstydzi się, wstydzą się, wstydź się, IV, to be ashamed

zaczynać, I, to begin, to start (something)

kończyć, kończy, kończą, kończ, IV, to end, to finish (something)

zaczynać się, to be beginning, starting (intransitive)

kończyć się, to be ending, coming to an end (intransitive)

chory, chora, chore, sick, ill

ciemny, ciemna, ciemne, dark

ciepły, ciepła, ciepłe, warm

gorący, gorąca, gorące, hot

jasny, jasna, jasne, light (not in weight)

wspaniały, wspaniała, wspaniałe, splendid, magnificent

zimny, zimna, zimne, cold, chilly
lepiej, better (adv.)
jest ciepło, it is warm

było gorąco, it was hot
jest zimno, it is cold
było zimno, it was cold
bo, because, for

Speech drill:

świadectwo is pronounced: śfia-dec-tfo.

wstydzi się is pronounced: fsty-dzi się.

In colloquial speech *się* is generally pronounced sie (e in place of ę).

LESSON 16

MASCULINE DECLENSION (*Continued*)— PAST TENSE, SINGULAR (*Continued*)

The ending of the dative singular of masculine nouns is -*owi,* thus *mężowi, synowi, wujowi, dziadkowi, nauczycielowi, koniowi, domowi, lasowi,* etc. There is, however, a small group of masculine nouns, mostly monosyllabic, which form the dative singular in -*u,* i.e. exactly in the same way as neuter nouns. These are:

Bóg	God	dative sing.: Bogu
brat	brother	bratu
chłop	peasant, farmer	chłopu
chłopiec	boy	chłopcu
diabeł	devil	diabłu
ojciec	father	ojcu
pan	gentleman	panu
lew	lion	lwu
kot	cat	kotu
pies	dog	psu
świat	world	światu

Thus:

Bardzo panu dziękuję.	I thank you very much.
Służę panu.	(I am) at your service.
On jest przeciw mojemu bratu.	He is against my brother.
Daję chłopcu jabłka.	I am giving the boy apples.

But:

Dziękuję wujowi, mężowi.	I thank my uncle, husband.
Pomagam synowi, dziad-kowi.	I am helping (my) son, grandfather.
Dzięki temu nauczycie-lowi . . .	Thanks to this teacher . . .

Note the last example: *temu nauczycielowi*—the ending of a pronoun or adjective qualifying a masculine noun in the dative singular is the same as of that qualifying a neuter noun.

From the third person singular of the past tense of a Polish verb the first and second persons singular can easily be formed, by adding to the masculine form the endings *-em, -eś*, to the feminine *-m, -ś*. Thus in the past tense singular a Polish verb ends for the masculine gender in *-łem, -łeś, -ł*, for the feminine in *-łam, -łaś, -ła*. For the neuter the first and second persons are not used, the third, as explained before (p. 56), ends in *-ło*. Examples:

Masc.:	Fem.:	Neut.:
kochałem, I loved (man speaking)	kochałam, I loved (woman speaking)	—
kochałeś, thou lovedst (to a man)	kochałaś, thou lovedst (to a woman)	—
kochał, he loved	kochała, she loved	kochało, it loved

umieć

Masc.:	Fem.:	Neut.:
umiałem	umiałam	—
umiałeś	umiałaś	—
umiał	umiała	umiało

wiedzieć

Masc.:	Fem.:	Neut.:
wiedziałem	wiedziałam	—
wiedziałeś	wiedziałaś	—
wiedział	wiedziała	wiedzialo

pracować

Masc.:	Fem.:	Neut.:
pracowałem	pracowałam	—
pracowałeś	pracowałaś	—
pracował	pracowała	pracowało

widzieć

Masc.:	Fem.:	Neut.:
widziałem	widziałam	—
widziałeś	widziałaś	—
widział	widziała	widziało

robić

Masc.:	Fem.:	Neut.:
robiłem	robiłam	—
robiłeś	robiłaś	—
robił	robiła	robiło

uczyć się

Masc.:	Fem.:	Neut.:
uczyłem się	uczyłam się	—
uczyłeś się	uczyłaś się	—
uczył się	uczyła się	uczyło się

Learn some more verbs used with *się*:

zbliżać się   to draw near, to come near, to approach
spieszyć się   to hurry, to be in a hurry
spóźniać się   to be late
modlić się   to pray
nazywać się   to be called

Note the relation of *każdy—żaden: żaden* is the opposite of *każdy*. E.g.:

Która z was się tak spieszyła?	Which one of you (girls) was in such a hurry?
Żadna z nas się nie spieszyła.	None of us was in a hurry.
Każda z nas się spieszyła.	Each of us was in a hurry.

Translate into English:

1. Przez pewien czas ten pociąg bardzo się spóźniał i przez to ja się spóźniałam do biura.   2. Nie wierzyłam wujowi, kiedy to ojcu opowiadał, a teraz widzę, że to była prawda.   3. Mówiłem bratu, że dziecko było chore. 4. Nie dawaj temu psu tak dużo mięsa.   5. Każda z nas modliła się o zwycięstwo.   6. Nie zbliżaj się do lwa, do psa, do kota.   7. Daję panu słowo, że nie wiedziałem.   8. Widziałaś świadectwo Władka?   Owszem, widziałam, to

wspaniałe świadectwo. Mówiłam ojcu, też się cieszył.
Moja droga, nie każdy ma syna, który tak dobrze się uczy.
9. Módl się i pracuj. 10. Jak nazywa się ten ptak? Nie
wiesz? To jaskółka. 11. Nie spodziewałem się takiego
zimna. 12. Miałam list od syna. Co pani mówi! Tak
pani na list czekała. No i co pisze? Pisze, że wszystko
dobrze, że był bardzo zajęty, że tam, gdzie oni teraz są,
jest bardzo zimno, ale że, Bogu dzięki, ma się teraz zupełnie
dobrze. 13. To dobry pociąg. 14. Jak się pan nazywa?
Nazywam się Antoni Szaniawski. Jak się pani nazywa?
Nazywam się Róża Szaniawska. 15. Gdzie się pan tak
spieszy? Do pociągu się spieszę. 16. Wierzę w Boga.
Wierzę w to. Nie wierzę w to. Niech pan mężowi nie
wierzy, on się tylko śmieje. On każdemu wierzy. Ona
nikomu nie wierzy. 17. Świat jest piękny. 18. Dziękuję
panu za list. 19. Czego uczyłeś się dzisiaj? Uczyłem się
angielskiego. 20. Żaden z nas nie miał dzieci. 21. Chłop
ciężko pracuje. To dobry chłop.

Translate into Polish:

1. You (formal, fem.) have never been late, I know.
2. I did not hear this interesting tale. 3. Don't trust this
boy. 4. In the afternoon there is only one train. 5. I
(woman) have never been fond of cheese. 6. Staszek is
very busy: he is writing (his) exercise. 7. I don't know at all
whom to thank. 8. Christmas holidays are drawing near.
9. Did you (thou, masc.) tell the teacher (use dat.) that you were
ill yesterday? 10. Please, sir, a (trans.: a certain) boy was
here with a letter for* you. 11. For some time I (fem.) have
not been buying meat, we eat very little meat. 12. God
knows all and sees all. 13. I (man) have never lent anything to your brother. 14. I don't remember his name
(what he is called). 15. Where did you (informal,
woman) see my cat? 16. What were you (thou, to a boy)
learning to-day? 17. Why was she in such a hurry (translate: did she hurry so)? 18. The child did not know how
to swim. 19. You (thou, woman) believed (your) father
but not (your) husband. 20. What were you (thou, man)
angry about?

* A letter for (written to) somebody is *list do kogoś; dla kogoś* (p. 63)
implies: for somebody to collect.

Vocabulary

Bóg, Boga, God
chłop, chłopa, peasant, far-
  mer; fellow
jaskółka, swallow
mięso, mięsa, meat
pociąg, pociągu, train
świat, świata, world
pisze, he, she, it writes, is
  writing
dziękować, dziękuje, dziękują,
  dziękuj, III, komuś (dat.)
  za coś (acc.), to thank
  somebody for something
modlić się, modli się, modlą
  się, módl się, IV, o coś
  (acc.), to pray for something
spieszyć się, spieszy się,
  spieszą się, spiesz się, IV,
  to hurry, to be in a hurry
spóźniać się, I, to be late
wierzyć, wierzy, wierzą,
  wierz, IV, komuś (dat.),

to believe, to trust somebody; *w coś* (acc.), to
  believe in something
zbliżać się, I, to come close,
  to draw near, to ap-
  proach
jakiś, jakaś, jakieś, a, a certain, some
pewien, pewna, pewne, a certain
każdy*, każda, każde, each,
  every, everyone
wszystko, all, everything
zajęty, engaged, busy
zupełnie entirely, com-
  pletely, quite
zupełnie nie, not at all
przez to, through that; because of that
przez pewien czas ⎱ for some
przez jakiś czas ⎰ time, for
                        a time
Bogu dzięki, thank God

LESSON 17

MASCULINE DECLENSION (*Continued*)—
PAST TENSE, PLURAL

The nominative and genitive plural of masculine nouns
are somewhat complicated cases, as the nominative may
take four endings: *-owie, -y, -i,* and *-e,* and the genitive
three: *-ów, -y,* and *-i.* To limit this number we shall discuss
at first nouns denoting masculine persons, which take *-owie,*
-y, or *-i* in the nominative plural, but have only one ending,
-ów, common to all in the genitive plural.

* Construction as with *żaden,* Voc. p. 64.

1. The ending *-owie* is definitely connected with masculine persons and in modern Polish is used for no other nouns but those denoting men.*   Unfortunately it does not follow that every noun denoting a male person forms its nominative plural in *-owie*.   A great many nouns of this category take other endings.

The ending *-owie* carries with it a certain implication of importance or distinction and will be found to prevail with nouns denoting rank, position, status, and family relationships. Thus:

Singular			Plural	
Nom.:	Gen.:		Nom.:	Gen.:
syn	syna	son	synowie	synów
mąż	męża	husband	mężowie	mężów
ojciec	ojca	father	ojcowie	ojców
dziadek	dziadka	grandfather	dziadkowie	dziadków
wuj	wuja	uncle	wujowie	wujów
pan	pana	gentleman	panowie	panów
generał	generała	general	generałowie	generałów
kapitan	kapitana	captain	kapitanowie	kapitanów
uczeń	ucznia	pupil	uczniowie	uczniów
oficer	oficera	officer†	oficerowie	oficerów
inżynier	inżyniera	engineer‡	inżynierowie	inżynierów

2. Note the last two examples, *oficer* and *inżynier*. Both these nouns end in *-r* and take the *-owie* ending for the nominative plural.   Many nouns ending in (*-o-, -e-, -a-)r*, however, form their nominative plural by changing the *-r* into *-rz-* and taking the ending *-y*.   With the *-owie* ending being sensed as more important, quite a number of these nouns may take both endings.   Thus:

aktor	aktora	actor	aktorzy	aktorów
autor	autora	author	autorzy or autorowie	autorów
doktor	doktora	doctor	doktorzy or doktorowie	doktorów

* But compare p. 127, when with surnames and Christian names it may denote husband and wife.
† Principally of the Armed Forces.
‡ Only a diploma engineer (college graduate in technology).

dyrektor	dyrektora	director	dyrektorzy or dyrektorowie	dyrektorów
prófesor	profesora	professor	profesorowie or profesorzy	profesorów
bohater	bohatera	hero	bohaterzy or bohaterowie	bohaterów

3. A certain number of nouns denoting male persons form their nominative plural by taking the -*i* ending which exercises a softening effect on the preceding consonant; note in particular the change of the *t* into *ć*, and *d* into *dź* (spelled *c*, *dz* before the *i*) in Szkot/Szkoci, Szwed/Szwedzi.   E.g.:

chłop	chłopa	peasant	chłopi	chłopów
biskup	biskupa	bishop	biskupi	biskupów
Szkot	Szkota	Scot	Szkoci	Szkotów
Szwed	Szweda	Swede	Szwedzi	Szwedów

4. Nouns in -*ec* take -*y*:

chłopiec	chłopca	boy	chłopcy	chłopców
kupiec	kupca	merchant	kupcy	kupców
cudzo-ziemiec	cudzo-ziemca	foreigner	cudzo-ziemcy	cudzo-ziemców

But note *ojciec*, *ojcowie*, above.

5. Many Polish nouns denoting male persons end in -*ak*, -*ik*, -*yk*.   These form the nominative plural in -*acy*, -*icy*, -*ycy*.   Thus:

Polak	Polaka	Pole	Polacy	Polaków
śpiewak	śpiewaka	singer	śpiewacy	śpiewaków
rybak	rybaka	fisherman	rybacy	rybaków
Anglik	Anglika	Englishman	Anglicy	Anglików
lotnik	lotnika	airman	lotnicy	lotników
pułkownik	pułkownika	colonel	pułkownicy	pułkowników
porucznik	porucznika	lieutenant	porucznicy	poruczników
ogrodnik	ogrodnika	gardener	ogrodnicy	ogrodników
pracownik	pracownika	employee	pracownicy	pracowników
robotnik	robotnika	worker	robotnicy	robotników
rolnik	rolnika	farmer, agriculturist	rolnicy	rolników
rzeźnik	rzeźnika	butcher	rzeźnicy	rzeźników

| urzędnik | urzędnika | civil servant, official, clerk | urzędnicy | urzędników |
| Kana-dyjczyk | Kana-dyjczyka | Canadian | Kana-dyjczycy | Kana-dyjczyków |

In the plural, as in the singular (comp. p. 51), the genitive serves also as the accusative for masculine nouns denoting persons (but not animals, see p. 83).

Adjectives and pronouns have for most cases of the plural, including the genitive, the same forms for all nouns, irrespective of gender. Thus the form of the genitive plural (ending in -ych, -ich, comp. p. 28) is used not only for neuter, but also for masculine and feminine nouns. The same form serves also as that of the accusative for adjectives and pronouns qualifying masculine nouns which denote persons, as these nouns have the accusative the same as the genitive. Thus: Gen.: *zebranie tych nowych robotników*, the meeting of those new workers. Acc.: *Uczę tych nowych robotników*, I am teaching those new workers.

The simplest way to learn the plural of the past tense is to begin with the third person, as in the singular. In the singular the third person had three forms, e.g. *był*, *była*, *było*, for the masculine, feminine and neuter gender. In the plural it has only two forms, one of which ends in *-li*, the other in *-ły*. The question now arises which form corresponds to which gender. And here we come against a curious phenomenon, very characteristic of Polish inflexion: one form, the one in *-li*, is used only and exclusively as predicate for nouns denoting masculine persons, the other one, in *-ły*, as predicate for all other nouns, i.e. masculine nouns denoting animals and things, all feminine nouns and all neuter nouns. Thus we say in Polish:

Synowie byli . . .	The sons were . . .
Mężowie byli . . .	The husbands were . . .
Robotnicy byli . . .	The workers were . . .
Urzędnicy byli . . .	The officials were . . .
But:	
Konie były . . .	The horses were . . .
Lasy były . . .	The forests were . . .

Siostry były . . .	The sisters were . . .
Krowy były . . .	The cows were . . .
Rzeki były . . .	The rivers were . . .
Dzieci były . . .	The children were . . .
Okna były . . .	The windows were . . .

When the subject comprises male and female persons, the verb is put in the *-li* form, i.e. in the form for male persons:

Janek i Zosia byli . . .	Johnny and Sophie were . . .
Żona i synowie byli . . .	(My) wife and sons were . . .

But when the subject comprises only feminine persons, the verb takes the *-ły* form:

Żona i córka były . . .	(My) wife and daughter were . . .

From the third person plural the first and second persons plural of the past tense are formed as follows:

byli they (men) were	były they (all but men) were
byliśmy we were (men, man and woman, or men and women speaking)	byłyśmy we were (women only speaking)
byliście you were (to men or a mixed group of men and women)	byłyście you were (to women)

Thus the complete conjugation of a Polish verb in the past tense is as follows:

kochać, to love

Singular:

Masc.:	Fem.:	Neut.:	
kochałem	kochałam	—	I (man, woman) loved
kochałeś	kochałaś	—	you (man, woman) loved
kochał	kochała	kochało	he, she, it loved

Plural:

Male persons:	All others:	
kochaliśmy	kochałyśmy	we (men, women) loved
kochaliście	kochałyście	you (men, women) loved
kochali	kochały	they (men) loved; they loved

robić, to make, to do

robiłem	robiłam	—
robiłeś	robiłaś	—
robił	robiła	robiło

robiliśmy	robiłyśmy
robiliście	robiłyście
robili	robiły

Note. The 1st and 2nd persons plural of the Past Tense are pronounced with the stress on the same syllable as the 3rd person, thus: ko'chaliśmy, ko'chaliście, like ko'chali.

wiedzieć, to know

wiedziałem	wiedziałam	—
wiedziałeś	wiedziałaś	—
wiedział	wiedziała	wiedziało

wiedzieliśmy	wiedziałyśmy
wiedzieliście	wiedziałyście
wiedzieli	wiedziały

widzieć, to see

widziałem	widziałam	—
widziałeś	widziałaś	—
widział	widziała	widziało

widzieliśmy	widziałyśmy
widzieliście	widziałyście
widzieli	widziały

słyszeć, to hear

słyszałem	słyszałam	—
słyszałeś	słyszałaś	—
słyszał	słyszała	słyszało

słyszeliśmy	słyszałyśmy
słyszeliście	słyszałyście
słyszeli	słyszały

jeść, to eat

jadłem	jadłam	—
jadłeś	jadłaś	—
jadł	jadła	jadło

jedliśmy	jadłyśmy
jedliście	jadłyście
jedli	jadły

	mieć, to have			*być*, to be	
miałem	miałam	—	byłem	byłam	—
miałeś	miałaś	—	byłeś	byłaś	—
miał	miała	miało	był	była	było
mieliśmy	miałyśmy	byliśmy	byłyśmy
mieliście	miałyście	byliście	byłyście
mieli	miały	byli	były

Note that the -e- in verbs ending in -*eć*, like *wiedzieć*, *widzieć*, *słyszeć*, *mieć*, etc., which changes into -*a*- in the past tense before the -*ł* of the ending (comp. p. 57), e.g.: *wiedział*, *wiedziała*, *widział*, *słyszał*, *miał*, etc., remains unchanged before the -*l*- of the endings -*liśmy*, -*liście*, -*li* of the plural for male persons. Thus *wiedzieli*, they (men) knew, but: *wiedziały*, they (women) knew; *widzieli*, *słyszeli*, *mieli*, they (men) saw, heard, had; but *widziały*, *słyszały*, *miały*, they (women; all animals and all things) saw, heard, had. From *jeść*: *jedli*, *jadły*, they (men, women, etc.) ate.

Translate into English:

1. Nie znali żadnego z waszych dyrektorów. 2. Słyszałyście, co pułkownik dziś rano mówił? Ja słyszałam. Lotnicy też to wczoraj mówili. 3. Na co inżynierowie czekali? 4. Robotnicy nie mieli narzędzi. 5. Proszę, niech panowie siadają. 6. Dawniej miałyśmy dwóch ogrodników, a teraz nie mamy żadnego. 7. Żaden z naszych pracowników nie zarabia tyle co robotnik. 8. Moja siostra zna tego porucznika z waszego biura. Tego śpiewaka? Tak, czy to prawda, że on tak ładnie śpiewa? 9. Rzeźnicy sprzedają mięso. 10. Urzędnicy pracują w biurach, kupcy w sklepach, a rolnicy w polach. 11. Uczniowie jedli jabłka.

Exercise 1

Put the subjects and verbs in the following sentences into the plural:

1. Uczeń nie umiał polskiego.
2. Anglik nie lubi cudzoziemców.
3. Generał nie miał czasu.
4. Ogrodnik znał każde drzewo.
5. Przez pewien czas chłopiec spóźniał się.

6. Urzędnik nie wiedział o tym.
7. Polak nie rozumiał Anglików.
8. Kupiec sprzedawał jabłka.

Exercise 2

Put the following sentences into the past tense:

1. Janka i Zosia nie mają psa.
2. Janek i Zosia nie mają syna.
3. Matka i żona spieszą się do sklepu.
4. Mąż i syn spieszą się do biura.
5. Śmieją się (men), gdy to czytają. Śmieją się (women) gdy to czytają.
6. Cieszymy się (women) bardzo. Cieszymy się (men) bardzo.
7. Nie znamy (husband and wife speaking) żadnych generałów, pułkowników ani kapitanów, ale znamy dwóch biskupów i trzech profesorów.
8. Rybacy mieszkają nad morzem.
9. Aktorzy rozmawiają z autorem.
10. Zarabiacie tyle co oni.
11. Są to bohaterzy.
12. Szkoci ciężko pracują.

Vocabulary

Learn the masculine nouns given in the grammar part of this lesson.

sprzedawać, sprzedaje, sprzedają, sprzedawaj, III, to sell
zarabiać, I, to earn
rano, in the morning
dawniej, formerly

tyle—ile, or *tyle—co,* as much as
też, także, also
gdy, kiedy, when
Janka, dim. of *Janina,* girl's name

LESSON 18

MASCULINE NOUNS (*Continued*)—THE PRESENT TENSE OF *być*—CONSTRUCTION WITH *być*

1. Many masculine nouns denoting persons end in *-rz* (*-arz, -erz*) and, a smaller group, in *-cz* (*-acz*). These take

in the nominative plural the ending -*e*, in the genitive the ending -*y*. Thus:

lekarz	lekarza	physician	lekarze	lekarzy
dziennikarz	dziennikarza	journalist	dziennikarze	dziennikarzy
piekarz	piekarza	baker	piekarze	piekarzy
mleczarz	mleczarza	milkman	mleczarze	mleczarzy
żołnierz	żołnierza	soldier	żołnierze	żołnierzy
palacz	palacza	smoker	palacze	palaczy
słuchacz	słuchacza	listener; (university) student	słuchacze	słuchaczy

2. Masculine nouns which denote animals or things and end in -*rz* or -*cz*, or in a few other consonants akin to these, i.e. in -*sz*, -*ż*, -*c*, also take -*e* in the nominative plural, but in the genitive plural the ending is -*y* or -*ów*. Thus:

cmentarz	cmentarza	cemetery	cmentarze	cmentarzy
talerz	talerza	plate	talerze	talerzy
kołnierz	kołnierza	collar	kołnierze	kołnierzy
klucz	klucza	key	klucze	kluczy
deszcz	deszczu	rain	deszcze	deszczów or deszczy
płaszcz	płaszcza	overcoat	płaszcze	płaszc zów or płasczy
kapelusz	kapelusza	hat	kapelusze	kapeluszy
nóż	noża	knife	noże	noży or nożów
piec	pieca	stove, oven; furnace	piece	pieców
widelec	widelca	fork	widelce	widelców

3. Masculine nouns denoting persons and ending in -*l* take -*e*, -*i* for the nominative and genitive plural. Thus:

góral	górala	highlander	górale	górali
nauczyciel	nauczyciela	teacher	nauczyciele	nauczycieli
właściciel	właściciela	owner	właściciele	właścicieli
przyjaciel	przyjaciela	friend	przyjaciele	przyjaciół*
nieprzyjaciel	nieprzyjaciela	enemy	nieprzyjaciele	nieprzyjaciół*

But:

król	króla	king	królowie	królów (króli)

* Note the irregular genitive in the plural.

4. Masculine nouns in -*l* other than those denoting male persons also take -*e* in the nominative plural, and -*i* or -*ów* in the genitive. Thus:

cel	celu	purpose, aim; target	cele	celów
metal	metalu	metal	metale	metali
parasol	parasola	umbrella	parasole	parasoli

5. All masculine nouns ending in -*ń*, -*ć*, -*dź* and -*j* take -*e* in the nominative plural and -*i* in the genitive plural, with the exception of those in -*j* which in the genitive may also take -*ów*. Thus:

koń	konia	horse	konie	koni
słoń	słonia	elephant	słonie	słoni
cień	cienia	shadow, shade	cienie	cieni or cieniów
ogień	ognia	fire	ognie	ogni
gość	gościa	guest, visitor	goście	gości
niedźwiedź	niedźwiedzia	bear	niedźwiedzie	niedźwiedzi
złodziej	złodzieja	thief	złodzieje	złodziei or złodziejów
kraj	kraju	country	kraje	krajów
pokój	pokoju	room	pokoje	pokoi or pokojów

For masculine nouns denoting animals the accusative plural is the same as the nominative (while in the singular it is the same as the genitive, comp. p. 51). Masculine nouns denoting things have the accusative the same as the nominative in both the singular and plural. For persons comp. p. 77.

This can be represented as follows (comp. p. 90):

Masculine Nouns, and Adjectives and Pronouns qualifying masculine nouns

which denote	Singular:	Plural:
Persons:	Accusative = Genitive	
Animals:	Acc. = Gen.	Acc. = Nom.
Things:	Accusative = Nominative	

In view of the diversity of endings in the nominative and genitive plural, the forms for these two cases will henceforward be given after those of the nominative and genitive singular with every new masculine noun in the vocabulary. The same forms will also be given for neuter nouns and, as they gradually become known, for feminine nouns.

The complete present tense of the verb *być*, to be, of which you know the third person singular and plural, is conjugated as follows:

jestem, I am   jesteśmy, we are   Imperative: bądź
jesteś, thou art   jesteście, you are   bądźmy
jest, he, she, it is są, they are   bądźcie

To express what somebody or something is you use in Polish the verb *być*, to be, followed by a noun in the instrumental. Thus:

Jestem nauczycielem.   I am a teacher.
Mój ojciec był piekarzem.   My father was a baker.
Jaskółka jest ptakiem.   The swallow is a bird.
Jesteście moimi uczniami.   You are my pupils.

Note, however, that when the word *to* is inserted (comp. p. 58), the nominative is used, not the instrumental:

Syn Staszka to mój słu-   Staszek's son is my student.
chacz.

Ten góral to nasz stary   This highlander is our old
przyjaciel.   friend.

But:

Ten góral jest naszym   That highlander is an old
starym przyjacielem.   friend of ours, is our old
                            friend.

The instrumental is also used after the verb *zostać*, to become. Thus:

Brat został lekarzem, in-   The brother became a phy-
żynierem, profesorem.   sician, engineer, pro-
                            fessor.

Translate into English:

1. Gdzie są klucze od biurka? 2. On ma wielu* nieprzy-jaciół. 3. Górale mówią, że w tych lasach są jeszcze

* Compare p. 89.

niedźwiedzie.   4. W tym, co on tym dziennikarzom opowiadał, nie ma cienia prawdy (gen.).   5. Nieprzyjaciela już widać, o tam, za lasem.   6. Kraj nasz jest dziś jednym wielkim cmentarzem.   7. Mieliśmy tu dwa lwy, trzy słonie i cztery niedźwiedzie.   8. Ojciec wyjmuje z pudełka dwa cygara i dziesięć papierosów.   9. Oni są urzędnikami.   One są żonami urzędników.   10. Właścicielem tego domu jest mój przyjaciel, pan Rzecki.   11. Tu masz talerze, noże i widelce.   12. Żołnierze szukali złodziei.   13. Robotnicy palili w pięciu wielkich piecach.   14. Było ciepło, ale nie zdejmowaliśmy płaszczów i kapeluszy* bo deszcz padał. 15. Piece były w dwu pokojach.   16. Słuchacze bardzo lubili tego profesora.   On ma mało słuchaczy.   17. Palaczem jest ten, kto pali papierosy albo cygara.   18. Mój dziadek był dziennikarzem; żaden z synów dziadka nie został dziennikarzem.   19. Celem naszym teraz jest uczyć się. 20. Król ten miał wspaniałe konie.   21. Wielki przyjaciel. Wielki król.

Translate into Polish:

1. We have meat from the butcher, bread from the baker and milk from the milkman.   2. Do you know any (jaki) good physician?   No, I do not know any (żaden) physicians here.   3. Poles and Englishmen are very fond of horses. 4. It was raining in the afternoon.   5. The soldiers were taking off (their) overcoats.   6. I haven't the keys.   7. We had two umbrellas.   8. There are two cemeteries of Polish soldiers and airmen here.   9. The fire was burning well. 10. We had visitors yesterday.   11. This doctor is my friend. 12. Whose hats and coats† are these?   13. I have never seen such a big bear (before).   14. We did not have knives, forks, and plates.   15. Elephants like shade, but they do not like rain.   16. Three rooms are large, two are small. 17. My brother was a teacher, and my husband an engineer. 18. Are these your collars?   19. Cracow was the city of Polish kings.   20. This is made of a very expensive metal. 21. Don't take these cigarettes out of the box.   22. I don't

* *Coats and hats* is the idiomatic order in Polish.
† Put in reverse order for idiomatic Polish.   Comp. No. 14 in Polish text above.

know your friends. 23. You are (thou art) a small boy. We are soldiers.

Vocabulary

Learn the nouns given in the grammar part of this lesson.

papieros, papierosa, papierosy, papierosów, cigarette

wyjmować, wyjmuje, wyjmują, wyjmuj, III, z czegoś, to take out of something

zdejmować, zdejmuje, zdejmują, zdejmuj, III, z czegoś, to take off; to take down from something

albo, or

palić papierosa (idiom), to smoke a cigarette

palić papierosy, to smoke cigarettes

palić w piecach, to make, to keep up fire in stoves, or furnaces

deszcz pada, it is raining

LESSON 19

PRONOUNS, ADJECTIVES, NUMBERS:
FORMS FOR MALE PERSONS

You have learned that in the third person plural of the past tense the Polish verb has two forms (pp. 77 and 78), of which one is the predicate for masculine persons only, while the other is the predicate for all the remaining nouns, i.e. for masculine nouns denoting animals and things, for all feminine and all neuter nouns. The same curious differentiation of forms is repeated in the nominative plural of pronouns and adjectives.

In the nominative singular both a Polish pronoun and adjective have three forms, one for each gender, e.g.:

Masc.:	Fem.:	Neut.:
ten dobry pan	ta dobra pani	to dobre dziecko
this good gentleman	this good lady	this good child

In the nominative plural, however, there are two forms only, one for masculine persons, the other for all other nouns. Thus:

Masc. persons:

ci dobrzy panowie
   these good gentlemen
ci dobrzy synowie
   these good sons
ci dobrzy chłopcy
   these good boys
ci dobrzy lekarze
   these good physicians

All others:

te dobre konie
   these good horses
te dobre sklepy
   these good shops
te dobre panie
   these good ladies
te dobre krowy
   these good cows
te dobre dzieci
   these good children
te dobre pisma
   these good periodicals

The nominative plural of pronouns and adjectives for masculine persons ends in -*i* or -*y*, with the consonant immediately preceding the ending being often affected or "softened" by it, i.e., changed into another, related consonant. This will be clear from the following reference list of the forms of pronouns and adjectives already known to you:

| Nominative Singular: | | | Nominative Plural: | |
| | | | Masc. | All |
Masc.:	Fem.:	Neut.:	persons:	others:
on	ona	ono	oni	one
		he, she, it		they
ten	ta	to	ci	te
		this, that		these
tamten	tamta	tamto	tamci	tamte
		that		those
czyj	czyja	czyje	czyi	czyje
		whose		
mój	moja	moje	moi	moje
		my, mine		
twój	twoja	twoje	twoi	twoje
		thy, thine		
nasz	nasza	nasze	nasi	nasze
		our, ours		
wasz	wasza	wasze	wasi	wasze
		your, yours		

szy/si — ży/zi :

najlepszy	najlepsza	najlepsze best	najlepsi	najlepsze
duży	duża	duże big	duzi	duże

ty/ci — dy/dzi :

zajęty	zajęta	zajęte engaged	zajęci	zajęte
młody	młoda	młode young	młodzi	młode

ki/cy — gi/dzy :

jaki	jaka	jakie what sort of, which	jacy	jakie
taki	taka	takie such a	tacy	takie
polski	polska	polskie Polish	polscy	polskie
drogi	droga	drogie dear	drodzy	drogie
długi	długa	długie long	dłudzy	długie
(wszystek, wszystka) (rarely used)		wszystko all, every- thing*	wszyscy all, every- body*	wszystkie all

ry/rzy :

który	która	które which	którzy	które
dobry	dobra	dobre good	dobrzy	dobre

* *Wszystko* is, in fact, used principally in the sense *everything, wszyscy* in the sense *everybody.* *Wszyscy* is the logical plural of *każdy* which has no plural. Thus: *Każdy wie*—everyone knows (each person individually). *Wszyscy wiedzą*—everybody knows (all people, or all in a group, collectively). *Każdy człowiek*—every human being; every man and woman. *Wszyscy ludzie*—all people.

Note: *człowiek, ludzie,* above. The student is advised to consult the General Vocabulary in instances of words as yet not known to him. Very occasional introduction of such words, prior to their appearing in the Lesson Vocabularies or, later, in the grammar part of the lessons, has been adopted for the sake of including idiomatic phrases or expressions or, when indicated, in illustrating grammatical material. Grammatical forms can be traced through the Subject Index:

ły/li :

mały	mała	małe	mali	małe
		small		
ciepły	ciepła	ciepłe	ciepli	ciepłe
		warm		

ny/ni — wy/wi :

piękny	piękna	piękne	piękni	piękne
		handsome		
zimny	zimna	zimne	zimni	zimne
		cold		
nowy	nowa	nowe	nowi	nowe
		new		
ciekawy	ciekawa	ciekawe	ciekawi	ciekawe
		curious		

The table on page 90 shows the declension of a pronoun and adjective qualifying masculine and neuter nouns in the singular, and masculine, neuter and feminine nouns in the plural.

Like all adjectives, numbers and numerical adjectives have special forms for the nominative of masculine persons. These forms end in *-u* and from *pięć* upwards are, as usual, followed by the genitive of the noun:

Masc. persons:		All others:	
	men		horses, shops, pens
five	*pięciu* panów	*pięć* koni, sklepów, piór
six	*sześciu* panów	*sześć* koni, sklepów, piór
seven	*siedmiu* panów	*siedem* koni, sklepów, piór
eight	*ośmiu* panów	*osiem* koni, sklepów, piór
etc.		(also for feminine nouns)

Similarly:

		sons		horses, shops, pens
how many?	*ilu*		*ile*	
so many	*tylu*	} synów	*tyle*	} koni, sklepów, piór
several	*kilku*		*kilka*	(and feminine nouns)
many	*wielu*		*wiele*	

Singular:

Masculine:
this small son—dog—shop

Nom.:	ten mały syn—pies—sklep
Voc.:	— mały *(the voc. of nouns to be learned later)*
Acc.:	*things:* ten mały sklep (=Nom.)
	persons: tego małego syna } (=Gen.)
	animals: tego małego psa
Gen.:	tego małego syna, psa, sklepu
Dat.:	temu małemu synowi, psu, sklepowi
Instr.:	tym małym synem, psem, sklepem
Loc.:	o tym małym *(the loc. of nouns to be learned later, consult Subject Index)*

Feminine:
this good mother
ta dobra matka
(to be learned later, see pp. 115 and 116)

Neuter:
this small child—pen

Nom.:	to małe dziecko—pióro
Voc.:	— małe dziecko, pióro
Acc.:	to małe dziecko, pióro
	(no differentiation—one form for persons, animals and things)
Gen.:	tego małego dziecka, pióra
Dat.:	temu małemu dziecku, pióru
Instr.:	tym małym dzieckiem, piórem
Loc.:	o tym małym *(nouns to be learned later, consult Subject Index)*

Plural:

Masculine persons:
these small sons

Nom.:	ci mali synowie
Voc.:	— mali synowie
Acc.:	tych małych synów (=Gen.)

All others: *(and feminine nouns)*

	these small dogs	*—shops*	*—children*	*—pens*
Nom.:	te małe psy	—sklepy	—dzieci	—pióra
Voc.:	— małe psy	—sklepy	—dzieci	—pióra
Acc.:	te małe psy	—sklepy	—dzieci	—pióra
			(=Nom.)	

	these small sons				
Gen.:	tych małych synów (=Gen.)	—psów	—sklepów	—dzieci	—piór
Dat.:	tym małym synom	—psom	—sklepom	—dzieciom	—piórom
Instr.:	tymi małymi synami	—psami	—sklepami	—dziećmi	—piórami
Loc.:	o tych małych synach	—psach	—sklepach	—dzieciach	—piórach

The complete declension of a cardinal number from *pięć*
up or of a numerical adjective* qualifying a noun is as
follows:

	Masc. persons:	All others:
Nom.:	*Pięciu, kilku* panów *jest, było* . . .	*Pięć, kilka* koni, sklepów, piór *jest, było* . . .
	Five, several men are, were . . .	Five, several horses, shops, pens are, were...
Acc.:	Widzę *pięciu, kilku* panów. I see five, several men.	Widzę *pięć, kilka* koni sklepów, piór. I see five, several horses, shops, pens. (also for feminine nouns)

Gen.: dla tych *pięciu, kilku* panów, koni, sklepów, piór . . .
      for these five, several men, horses, shops, pens . . .

Dat.: dzięki tym *pięciu, kilku* panom, koniom, sklepom,
      piórom . . .
      thanks to these five, several men, horses, shops,
      pens . . .

Instr.: z tymi *pięciu, kilku* (or also: *pięcioma, kilkoma*)
        panami, koniami, sklepami, piórami . . .
        with these five, several men, horses, shops, pens . . .

Loc.: o tych *pięciu, kilku* panach, koniach, sklepach,
      piórach . . .
      about these five, several men, horses, shops, pens . . .
                    (also for feminine nouns)

Thus in the nominative and accusative, above, the number
is followed by the genitive of the noun (comp. pp. 33 and
34). In the remaining cases, however, both the number and
the noun are put in the same case, i.e. the number behaves
like any other qualifying adjective; the ending of the number
for these cases is -*u*, i.e. it is the same as for the nominative of masculine persons (comp. p. 89).

The numbers *dwa, trzy, cztery*, two, three, four, are used
all through the declension as follows:

* Note: The numerical adverbs *dużo, mało* are invariable.

Nom.—Masc. persons:

> *Dwu* (or *dwóch*), *trzech, czterech** panów *jest, było* . . .
> or: (as with *pięć*)
> *Dwaj, trzej, czterej** panowie *są, byli* . . .
> Two, three, four men are, were . . .

> All others (but the feminine: *dwie*):

> *Dwa, trzy, cztery* konie, sklepy, pióra *są, były* . . .
> Two, three, four horses, shops, pens are, were . . .

Acc. — Masc. persons:

> Widzę *dwu* (or *dwóch*), *trzech, czterech* panów.
> I see two, three, four men.

> All others (but the feminine: *dwie*):

> Widzę *dwa, trzy, cztery* konie, sklepy, pióra.
> I see two, three, four horses, shops, pens.

Other cases (also for the feminine):

Gen. — dla tych *dwu* (or *dwóch*), *trzech, czterech* panów, koni,
> sklepów, piór . . .
> for these two, three, four men, horses, shops, pens . . .

Dat. — dzięki tym *dwu* (or *dwóm*), *trzem, czterem* panom,
> koniom, sklepom, piórom . . .
> thanks for these two, three, four men, horses, shops,
> pens . . .

Instr.—z tymi *dwoma* (or *dwu*), *trzema, czterema* panami,
> końmi, sklepami, piórami . . .
> with these two, three, four men, horses, shops,
> pens . . .

Loc. — o tych *dwóch* (or *dwu*), *trzech, czterech* panach,
> koniach, sklepach, piórach . . .
> about these two, three, four men, horses, shops,
> pens . . .

---

* Note that while the forms *dwu, trzech, czterech* are repeated in the
accusative, the alternative forms *dwaj, trzej, czterej* are used *only* in the
nominative for masculine persons. With *wszyscy*, all, only the *-ej* form
is used: *wszyscy trzej, czterej panowie.*

Translate into English:

Mili goście.

Dziś mamy gości—drogich i miłych gości, bo matka nasza i ciotka z mężem to bardzo drodzy i mili goście.
Jest wieczór. Zimno dzisiaj było i deszcz padał, ale w domu ciepło, ogień pali się wesoło. Wszystko mamy już przygotowane na kolację (for supper)—zimne mięso, ser, jajka na twardo, chleb z masłem, owoce ładnie ułożone, siostra wyjmuje jeszcze ciastka z pieca.
Ja i siostra mieszkamy razem. Mieszkanie nasze jest małe, tylko dwa pokoje z kuchnią (instr. fem.). Właścicielem domu, w którym ·mieszkamy, jest pan Stanisław Nowiński. Pan Nowiński i nasz ojciec to starzy przyjaciele. Nasz ojciec był słuchaczem pana Nowińskiego, gdy ten był młodym profesorem. Wszyscy słuchacze kochali profesora Nowińskiego, on wszystkich słuchaczy znał i wielu pamięta do dziś. Ojciec nasz został potem dziennikarzem i właścicielem małego pisma, do którego pan Nowiński także często pisze.
Dziś nie spodziewamy się ojca na kolację, bo jest teraz bardzo zajęty.
Ale już czas się ubierać. Nie pamiętam, gdzie jest mój nowy kołnierzyk.
—Zosiu, nie widziałaś mojego nowego kołnierzyka?
—Nie, nie widziałam. Tu szukałaś?
—Nie, tu nie szukałam. O, jest.
Już jesteśmy gotowe i czekamy na gości.
Dzwonek. Już są. Matka nasza nigdy się nie spóźnia.
—Dobry wieczór! Dobry wieczór! Jak się macie, moje drogie!
Panie dają córkom mokre parasole, zdejmują płaszcze i kapelusze. Wszyscy rozmawiamy. Potem siadamy do stołu.

Exercise

Give the plural of: 1. drogi syn—drogiego syna; 2. mój nowy kapelusz—mojego nowego kapelusza; 3. taki żołnierz—takiego żołnierza; 4. ten młody Anglik—tego młodego Anglika; 5. nasz dyrektor—naszego dyrektora; 6. twój najlepszy przyjaciel—twojego najlepszego przyjaciela; 7. nóż i widelec—noża i widelca; 8. ten głęboki talerz (soup-plate)—tego głębokiego talerza; 9. każdy polski chłop—każdego polskiego chłopa.

Translate into Polish:

1. The pupils were well prepared. They (women) were well prepared. 2. These two Canadians are very fond of Polish cakes. He is speaking to (conversing with) these two Canadians. 3. We did not hear the bell. 4. Everything was arranged and prepared. Everybody (men) was prepared. Everybody (women) was prepared. 5. All the three (use the new form you have learned in this lesson) sons were doctors (lekarz). 6. How many workers have you? How many apples have you? We have many workers. We have many apples.

Vocabulary

ciastko, ciastka; ciastka, ciastek, cake, French pastry

dzwonek, dzwonka, (door) bell

kołnierzyk, kołnierzyka, small collar, shirt collar (comp. *synek*)

kuchnia, kitchen

stół, stołu, table

wieczór, wieczora or *wieczoru,* evening

gotowy, masc. pers.* *gotowi,* ready

miły, mili, nice, pleasant, agreeable

młody, młodzi, young

mokry, mokrzy, wet

wiele, wielu, (much), many

przygotowany, przygotowani, prepared

ułożony, ułożeni, arranged (note the change: *-ony/ -eni*)

wesoło, gaily

do dziś, up to now

dobry wieczór! good evening

już czas, it is time

jajka na twardo, hardboiled eggs

* From now on the first form listed in the Lesson Vocabulary for an adjective will be that of the nominative singular masculine, from which the feminine (in *-a*) and the neuter (in *-e*) are formed regularly; all three forms, however, will be given in the few instances of adjectives which in the nominative singular masculine may end in a consonant. The second form listed will be that of the nominative plural for masculine persons *if* it is subject to an interchange, or, occasionally, when for some other reason it is considered helpful for the student to find it included.

LESSON 20

MASCULINE NOUNS (*Continued*)

1. Masculine nouns denoting animals and things and not covered by any of the groups discussed in Lesson 18 (in 2, 4 and 5), i.e. ending in consonants other than *sz, rz, ż, cz, c* or *ć, dź, ń, l, j,** form the nominative plural by taking the ending *-y*, but after *k, g,* the ending *-i* (to avoid the groups *ky, gy* which do not exist in Polish, comp. p. 28). In the genitive plural all these nouns take the ending *-ów*.

	Gen. Sing.:		Nom. Plur.:	Gen. Plur.:
kot	kota	cat	koty	kotów
pies	psa	dog	psy	psów
lew	lwa	lion	lwy	lwów
chleb	chleba	bread	chleby (rare)	chlebów
sklep	sklepu	shop	sklepy	sklepów
list	listu	letter	listy	listów
most	mostu	bridge	mosty	mostów
sport	sportu	sport	sporty	sportów
świat	świata	world	światy	światów
błąd	błędu	mistake	błędy	błędów
obiad	obiadu	dinner	obiady	obiadów
stół	stołu	table	stoły	stołów
dom	domu	house	domy	domów
czas	czasu	time	czasy	czasów
las	lasu	forest	lasy	lasów

Nouns in *-k* (very numerous) and in *-g* (not so frequent):

ptak	ptaka	bird	ptaki	ptaków
ołówek	ołówka	pencil	ołówki	ołówków
cukierek	cukierka	sweet, candy	cukierki	cukierków
ziemniak	ziemniaka	potato	ziemniaki	ziemniaków
burak	buraka	beet	buraki	buraków
ręcznik	ręcznika	towel	ręczniki	ręczników

* It would be useful to remember for future reference that nouns ending in any of the above listed consonants and also in *ś, ź, dz* are called in Polish grammar soft stem nouns, those ending in all other consonants are called hard stem nouns.

słownik	słownika	dictionary	słowniki	słowników
dziennik	dziennika	daily newspaper	dzienniki	dzienników
guzik	guzika	button	guziki	guzików
język	języka	tongue	języki	języków
pociąg	pociągu	train	pociągi	pociągów
róg	rogu	corner; horn	rogi	rogów
dług	długu	debt	długi	długów

Note the nouns *stół, stołu* and *róg, rogu*. The *ó* of *stół, róg* changes to *o* in *stołu, rogu* (this *o* remains all through the declension of the noun). This is the same change as in *pól* and *pole*, or *mórz* and *morze* (see p. 26), i.e. the *ó* of a closed syllable changes into an *o* in an open syllable (*stół, sto-łu*; *róg, ro-gu*). The corresponding change *ę/ą* which you know from *święto, świąt*, appears in a small group of masculine nouns as in *męża—mąż* (pp. 26, 52), *błędu—błąd*; many remain unchanged: *pociągu—pociąg*.

The vocative plural of masculine nouns is the same as the nominative plural.

Learn the names of the days of the week:

poniedziałek	Monday	w poniedziałek	on Monday
wtorek	Tuesday	we wtorek	on Tuesday
środa	Wednesday	w(e) środę*	on Wednesday
czwartek	Thursday	w(e) czwartek	on Thursday
piątek	Friday	w piątek	on Friday
sobota	Saturday	w sobotę*	on Saturday
niedziela	Sunday	w niedzielę*	on Sunday

Note that the names of the days of the week are not written with a capital initial letter in Polish, and the Pole counts the days of the week beginning with Monday.

Learn also the following expressions:

w każdy poniedziałek	every Monday
w każdą środę	every Wednesday
co drugi poniedziałek	every second Monday
co drugą środę	every second Wednesday
na wtorek	for Tuesday

* Feminine declension, see p. 105.

na piątek	for Friday
na niedzielę	for Sunday
przed poniedziałkiem	before Monday
przed czwartkiem	before Thursday
przed sobotą	before Saturday

The noun *dzień*, day, and the noun *tydzień*, week, are declined similarly:

Nom. and Acc.:	dzień	tydzień
Voc.:	dniu	tygodniu
Gen.:	dnia	tygodnia
(Dat.:	dniowi	tygodniowi—rare)
Instr.:	dniem	tygodnıem
Loc.:	w dniu	w tygodniu (see p. 130)

Plural: Nom. Acc. Voc.:	dni or dnie	tygodnie
Gen.:	dni	tygodni
Dat.:	dniom	tygodniom
Instr.:	dniami	tygodniami
Loc.:	w dniach	w tygodniach

Note the expressions:

dzień dobry!	good morning, good day
tego dnia	(on) that day
przed dwoma dniami ⎫	two days ago
dwa dni temu ⎭	
przed kilku dniami ⎫	a few days ago
kilka dni temu ⎭	
trzy tygodnie temu	three weeks ago
w tym tygodniu	this week
w ubiegłym tygodniu ⎫	last week
w zeszłym tygodniu ⎭	
w przyszłym tygodniu	next week

Translate into English:

1. W ubiegłym tygodniu wszystkie sklepy były zamknięte. 2. Czy widzisz te duże ptaki tam? Gdzie? Tam na drzewach. O, widzę. Nie wiesz, jak one się nazywają? Nie, nie wiem, pierwszy raz widzę takie ptaki. 3. Barszcz robi się z buraków. 4. Masz tu dwa ręczniki i mydło. 5. Język angielski jest bardzo trudny. 6. Ona zna dobrze

kilka języków. 7. Już nie ma cukierków! 8. Jakie sporty lubisz? 9. Inżynierowie budują mosty. 10. W poniedziałek mieliśmy na obiad barszcz, mięso z młodymi ziemniakami i szpinakiem i ciastka. 11. Dobre to były czasy. 12. Tego dnia byłam sama. 13. Widzieli słonie i niedźwiedzie. 14. Kiedy się ojca spodziewasz? Spodziewam się ojca i brata w przyszłym tygodniu. 15. Co drugi czwartek mam wolny dzień. 16. Czyje to koty? 17. Kiedy widziałeś się z moim ojcem? Dwa dni temu. Nie, czekaj, co dzisiaj mamy, piątek? tak, dwa dni temu, w(e) środę. 18. Na sobotę byłam gotowa. 19. Czy to są guziki do twojego płaszcza? 20. Są to dwa różne światy. 21. Miałam ostatni list dwa tygodnie temu, od tego czasu nic, ani słowa. 22. Babcia przyszywa kołnierzyk do mojego płaszcza. 23. Dzień dobry panu! Dzień dobry pani! Czy pani sama idzie na obiad?

Translate into Polish:

1. Every pupil makes mistakes. 2. The cow has horns. 3. I don't like spinach, but I am very fond of Polish beetroot soup. 4. These are my father's dictionaries. 5. Where do you buy these sweets? 6. He was in debt (translate: he had debts). 7. I met him (widzieć się) a few days ago. 8. When is he selling those four houses? On Monday. 9. There are three good trains on Saturday. 10. We have everything ready for Sunday. 11. Workmen buy newspapers. Farmers (rolnik) sell potatoes. These officials know various languages. 12. I was stitching buttons on the overcoat. 13. On Tuesday the boys were alone in the house (w domu). 14. Have you a free day on Thursday? Yes, our last free day.

Vocabulary

Learn the nouns and expressions given above.

barszcz, barszczu, (clear) beetroot soup (Polish national dish)

szpinak, szpinaku, spinach

przyszywać, I, do (gen.), to sew on, to stitch on

widzieć się z kimś, to see, meet somebody (and have a talk); . . . *z nim,* with him

ostatni, last

różny, different, various

sam, sama, samo, masc. pers: *młode ziemniaki,* new pota-
    sami, alone   toes
trudny, difficult   *pierwszy raz,* the first time
wolny, free; not engaged

LESSON 21

ASPECTS OF THE VERB

You know now how to form the past of a Polish verb. The time has come to discuss the proper use and meaning of this tense. The use of the past tenses is very different in Polish and in English.

In English the two principal past tenses are the so called Present Perfect (I have done) and Simple Past (I did). The choice between the two depends on whether the time of a past action described is in some way connected with the present (I have done) or whether it is not (I did). This consideration does not exist in Polish. When speaking of a past action, the Polish speaker is concerned solely with the problem (1) whether that action was finished and completed and—in consequence—its objective achieved or a result produced, or (2) whether the action remained unfinished, that is, was only in the course of being performed, the fact of its having been performed being important and not the outcome which remains unspecified and unknown. Thus what the Polish speaker is concerned with is the character or *aspect* of the past action. To express this, he has at his disposal not two different tenses formed from one verb, but one tense, formed from two different, yet closely related verbs. One of these verbs, the one which expresses a finished action, is called a *perfective* verb, the other, the one which expresses an unfinished action, an *imperfective* verb. So far you have been learning only imperfective verbs.

Example: I have bought two horses to-day.
          I bought two horses yesterday.

In English you have two tenses in the above two sentences, *I have bought* and *I bought,* formed from the verb *to buy*. Both these sentences describe an action which is obviously finished—the horses have been bought by the speaker, they have passed hands and are now his property, the transaction has been completed. Therefore in the Polish translation the verb in both these sentences will be put in one tense—the past tense derived from the perfective form of the verb *to buy*, which is *kupić*. Thus:

Kupiłem dzisiaj dwa konie. (verb: *kupić*—perfective)
Kupiłem wczoraj dwa konie.

But when you say in English:
   I was buying these horses when . . .

. . . when something happened, the obvious implication is that the action of buying was still in progress at the moment when some other action broke in on it; the transaction of buying might or might not have been finished later, about that we know nothing, all we know is that at the moment referred to it was not finished. This sentence is in Polish:

Kupowałem te konie, gdy . . . (verb: *kupować*—imper-
             fective).

Thus the Polish imperfect past tense, i.e. the past tense formed from an imperfective verb, corresponds to the English progressive form, past tense.

This, however, is not its only function. The imperfective past may also denote a repeated or habitual action, in which sense the verb is often accompanied by adverbs such as *zwykle*, usually, *zawsze*, always, *często*, often, or by adverbial expressions like *przez pewien czas*, for some time, *co tydzień*, every week, etc., etc. A habitual action is composed of a number of separate actions, each of which may be completed, the fact, however, that these actions are performed as a series and are drawn out through a length of time, necessitates the use of the imperfective past. In English the nearest expression to render this meaning is *I used to* (*do something*), but the ordinary past tenses are also used. Thus:

Dla dzieci (zwykle) kupowałem cukierki.	For the children I used to buy sweets.
Przez pewien czas tu kupowałem cukierki.	For some time I bought sweets here.

Zawsze tu kupowałem cukierki. — I always bought sweets here.

Let us now study the same problem in some more examples, and learn the perfectives of several imperfective verbs you know:

Imperfective verb:	Perfective verb:
wracać	wrócić*
W ubiegłym tygodniu późno wracałem do domu.	Tego dnia późno wróciłem z biura.
Last week I was late in coming back home.	That day I came back late from the office.
(day after day, or several times in the week—a repeated action).	(once, a definite, finished action).
spóźniać się	spóźnić się
Stale się spóźniała.	Raz tylko się spóźniła.
She was constantly late.	She was late only once.
(as above).	(as above).
powtarzać	powtórzyć
Powtarzałem to zdanie wiele razy.	Powtórzyłem to zdanie jeszcze raz.
I repeated that sentence many times.	I repeated that sentence once again.
(action repeated).	(definite action, once).
pozwalać	pozwolić
Nie pozwalałam dzieciom tam pływać.	Nie pozwoliła dzieciom kupić tych cukierków.
I did (would) not allow the children to swim there.	She did not allow the children to buy these sweets.
(a permanent attitude of mind, whenever they asked, she refused).	(a specific, single refusal, that once, these particular sweets).
pożyczać	pożyczyć
Zawsze pożyczał od ojca pisma i dzienniki.	Mietek pożyczył słownik od mojego brata.

* Consult the Gen. Vocab. for the conjugation of the new verbs but note: at this stage we are using the perfectives only in the past tense.

He always borrowed periodicals and newspapers
from my father.

(periodic action, many
things borrowed at dif-
ferent times).

Mietek borrowed the dic-
tionary from my brother.

(action once, object definite).

zarabiać

Przez jakiś czas zarabia-
liśmy bardzo dobrze.

For some time we were
earning good money.

(repeated, prolonged ac-
tion).

zarobić

Tym razem nic nie zaro-
biliśmy.

This time we did not earn
anything.

(a definite, negatively finished action — chance
passed).

przyszywać

Przez cały wieczór przy-
szywałam guziki.

All through the evening I
was stitching on buttons.

(prolonged action, result
unspecified).

przyszyć

Wczoraj przyszyłam ten
guzik.

I stitched that button on
yesterday.

(action finished with definite result).

It will be noticed that in the group of verbs for the above
examples the perfectives differ from the imperfectives only
in so far that the endings of the infinitives change from -ać
(1st conjugation) to -ić or -yć (4th conjugation). This is
only one of the ways in which imperfective verbs may
form their perfective correspondents. In the following
lessons other forms of perfective verbs will be discussed.

The conjugation of a verb is not affected by aspect; the
past tense or the imperative of, e.g., a first comjugation verb
will be formed in exactly the same way whether the verb
is imperfective or perfective.

The imperative of perfective verbs* is used very often,

---

* The student is advised to make use of the General Vocabulary
where he will find a perfective correspondent listed with every imperfective (unless non-existent). The Imperative in its basic forms, i.e.
for the second person singular, is given with every verb, except for the
perfectly regular first conjugation verbs or, of course, when not in use.

in fact always when an order, warning or request expressed in the imperative refers to a specific instance or moment of the action (this time, this once). Thus, e.g., if you want to ask somebody to lend you money, you would say: *Pożycz* (perf.) *mi pięć złotych*—Lend me five zloty. If you want to ask somebody to be back by eight o'clock, you say: *Wróć przed ósmą.* Don't be late for lunch is: *Nie spóźnij* się na obiad.*

By contrast, the imperative of an imperfective verb implies that the order or request refers to every time when the action ordered or requested may be repeated, it therefore refers to a series of possible actions, to the attitude which the person addressed is asked to take. While the imperative of a perfective verb expresses a specific order or request, that of an imperfective verb is rather a permanent advice or warning, and it is therefore the latter form that is most frequently used with *nie*, not. Compare, for example, the following sentences:

Imperfective:	Perfective:
Nigdy nie wracaj sama, wracaj zawsze z bratem.	Wróć przed ósmą.
	Be back by eight.
Don't ever walk back alone, always come back with your brother.	
Nie pożyczaj, dobry zwyczaj (proverb).	Pożycz mi sześć złotych.
	Lend me six zloty.
Don't (ever) lend is a good principle (lit.: habit).	
Nie spóźniaj się.	Nie spóźnij się.
Don't (ever) be late.	Don't be late (this time).
Nie kupujcie tych cukierków.	Kupcie ten słownik.
	Buy this dictionary.
Don't (ever) buy these sweets.	

* Verbs with stems ending in two consonants, like spóźn-ić się, usually take the ending -*ij* to form the imperative for the second person singular, thus *spóźnij się* (from this the imperative for the first and second person plural is formed regularly: *spóźnijmy się, spóźnijcie się*). Compare *ciągnij, zamknij,* p. 188.

Learn the following ordinal numbers (declined like adjectives):

pierwszy	the first	szósty	sixth
drugi	second, other	siódmy	seventh
trzeci	third	ósmy	eighth
czwarty	fourth	dziewiąty	ninth
piąty	fifth	dziesiąty	tenth

Translate into English:

1. Pociągi stale się spóźniają. Pociąg z Londynu spóźnił się kilka razy. Spóźniłem się na pociąg. 2. Nie rób długów. 3. Kupiliśmy do domu dziesięć krzeseł i dwa stoły, jeden duży, drugi mały. 4. Kupiłam dwa ręczniki dla Staszka. 5. Nie mów Mietkowi, że one wczoraj wieczór tak późno wróciły i że same wracały; to już ostatni raz. 6. Dlaczego pani w niedzielę nie pozwoliła chłopcom słuchać radia? 7. Raz wracaliśmy przez lasy, w których były niedźwiedzie. 8. Gdzie pani kupiła ten słownik? 9. Jabłka kupowałam zwykle od naszego ogrodnika. 10. Przyszyj te dwa guziki do płaszcza. 11. Nie przyszywaj drugiego guzika. 12. Powtórz trzecie zdanie jeszcze raz. 13. Pierwszego dnia* spóźniła się do biura. 14. Sześć słów rozumiem, siódmego nie rozumiem. 15. Wrócił cały mokry, bez płaszcza, bez kapelusza i bez parasola. 16. Ten błąd stale się potem powtarzał.

Exercise

Poniedziałek jest pierwszym dniem tygodnia.
Form sentences like the above for all days of the week.

Translate into Polish:

1. For the first time I was late in getting to the office. 2. We bought two pencils and a pen. 3. Be back for dinner. 4. This time he repeated the whole sentence without a mistake. 5. Grannie would not allow us (nam) to smoke in the house, especially in these rooms. 6. I earned ten zloty on Thursday. 7. Don't (ever) lend this dictionary to anybody. 8. Our employees are earning very well. 9. The doctor did not allow my husband to go (iść) to the office yesterday. 10. You did not stitch that button on.

* Compare *tego dnia*, p. 97.

11. We always repeated every sentence three times.
12. We used to buy potatoes from (our) uncle.

Vocabulary

Learn the verbs and numbers given in the grammar part of this lesson.

powtarzać, I, imperf.

powtórzyć, IV, perf., to repeat

pożyczyć coś od kogoś (gen.) to borrow something from somebody (comp. to lend, p. 38)

spóźnić się na pociąg, to miss one's train

spóźnić się do biura, to be late in getting to the office

jeden — drugi, one — the other

pierwszy—drugi, the first— the other, the second

raz, once

jeszcze raz, once more

drugi, ostatni raz, (for) the second, the last time (comp. Vocab. p. 99)

kilka razy, wiele razy, several times, many times

tym razem, this time

późno, late

stale, constantly

zwykle, usually

bez, prep. with gen., without

wczoraj wieczór, last night

Mietek, Mietka, diminutive of Mieczysław, male name

LESSON 22

FEMININE NOUNS—PERFECTIVE VERBS (*Continued*) —DATIVE OF PERSONAL PRONOUN

The great majority of feminine nouns end in *-a*, a few in *-i*. All these nouns take the characteristic ending *-ę* for the accusative singular, and an equally characteristic ending *-ą* for the instrumental singular. Thus:

Nom.:		Acc.:		Instr.:
matka	(kocham)	matkę	(idę z)	matką
córka		córkę		córką
ciotka		ciotkę		ciotką
żona		żonę		żoną
siostra		siostrę		siostrą
Polska, Poland		Polskę		Polską
książka, book		książkę		książką

ziemia, earth*	ziemię	ziemią
suknia, dress	suknię	suknią
róża, rose	różę	różą
pani	panią	panią
gospodyni, housekeeper, housewife, landlady, hostess	gospodynię	gospodynią

Note the exception: the accusative singular of *pani* is *panią*.

Pronouns and adjectives take the ending -*ą* when qualifying a feminine noun in both the accusative and the instrumental singular. Thus:

The Accusative:

| Czytam twoją nową książkę. | I am reading your new book. |
| Widziałam taką śliczną czerwoną różę. | I saw such a lovely red rose. |

The Instrumental:

| Rozmawiałam z twoją małą siostrą. | I talked with your little sister. |
| List był pod tą wielką książką. | The letter was under that big book. |

Note, however, that the demonstrative *ta* is an exception, the accusative is *tę* (not: tą). From *tamta*, that, the accusative is like that of all other adjectives: *tamtą*. Thus:

| Znam tę panią. | I know this lady. |
| Biorę tę książkę, a tamtą panu zostawiam. | I am taking this book, and I am leaving you that one. |

The instrumental of *ta* is, regularly, *tą*. Thus:

| Matka była z tą panią nad morzem. | Mother was at the seaside with this lady. |
| Przed tą nową szkołą jest wielki ogród. | There is a large garden in front of that new school. |

* For additional English counterparts of certain words listed consult the General Vocabulary.

We shall now learn some more perfective correspondents of the imperfective verbs which you already know. The perfective of the verb *dawać* is *dać*. Thus *dawał* means he used to give, or he was giving, or simply, he gave; *dał* means he has given, he gave (once, definitely). There are many verbs composed with *dawać*, *dać*. You know one: *sprzedawać*, to sell; its perfective is *sprzedać*. Here are some more: *oddawać*, *oddać*, to give back, to return (something), to give up; *wydawać*, *wydać*, to spend (money), or to give change; *podawać*, *podać*, to pass, to hand, to serve at table. Study the use of these pairs of verbs in the following examples:

Imperfective:	Perfective:
dawać	dać
Dawała mi tylko dwadzieścia złotych za tę suknię.	Dała mi dwadzieścia złotych za tę suknię.
She was (giving) offering me only 20 zloty for this frock (so I did not sell it).	She gave me 20 zloty for this frock (I sold it).
sprzedawać	sprzedać
Chłopi sprzedawali konie, bydło, a także ziemniaki i zboże.	Chłopi sprzedali już wszystkie ziemniaki.
Farmers were selling horses, cattle, and also potatoes and grain. (this may be a description of a scene at a market—what was going on there).	The farmers have already sold all their potatoes. (no potatoes left—all gone, disposed of.).
oddawać	oddać
Przez długi czas nie oddawała mi tych pieniędzy, —	ale wreszcie oddała.
For a long time she did not return the money to me —	but at last she did (return it).
	Oddał życie za ojczyznę.
	He gave his life for his country.

podawać

Dziewczyna nie umiała podawać do stołu.

The girl did not know how to serve at table.

podać

Proszę mi podać masło.

Please pass me the butter.

wydawać

On za dużo wydawał na dom.

He was spending too much on the house.

wydać

Wydał wszystko, co dostał od ojca.

He spent all that he got from his father.

The perfective of *zostawać* is *zostać*. There are several compounds of the same stem, of which learn the two following: *dostawać*, *dostać*, to get, to receive, to obtain, and *przestawać*, *przestać*, to stop, to cease. The imperative of *zostać*, *przestać* is. *zostań*, *zostańmy*, *zostańcie*; *przestań*, *przestańmy*, *przestańcie*.

zostawać

Zostawaliśmy zwykle przez niedzielę.

We used to stay over Sunday.

zostać

Zostaliśmy przez niedzielę.

We stayed over Sunday.

dostawać

Dostawaliście tam jakie pisma polskie?

Did you receive any Polish periodicals there?

dostać

Dostaliście tę książkę?

Did you get (manage to get) that book?

przestawać

Nie przestawałem czytać.

I went on reading (did not stop reading).

przestać

Na chwilę przestałem czytać.

For a moment I stopped reading.

The declensional forms of the personal pronoun are all short, i.e. monosyllabic, and unstressed in the sentence, when used in direct dependence on verbs, as their complements. To express an indirect object in the dative case, the personal pronoun takes the following forms:

he gave (to) me, etc.   he gave (to) us, etc.

ja	—	dał	*mi*		my	—	dał	*nam*
ty	—		*ci*		wy	—		*wam*
on	—		*mu*		oni	—	}	
ona	—		*jej*		one	—	}	*im*
ono	—		*mu*					

Dał mi tę książkę.	He gave me that book.
Kto ci dał tę książkę?	Who gave you this book?
Nie wiem, co mu kupić.	I don't know what to buy him.
Dał jej czerwoną różę.	He gave her a red rose.
Ja wierzyłem dziecku, matka mu nie wierzyła.	I believed the child, the mother did not believe it (him).
On nam to mówił.	He told us that.
Kto wam to mówił?	Who told you that?
Oddałem im książkę.	I returned the book to them.

Read aloud repeatedly the following phrases and try to memorize them. Read them again, changing the pronoun, i.e. putting *jej*, or *im*, or *ci*, for *mu*, etc. Remember to pronounce the pronoun as one with the preceding word; stress the penultimate syllable of the verb:

dał mu	mówię ci	pożycz mi	pisze mi
oddał mu	ja ci mówię	niech mi pan pożyczy	czyta mi
wydał mu	powtarzam ci	dziękuję ci	opowiada mi
podał mu	ja ci powtarzam	nie dziwię się jej	mówię jej
sprzedał mu	pozwalam ci	dziwię się im	wydaje jej
kupił mu	ja ci pozwalam	pomagał nam	kupuje jej
zostawiał mu	wierzę ci	służył nam	służył im
mówił mu	ja ci nie wierzę	liczył nam	liczył im

The above forms of the personal pronoun figure prominently in a characteristic *dative construction* in Polish which expresses the idea of something being done *for*, or happening *to* somebody. This construction is widely used in Polish and the student's attention is drawn to it at this point in a general way. To understand it should present no special difficulties, although a direct English translation is rarely applicable. A few examples: *Przyszyłam ci guzik do płaszcza.* I have stitched the coat button on for you. *For you* is expressed not by *dla ciebie*, which would be its direct Polish correspondent, but by the dative *ci*. *Został mi tylko jeden papieros.* I have only one cigarette left. *Kończą mi się papierosy.* My cigarettes are running out.

Translate into English:

1. Dałem mu dwa złote, a on mi wydał dziesięć groszy.

2. Sprzedaliśmy jej tę książkę. 3. Sprzedaj tę suknię.
4. Dostałam wszystkie twoje listy, dziękuję ci bardzo.
5. Nasza gospodyni nie dawała nam mleka na śniadanie.
6. Podaj mi ten talerz ze stołu. 7. Rolnicy kochają ziemię.
8. Deszcz nie przestaje padać. Deszcz przestał padać.
9. Żona z siostrą zostały jeszcze, a ja wróciłem dziś rano.
10. To śliczna dziewczyna. Biedna dziewczyna nie ma
grosza—wydała wszystko, co zarobiła. 11. Wracaliśmy
razem przez Polskę. 12. W niedzielę szkoła jest zamknięta.
13. Bydło wracało z pól. 14. Ubieram się w nową białą
suknię, którą dostałam od ojca. 15. Nauczycielka cieszyła
się bardzo tą książką, którą jej dałaś. 16. Gniewam się na
siostrę. 17. Przestań wreszcie palić, palisz za dużo.
18. Za rzeką jest las. 19. Nie mam pieniędzy. Nie mam
pieniędzy na kino, na tę książkę. 20. Sprzedał im wreszcie
ten dom z ogrodem. 21. Został sam. Często zostawał
sam w domu. Zostawiał matkę samą. Zostawiam ci
papierosy.

Translate into Polish:

1. The earth is round (okrągły). We have very good
soil here. 2. I did not get (any) milk to-day. 3. He was
earning little and spending a lot. 4. My uncle had a very
good housekeeper. My aunt was a very good housewife.
Our landlady does not allow anybody to be late for lunch.
The visitors were saying goodbye (żegnać się, I) to
(translate: with) the hostess (in this case you may also use
the expression: pani domu, the lady of the house). 5. Poland
is the motherland of the Poles. 6. Staszek did not return
that money to him. 7. Will you please pass me that book.
8. My brother was conversing with Mrs. S. and your (twój)
daughter. 9. My father had a cow and two horses. 10. I
was waiting for (my) wife and daughter. 11. What did
you give them? What did he give you? 12. How much
did you spend? 13. We were living with (my) husband's
mother; we had four rooms and a very small kitchen.
14. The girl from the gardener is waiting for you (pani), she
says that the gardener has that yellow rose* for you.
15. Keep on (translate: don't stop) learning. 16. Milk is

* Here, obviously, a rose tree, to plant.

white, butter is yellow, this rose is red.   17. My daughter is a teacher.   18. I am leaving him the umbrella.

Vocabulary

Learn the new nouns and verbs given in the grammar part of this lesson.

bydło, cattle

dziewczyna, girl, country girl

grosz, grosza; grosze, groszy, one hundredth of a zloty

ogród, ogrodu; ogrody, ogrodów, garden

ojczyzna, motherland

pieniądze, pieniędzy*, money

szkoła, school

złoty, złotego (decl. as an adj. literally: golden), zloty, Polish currency

zostawiać, I, coś, imperf., transit., to leave something (behind)

biały, (biali), white

żółty, (żółci), yellow

biedny, poor

wreszcie, at last, finally

LESSON 23

FEMININE NOUNS—NUMBERS

There are two endings for the genitive singular of feminine nouns: -*i* and -*y*. It is quite easy to determine which nouns take the ending -*i* and which the ending -*y*. The principal thing to remember is that any consonant followed by the vowel *i* in Polish is pronounced soft and, consequently, that stems ending in a soft consonant can only, to preserve their soft character, be followed by -*i*, never by -*y*. The ending -*i*, therefore, is taken by feminine nouns which in the nominative singular have the final consonant soft, i.e.: (1) those which end in -*i*, like *pani, gospodyni*; (2) those which end in syllables like -*sia, -cia, -dzia, -nia, -mia*, etc., i.e. in a consonant + *i* (as the spelling sign of softness) + *a*, e.g., *Zosia, babcia, Władzia* (girl's name), *księgarnia*, bookshop, *ziemia*, etc.; and also (3) those ending in -*ja, -la*; furthermore, as an exchange for the -*y* which, as hard stems, they would take if the group -*ky*, -*gy* were feasible

* The singular: *pieniądz, pieniądza*, means coin. In the meaning *money* the plural must be used. Note the instr.: *z pieniądzmi*.

in Polish, (4) nouns ending in *-ka*, *-ga* also take the ending *-i*. Thus:

(1) pani

Nom. sing.: ta piękna pani	this beautiful lady
Gen. sing.: tej pięknej pani	of this beautiful lady

gospodyni

Nom. sing.: ta dobra gospodyni	that good housekeeper
Gen. sing.: tej dobrej gospodyni	of that good house-keeper

In other words, nouns in *-i* have one form for the nominative and genitive singular.

(2) księgarnia, bookshop

Nom. sing.: ta duża księgarnia	this large bookshop
Gen. sing.: tej dużej księgarni	of this large bookshop

kawiarnia, café

Nom. sing.: ta nowa kawiarnia	that new café
Gen. sing.: tej nowej kawiarni	of that new café

ziemia, soil

Nom. sing.: nasza ziemia	our soil
Gen. sing.: naszej ziemi	of our soil

Zosia, Sophie; babcia, grannie; Władzia (girl's name).

Nom. sing.: moja Zosia, babcia, Władzia	my Sophie, grannie, Władzia
Gen. sing.: mojej Zosi, babci, Władzi	of my Sophie, grannie, Władzia

geografia, geography

Nom. sing.: ta geografia	this geography
Gen. sing.: tej geografii*	of this geography

historia, history

Nom. sing.: historia polska	Polish history
Gen. sing.: historii* polskiej	of Polish history

(3) szyja, neck

Nom. sing.: długa szyja	a long neck
Gen. sing.: długiej szyi	of a long neck

nadzieja, hope

Nom. sing.: jedyna nadzieja	the only hope
Gen. sing.: jedynej nadziei	of the only hope

* Note the double *i* in words of foreign origin, of this type.

lekcja, lesson

Nom. sing.: wasza druga lekcja	your second lesson
Gen. sing.: waszej drugiej lekcji	of your second lesson

poezja, poetry

Nom. sing.: poezja polska	Polish poetry
Gen. sing.: poezji polskiej	of Polish poetry

niedziela, Sunday

Nom. sing.: moja wolna niedziela	my free Sunday
Gen. sing.: mojej wolnej niedzieli	of my free Sunday

(4) książka, book

Nom. sing.: taka droga książka	such an expensive book
Gen. sing.: takiej drogiej książki	of such an expensive book

muzyka,* music

Nom. sing.: muzyka brytyjska	British music
Gen. sing.: muzyki brytyjskiej	of British music

noga, leg

Nom. sing.: prawa noga	the right leg
Gen. sing.: prawej nogi	of the right leg

The *-i* form of the genitive singular of feminine nouns serves also for their dative and locative singular, with the exception, however, of nouns ending in *-ka, -ga*, which will be discussed in Lesson 31. Thus:

Nom.: ta nowa księgarnia	this new bookshop
Gen.: Nie znam tej nowej księgarni.	I don't know that new bookshop.
Dat.: ku tej nowej księgarni	towards ⎱ that new
Loc.: w tej nowej księgarni	in ⎰ bookshop

Of these two cases, the locative occurs far more frequently in the language than the dative; with its prepositions it is required to form innumerable expressions which specify principally *position* or *location* in space and time. For the above feminines, here are some examples of their locatives singular in everyday use:

(jest) *w księgarni, w kawiarni, w ziemi, na ziemi; w historii angielskiej, w poezji polskiej, w geografii Polski; w nadziei, że . . .*; (ma) *na szyi; na* (at) *lekcji, po lekcji, po niedzieli*; (mówi) *o pani, o naszej gospodyni, o mojej babci, o Zosi, o Wladzi*, etc.

* The accent is on the first syllable: *'muzyka*, music, but in the sense band (orchestra) usually regularly: *mu'zyka*.

Study now examples of nouns which take the ending -*y* in the genitive singular. Note that the consonant before -*a* in the nominative is hard, -*ba*, -*da*, -*ta*, -*ma*, -*na*, -*ra*, etc.:

osoba, person

Nom. sing.: ta młoda osoba	this young person
Gen. sing.: tej młodej osoby	of this young person

prawda, truth

Nom. sing.: ta wielka prawda	that great truth
Gen. sing.: tej wielkiej prawdy	of that great truth

kobieta, woman

Nom. sing.: ta stara kobieta	this old woman
Gen. sing.: tej starej kobiety	of this old woman

zima, winter

Nom. sing.: ostra zima	severe winter
Gen. sing.: ostrej zimy	of the severe winter

wiosna, spring

Nom. sing.: taka wczesna wiosna	such an early spring
Gen. sing.: takiej wczesnej wiosny	of such an early spring

siostra, sister

Nom. sing.: moja siostra	my sister
Gen. sing.: mojej siostry	my sister's

The dative and locative singular of these nouns will be discussed in Lesson 31.

The groups of nouns in -*ca* (-*cza*, not many examples), -*dza* (-*dża*, rare), -*sza*, -*ża*, -*rza* (the last two identical in pronunciation) also take the ending -*y* in the genitive singular:

owca, sheep	Gen. sing.: owcy
władza, power, authority	władzy
grusza, pear-tree	gruszy
róża, rose	róży
burza, storm	burzy

There is a special reason for separating nouns in -*ca*, (-*cza*), -*dza*, (-*dża*), -*sza*, -*ża*, -*rza* as a group in itself. To-day the sounds *c*, *cz*, *dz*, *dż*, *sz*, *ż*, *rz* are hard and, like all hard consonants, are followed by the ending -*y* (an -*i* after these consonants would be unpronounceable in Polish). But in the distant past of the Polish language there was a time when they were pronounced soft* and, logically, were followed by an -*i*. Later on, however, they became hard (i.e. their pronunciation gradually lost its originally soft character) and the -*i* after them was automatically changed into -*y*. Thus the genitive ending of these nouns to-day, the -*y*, is historically the ending -*i*, which is proved by the fact that these nouns have to-day the same form for the dative and locative as for the genitive singular, i.e. they behave in this respect like the soft stem nouns (i.e. like *księgarnia*, *szyja*, etc.) and not like the hard stem nouns (i.e. not like *wiosna*, *osoba*, etc.). Thus:

Nom.: ta róża	that rose
Gen.: Nie znam tej róży.	I don't know that rose.
Dat.: Pożyczyłem Róży (girl's name) tę książkę.	I lent Rose that book.
Loc.: przy tej czerwonej róży	by that red rose

Compare now the hard and the soft stem nouns (e.g., *na—nia*; *fa—fia*; *ma—mia*; *ra—ria*; *ła—la*, etc.):

Hard:	Soft:
ojczyz-na, one's own country	księgar-nia
Gen. sing.: ojczyz-ny	księgar-ni
sza-fa, wardrobe	geogra-fia
Gen. sing.: sza-fy	geogra-fii
zi-ma	zie-mia
Gen. sing.: zi-my	zie-mi
siost-ra	histo-ria
Gen. sing.: siost-ry	histo-rii
szko-ła	koszu-la, shirt, chemise
Gen. sing.: szko-ły	koszu-li

Compare also: *owca, owcy—babcia, babci*; *władza, władzy—Władzia, Władzi*; *grusza, gruszy—Zosia, Zosi*, etc.

As you would have noted above, pronouns and adjectives qualifying feminine nouns in the genitive as well as in the dative and locative singular take the ending -*ej*, after *k, g*, -*iej*, thus: *dobrej, nowej, starej*, and *krótkiej, długiej, takiej*.

* These consonants are therefore called historically soft consonants in Polish grammar.

Thus the complete declension of an adjective or pronoun qualifying a feminine noun in the singular is as follows (comp. Table on p. 90 for masculine and neuter nouns):

Nom. (and Voc.):	taka dobra gospodyni, such a good housekeeper
Acc.:	taką dobrą gospodynię
Instr.:	taką dobrą gospodynią
Gen. Dat. Loc.:	takiej dobrej gospodyni

Learn the following cardinal and ordinal numbers:

nom. for masc.
persons, the gen.
and all other cases:

jedenaście	11	jedenastu	jedenasty	11th
dwanaście	12	dwunastu	dwunasty	12th
trzynaście	13	trzynastu	trzynasty	13th
czternaście	14	czternastu	czternasty	14th
piętnaście	15	piętnastu	piętnasty	15th
szesnaście	16	szesnastu	szesnasty	16th
siedemnaście	17	siedemnastu	siedemnasty	17th
osiemnaście	18	osiemnastu	osiemnasty	18th
dziewiętnaście	19	dziewiętnastu	dziewiętnasty	19th
dwadzieścia	20	dwudziestu	dwudziesty	20th
kilkanaście, a number of (between 11 and 19)		kilkunastu	—	

Note: *piętnaście, piętnastu, piętnasty* are pronounced: *pietnaście, pietnastu, pietnasty; dziewiętnaście, dziewiętnastu, dziewiętnasty* are pronounced: *dziewietnaście, dziewietnastu, dziewietnasty*, i.e., the ę is pronounced as *e* in everyday speech.

Translate into English:

1. Matka tej młodej kobiety jest jego siostrą. 2. Idę do księgarni, a potem do tej nowej kawiarni na herbatę. 3. Dziś nie nam lekcji muzyki, następną lekcję mam we środę. 4. Czytam książkę o wczesnej historii Warszawy (Warsaw), która jest miastem mojej matki. 5. Nie pamiętam takiej burzy—takiej wczesnej zimy. 6. Brat mojej pierwszej żony był lekarzem. 7. Czego uczyłeś się

dzisiaj? Dzisiaj uczyłem się historii, geografii, polskiego i angielskiego. 8. Ani słowa prawdy w tym nie było, ani cienia prawdy. 9. Pierwsza, druga, trzecia osoba. Nie ma tu takiej osoby. 10. Siostra wyjmuje z szafy długą niebieską suknię. 11. Lekarz mówi, że nie ma żadnej nadziei. 12. Rano dzieci idą* do szkoły, a mąż do biura. 13. Dziwię się, że nie lubisz wiosny, ja nie lubię zimy, choć lubię sporty zimowe. 14. Idziesz* do miasta? Tak. Kup mi kilka ciastek do kawy, dobrze? Dobrze—ile? Spodziewam się dziś gości, kup może piętnaście, tu są pieniądze. 15. Nikt mu nie podaje ręki. Podaj babci chleb i ten ostry nóż ze stołu. 16. Miałam jedenastu uczniów, ale żadnej uczennicy. 17. Pożycz mi dwadzieścia złotych. 18. Pies szuka wody. 19. Nie mam czystej białej koszuli do czarnego ubrania. 20. Siostry pani nie było w kawiarni. 21. Gazeta, której szukałeś, była na ziemi pod stołem. 22. Znam kilkunastu oficerów brytyjskich, którzy się uczą (języka) polskiego. 23. Po lekcji słuchaliśmy muzyki. 24. Krowa miała dzwonek na szyi. 25. Przy kolacji czytałem gazetę. 26. Woda na herbatę się gotuje. 27. Daj Zosi klucze od szafy. 28. Ona jest moją prawą ręką. Złamał (broke) nogę. Którą? Lewą.

Translate into Polish:

1. I have a very good (girl) pupil. 2. We stayed there through the winter. 3. Mother does not like tea with milk, but she likes white coffee. · 4. We were expecting an early spring. 5. A storm is coming.* 6. A giraffe (żyrafa) has a long neck. 7. I don't trust Mrs. T. 8. I received 18 letters from (my) wife. 9. 12 knives and forks; 20 cakes; 17 horses; the twelfth schoolboy; the thirteenth schoolgirl; 14 (men) teachers; 15 pens; several (use the correct form of kilkanaście) boys, soldiers, cats, horses, tables, boxes. 10. The director has no (żaden) power. 11. This girl is the black sheep of our school. 12. Why don't you know your lesson? 13. (My) wife always helped the housekeeper who was ill. My wife cooks very well. 14. He was the only son of my aunt. 15. They were talking about poetry.

* See p. 144.

Vocabulary

Learn the new nouns and numbers given in the grammar part of this lesson.

gazeta, gazety, newspaper

herbata, herbaty, tea

kawa, kawy, coffee

kolacja, kolacji, supper

ręka, ręki, hand

uczennica, uczennicy, schoolgirl, (girl) pupil

ubranie, ubrania; ubrania, ubrań, suit of clothes; clothes

woda, wody, water

gotować, gotuje, gotują, gotuj, III, to cook, to boil

gotować się, to be cooking; to be boiling

czysty, czyści, clean; pure

czarny, black

niebieski, (niebiescy), blue

jedyny, the only, sole

prawy, right

lewy, left

herbata z mlekiem, tea with milk

biała kawa, white coffee

czarna kawa, black coffee

nie umieć lekcji, not to know one's lesson

podać komuś (dat.) *rękę,* to shake hands with somebody

na ziemi, on earth; on the ground; coll.: on the floor; on land

LESSON 24

PERFECTIVE VERBS—THE PERSONAL PRONOUN

Many imperfective verbs form their perfective correspondents by taking prefixes. These prefixes are very often prepositions, like *z* (or *ze-*), *na*, *u*, *po*, etc. Study the formation and the use of the following pairs of verbs:

Imperfective:	Perfective:
robić	zrobić
Zwykle robiłam kawę na śniadanie.	Zrobiłam kawę na śniadanie.
I usually made coffee for breakfast.	I made coffee for breakfast.
jeść	zjeść
On dziś nic nie jadł.	Zjadł obiad i wrócił do biura.
He did not eat anything to-day.	He had his lunch and went back to the office.

rozumieć
Rozumiałeś, co on mówił?
Did you follow what he was saying?

zrozumieć
Zrozumiałeś to?
Have you grasped it?

dziwić się
Nikt się temu nie dziwił.
Nobody was surprised at that.

zdziwić się
Zdziwił się, gdy mu dałem te pieniądze.
He was surprised when I gave him that money.

uczyć (się)
Uczyłem się pływać.
I was learning how to swim.

nauczyć (się)
Nauczyłem się pływać.
I have learnt how to swim.

myć (się)
Nie myj się tutaj.
Don't wash in here.

umyć (się)
Umyj się.
Wash yourself. Have a wash.

gotować
Kto wam gotował?
Who was cooking for you?

ugotować
Nie ugotowała nam obiadu.
She has not cooked any dinner for us.

cieszyć się
Bardzo się cieszyła tą książką.
She was (very) happy to have this book (a state of enjoyment).

ucieszyć się
Bardzo się ucieszyła tym listem.
She was (so) happy to receive this letter (the first reaction, comp. above, *dziwić się* and *zdziwić się*).

dziękować.
Dziękował mi za każdą lekcję, którą mu dałam.
He thanked me for every lesson I gave him.

podziękować
Podziękowałem jej za książki, które mi dała.
I thanked her for the books she had given me.

liczyć
Licz do dziesięciu.
Count up to ten.

policzyć
Policz te książki.
Count these books.

Note that *liczyć, policzyć*, especially the latter, are often used in the sense *to charge*, e.g.: Za dużo mi policzył. He charged me too much.

The accusative of the personal pronoun takes the following forms when used as the direct object of a verb:

ja —mię or mnie	me	my —nas us	⎫ comp. p. 47.
ty —cię	you	wy —was you	⎭
on —go	him	oni —ich	them (mas. persons)
ona—ją	her	one—je	them (all others)
ono—je	it		

Widzisz mię (or mnie)?	Do you see me?
Widzę cię.	I see you.
Uczę go.	I am teaching him.
Kochał ją.	He loved her.
Czyje to pióro? Moje, dostałem je od matki.	Whose pen is this? Mine, I got it from my mother.
Pamiętał nas ze szkoły.	He remembered us from school.
Słyszę was.	I hear you.
Gdzie są chłopcy? Widziałem ich tu przed chwilą.	Where are the boys? I saw them here a moment ago.
On ma dwie siostry, zna je pani?	He has two sisters, do you know them?

Read aloud and memorize (as in Lesson 22, p. 109).

lubi go	zjadł je	pali je	on ich prosi
kocha go	zrobił je	zaczyna je	on ich kocha
uczy go	zrozumiał je	kończy je	on ich rozumie
zna go	ugotował je	pisze je	on ich lubi
widzi go	umył je	czyta je	on ich zna
słyszy go	sprzedał je	zamyka je	on ich uczy
zostawia go	kupił je	otwiera je	on ich poprawia
prosi go	policzył je	ubiera je	
przeprasza go	przyszył je	powtarza je	
słucha go	dał je	zdejmuje je	
	podał je	wyjmuje je	

Translate into English:

1. Zrobiłam dziecku sukienkę i kapelusz z tego kawałka materiału.   2. Masz jakie ciastka do herbaty?—pyta mnie siostra. Owszem, mam—odpowiadam. Otwieram pudełko—nie ma ani jednego ciastka.   Mówię do dzieci: Kto

zjadł ciastka z pudełka? Mój mały synek mówi: Proszę się nie gniewać, mamusiu (vocative), ja je zjadłem. Takie dobre były. . . . 3. Nauczycielka mówi do uczennicy: Dlaczego nie nauczyłaś się historii na dzisiaj? Mówisz, że się uczyłaś, ale się nie nauczyłaś, bo nie umiesz tej lekcji. 4. Chory od wczoraj nic nie jadł. 5. Ile kołnierzy* dajesz do pralni? Policz je. 6. Ojczyzną Polaków jest Polska— Polacy kochają ją nad życie. 7. Czy znałeś synów naszej gospodyni? Jeden był inżynierem, a drugi miał sklep. Bardzo dobrze ich znałem. Staszek wrócił z wojny (war) bez ręki i bez nogi. 8. Rozmowa w kawiarni: Pan mi za dużo policzył, miałyśmy jedną kawę, jedną herbatę i tylko dwa ciastka, nie cztery. O, bardzo panią przepraszam. 9. Nie dziękuj mi, nie zrobiłem nic wielkiego. Podziękuj pani za cukierki. 10. Kupili kawałek ziemi pod (near, in the neighbourhood of) Warszawą. 11. Nauczyciel pytał się uczniów, czy zrozumieli lekcję. Matka ją rozumiała, ale nikt inny. 12. Przez dwa dni nie myłem się. Pierwszy raz dzisiaj się umyłem. 13. Matka bardzo ucieszyła się tą sukienką, którą dostała od cioci. Cieszył się dobrym świadectwem syna. 14. Ugotowałam, co miałam w domu. Nie pamiętam jak się to robi, bo przez długi czas nie gotowałam. 15. Może pan ma coś innego?

Exercise 1

Put the verb and the personal pronoun into the opposite number:

1. Lubisz ją?
2. Podziękowałem jej.
3. Uczymy je.
4. Czy ona wam pomaga?
5. Za co on ich przepraszał?
6. Nie dziwię się mu.
7. Dał im kawałek chleba. (Use masc. and fem.)
8. Mówiła nam o tym.

Exercise 2

Put the following sentences into the past tense, perfective; where suitable, use both masculine and feminine forms:

* Compare kołnierzyk, p. 94.

1. Ciocia robi herbatę.
2. Podaje kolację.
3. Liczę noże i widelce.
4. Matka i żona jedzą śniadanie.
5. Rozumiecie to zdanie?
6. Powtarzam tę lekcję.
7. Pożyczam ci tych dwanaście ręczników.
8. Zostają przez niedzielę.
9. Uczy się sam, bez nauczyciela.
10. Dziękujemy ci za pieniądze.
11. Wracamy do pralni.
12. Przyszywają guziki.

Translate into Polish:

1. This did not surprise me at all (at all = wcale nie).
2. The owner of this bookshop was formerly a teacher; he taught my sister and my brother. 3. Everybody liked him. 4. She has not learned it yet. 5. They do not know an alternative road. 6. (My) mother has taught me how to cook. 7. He had (he ate) a piece of bread and butter. 8. These are the words which I did not understand. 9. Your frock is in the laundry. 10. I had a long coversation with our gardener yesterday. 11. I have asked (pytać się) father, but he did not know. 12. Excuse me (to a man, formal), is this your book? Oh, thank you (to a woman, formal) very much, yes, (it is) mine. 13. What did she make from this material? 14. There was a piece of meat here, where is it? Why don't you answer? Because, if you please madam, the dog ate it up. 15. The children were left without a mother. 16. He came back after a while. 17. I don't understand that sort of life (translate: such a life). Life here is completely different.

Vocabulary

Learn the verbs and pronouns given in the grammar part of this lesson.

chwila, *chwili*, moment, *materiał*, *materiału; materiały*, *materiałów*, material
while
kawałek, *kawałka; kawałki*, *pralnia*, *pralni*, laundry
kawałków, piece

rozmowa, rozmowy, conversation
mamusia, dim. of *mama,*
mummie
synek, dim. of *syn,* sonny
(comp. Vocab., p. 55)
sukienka, dim. of *suknia,*
frock, dress
pytać, I, or *pytać się, I,* to ask
pytam się matki (gen.) *o
drogę* (acc.), I am asking
mother about the way
odpowiadać, I, to reply, to
answer
przepraszać, I, to beg pardon, to apologize

przepraszam panią, excuse
me, madam; pardon me
przepraszam panią (acc.) *za
to* (acc.), I apologize for
this (to a woman), I am
sorry
inny, other, different, alternative
nikt inny, nobody else
nic innego, nothing else
nic wielkiego, nothing much
w domu, at home
kochać nad życie, to love
more than life
Wisia, dimin. of Jadwiga,
girl's name

LESSON 25

PLURAL OF FEMININE NOUNS—SURNAMES

The nominative, accusative and vocative plural of
feminine nouns have one form.

Hard stem nouns (see Lesson 23), including those in
-ka, -ga, take for these cases of the plural the same ending
as for the genitive singular. E.g., *kobieta,* woman, *kobiety,*
of the woman (gen. sing.)—and the nominative, accusative
and vocative plural also: *kobiety,* women.

Soft stem nouns (comp. p. 111), including those ending
in historically soft consonants (*-ca, -dza, -sza, -ża, -rza,*
p. 114) take for these three cases of the plural the ending *-e.*
E.g., *księgarnia,* bookshop, *księgarni,* of the bookshop,
róża, rose, *róży,* of the rose, form the nominative, accusative and vocative plural: *księgarnie,* bookshops; *róże,* roses.

Pronouns and adjectives for feminine nouns have in the
plural the same forms as for the neuter nouns, i.e. the
form for "all others" quoted in the Table on p. 90. The

feminine of *dwa* is *dwie*; other numbers are the same as for neuter nouns. Thus:

Hard stems:

Nom. sing.:	Gen. sing.:	Nom., Acc. and Voc. plural:
dobra żona a good wife	dobrej żony of the good wife	dobre żony good wives
ta nowa szkoła this new school	tej nowej szkoły of this new school	te nowe szkoły these new schools
wczesna zima early winter	wczesnej zimy of the early winter	wczesne zimy early winters
jedna duża szafa one big wardrobe	jednej dużej szafy of one big wardrobe	dwie duże szafy two big wardrobes
ta zła matka this bad mother	tej złej matki of this bad mother	te złe matki these bad mothers
głęboka rzeka a deep river	głębokiej rzeki of the deep river	głębokie rzeki deep rivers
taka zła droga such a bad road	takiej złej drogi of such a bad road	takie złe drogi such bad roads

Soft stems:

Nom. sing.:	Gen. sing. (also Dat. and Loc. sing.):	Nom., Acc. and Voc. plural:
ta pani this lady	tej pani of this lady	te panie these ladies
nasza gospodyni our landlady	naszej gospodyni of our landlady	nasze gospodynie our landladies
miła kawiarnia a pleasant café	miłej kawiarni of a pleasant café	miłe kawiarnie pleasant cafés
nasza ziemia our land	naszej ziemi of our land	nasze ziemie our provinces*
krótka chwila a short moment	krótkiej chwili of a short moment	krótkie chwile short moments
wielka nadzieja great hope	wielkiej nadziei of great hope	wielkie nadzieje great hopes
nowa restauracja a new restaurant	nowej restauracji of a new restaurant	nowe restauracje new restaurants

* In reference to Poland, note the use of *ziemia* in this meaning, especially in the plural.

ciekawa historia an interesting story	ciekawej historii of an interesting story	ciekawe historie interesting stories
jedna grusza one pear-tree	jednej gruszy of one pear-tree	dwie grusze two pear-trees
biała róża a white rose	białej róży of a white rose	białe róże white roses

Most feminine nouns—for exceptions see below—form their genitive plural in the same way as neuter nouns, i.e. they take no ending, so that the final consonant of the stem is exposed. Compare:

Neuters:		Feminines:	
Nom. sing.:	Gen. plural:	Nom. sing.:	Gen. plural:
pismo	pism	zima	zim
pióro	piór	góra, mountain	gór
zdanie	zdań } comp.p.	pani	pań
uczucie	uczuć } 25	ciocia	cioć
	Similarly:	kobieta	kobiet
		prawda	prawd
		szafa	szaf
		rzeka	rzek
		róża	róż
		praca, work	prac
		władza	władz

The disappearance of the ending may cause the same changes in certain feminine nouns as in the neuter nouns (comp. pp. 25 and 26). These changes are:

(1) o changes to ó—compare:

Neuters: słowo — słów	Feminines: krowa — krów
morze — mórz	siostra — sióstr
pole — pól	szkoła — szkół
	noga — nóg
	droga — dróg
	woda — wód
	osoba — osób
	rozmowa — rozmów
But: żona — żon	

(2) ę changes to ą—compare:

święto — świąt   ręka — rąk

(3) an e is inserted to avoid the concurrence of two consonants difficult to pronounce—compare:

Neuters: okno — okien   Feminines: wiosna — wiosen
        biurko — biurek   córka — córek
        jajko — jajek   matka — matek
        jabłko — jabłek   książka — książek
                                    ciotka — ciotek
                                    nauczycielka —
                                        nauczycielek

Some feminines, however, do have an ending in the genitive plural, viz. the ending -*i*, the same as in the genitive singular.   These are:

(1) Nouns ending in a consonant plus -*nia*, e.g. *kawiarnia*, *pralnia*, *poczekalnia*, waiting room, *zbrodnia*, crime, which form: *tych kawiarni, pralni, poczekalni, zbrodni*, like *tej kawiarni, pralni*, etc.; some of this group may even have double forms, e.g. *księgarnia, tych księgarni* and *tych księgarń*; if, however, the final -*nia* syllable is preceded by a vowel, the genitive plural has no ending, e.g. *jaskinia*, cave, den, *skrzynia*, chest, form: *tych jaskiń, tych skrzyń* (while the genitive singular is *tej jaskini, tej skrzyni*).

(2) Nouns of *foreign origin*, ending in -*cja*,·-*sja*, -*zja*, e.g. *lekcja, pasja*, passion, *poezja*, thus *tej lekcji* and *tych lekcji, tych pasji, tych poezji** (poems).

(3) Nouns of *foreign origin* like the above, but ending in -*ia* preceded by a consonant other than *c, s, z*, i.e. ending in syllables like -*ria, -fia, -gia*, to specify only a few, e.g. *historia, parafia*, parish, *religia*, religion; by taking -*i* in place of the final -*a* these in effect have an -*ii* ending* in the genitive of either number—thus *tej historii* and *tych historii* (stories), *parafii, religii*; this extends to foreign nouns in -*nia*, e.g. *linia*, line, *tej linii* and *tych linii*.

* Nouns in -*sja*, -*zja*, -*cja*, -*ria*, may also take in this case the ending -*yj*, those in -*fia*, etc., the ending -*ij*, but only when it is necessary to avoid ambiguity as to the number.

Now compare the singular and the plural:

Singular:	Plural:
Nom.: ta nowa szkoła	te nowe szkoły
Acc.: tę nową szkołę	te nowe szkoły
Gen.: tej nowej szkoły	tych nowych szkół
Nom.: ta mała restauracja	te małe restauracje
Acc.: tę małą restaurację	te małe restauracje
Gen.: tej małej restauracji	tych małych restauracji

Polish family names ending, for men, in -*ski*, -*cki*, are in origin adjectives derived from place-names and as such they must take the feminine ending -*ska*, -*cka* for the names of wives and daughters. Consistently, for both genders they follow the adjectival declension. E.g., *pan Grabowski, pani Grabowska, panna* (miss) *Grabowska, państwo Grabowscy, panny Grabowskie* (comp. *polski—polska—polscy*, p. 88); *Słowacki, Słowacka, Słowaccy*; gen.: *Słowackiego, Słowackiej, Słowackich*.

On the other hand, family names of men ending in a consonant, like *Sienkiewicz, Orkan*, are nouns and are declined as such. In the nominative plural they take the ending -*owie* to denote either Mr. and Mrs.: (*państwo*) *Sienkiewiczowie, Orkanowie**, or, as in, e.g., *wszyscy Orkanowie*, a family group or its male members (comp. the English: *the* Smith*s*). The names of daughters take the ending -*ówna* and are also declined as nouns, e.g. *panna Sienkiewiczówna, panna Orkanówna*, gen.: *panny Orkanówny*, dat.: *pannie Orkanównie*, etc. The names of wives, however, are declined as adjectives by taking the adjectival ending -*owa*† which implies (whose?) so-and-so's wife‡—thus: *pani Sienkiewiczowa, pani Orkanowa*, gen. *pani Sienkiewiczowej, Orkanowej* (= *Orkanowa żona, Orkanowej żony*, etc.).

* The -*owie* form meaning husband and wife is used also with the diminutives of male Christian names when speaking of relations or close friends, e.g. *Stasiowie*—Staś and his wife; *Jankowie*—Janek and his wife. In formal use the full form of the Christian name takes the ending: *Stanisławowie Grabowscy. Janowie Orkanowie.* Or: *Jan i Maria Orkanowie*, etc.

† In official modern Polish usage (in documents, etc.) names of women other than those ending in -*ska*, -*cka*, are often given in the male form: Zofia Sienkiewicz, Anna Orkan.

‡ Compare: *bratowa*, brother's wife = sister-in-law; *synowa*, son's wife = daughter-in-law.

Note that surnames are not used in Polish in polite direct address. The simple *proszę pana, proszę pani*, or a title derived from office, rank, occupation, academic degree, etc., is used instead, thus: *proszę pana ministra* (to a cabinet minister); *proszę pana porucznika* (to a lieutenant); *czy pan profesor wie*, do you know "Mr. professor"; *słucham pana doktora*, yes, doctor; *proszę pani dyrektorki* (note the genitive here) if you please, madam (to a headmistress), etc.

In social address among close friends the words *pan, pani* and *panna* are used with Christian names. For the vocative case in direct address see lessons 27, 30 and 31.

Translate into English:

1. O moje drogie siostry! To jest syn mojej siostry. Moje siostry nie rozumieją po angielsku. Pan kapitan zna moje siostry, Marysię Nowicką i Zosię Parewiczową? 2. Moje dwie ciotki były dyrektorkami wielkich szkół. 3. Pani Nowakowa ma już dwie szafy pełne ubrań, które jej panie dały dla biednych dzieci. 4. Budowaliśmy szkoły, drogi i mosty. Zbudowaliśmy dwadzieścia nowych szkół. 5. Opowiadał nam ciekawe historie z życia żołnierzy. 6. Wczoraj miałyśmy dwie lekcje z panią Lubiczową. Wczoraj mieliśmy dwie lekcje z panem Lubiczem. W niedzielę nie mamy lekcji. 7. Wypił dwie szklanki mleka i zjadł kawałek chleba z masłem. 8. Wracam z księgarni, kupiłem tom nowel Sienkiewicza i dwa tomy poezji Słowackiego dla córek, one się teraz uczą literatury. A jak pan doktor wie, nasze mieszkanie i wszystkie moje książki—a, lepiej o tym nie mówić. 9. Tu są klucze do szaf i do kuchni. 10. Wszystkie ziemie polskie są Polakom bardzo drogie. 11. Z pokoju moich sióstr widać góry doskonale. 12. Rogalscy i Nowakowie byli także wczoraj w innej restauracji. 13. Dziecko drogie, co ty pijesz? wodę z rzeki? 14. Nie bij psa. Zegar bije. 15. Czy pan profesor nie zna tych dwu pań? Doskonale je znam, to moje ciotki. 16. Moja praca kończy się w tym tygodniu. 17. Dała Borskiej i Nowakównie bardzo dobrze z (in) geografii. 18. Jest pełno mięsa w sklepach.

Exercise

Give the Polish for:

1. five women, sisters, ladies, headmistresses
from our wives; from your daughters; from the cows;
many roads, schools, roses; many pleasant moments

2. Give the name of the wife, the daughter, two daughters
of Mr. Kowalski, Mr. Rawicz.

3. Translate: I am going to Mr. and Mrs. Kowalski, Mr.
and Mrs. Rawicz.

Translate into Polish:

1. You know that the doctor did not allow you to drink
black coffee.   2. She does not like mountains, she likes the
sea.   3. The ladies were in the kitchen.   He was in the
bookshop.   4. Have you read any (jaki) short stories of
Sienkiewicz?   5. I have borrowed these two volumes from
Mr. Borski.   6. He was laughing at (his) sisters, because
they were late for the train.   7. I have the works (translate: writings) of Sienkiewicz in 15 volumes.   8. The cat
was drinking milk.   The cat drank up the milk.   9. The
little girls gave the boy a beating, because he did not give
them (any) apples, he ate them all himself.   10. You have
two legs, but a horse has four legs.   11. Mr. Szaniawski
was professor of Polish literature.   12. If you please, sir,
the clock in the kitchen stopped striking (infinitive).
13. Poor child, he does not remember (his) father; do you
remember Mr. Gruszewski, he was an airman.   14. Bring
me (translate: pass me) a glass of water.   15. Under the
trees were baskets (kosze) full of apples.   16. I am out
of (translate: without) work.   17. The rivers in the
mountains are not very deep, but the water is very cold.
18. It was very hard (translate: heavy), but interesting
work.

Vocabulary

*dyrektorka, dyrektorki; dy-
rektorki, dyrektorek,* headmistress

góra, góry; góry, gór, mountain

literatura, literatury, literature

nowela, noweli; nowele, nowel,
short story

panna, panny; panny, panien, miss; girl

praca, pracy; prace, prac, work, task

szklanka, szklanki; szklanki, szklanek, glass, tumbler

tom, tomu; tomy, tomów, volume

zegar, zegara; zegary, zegarów, clock

budować, buduje, budują, buduj, III, imperf., *zbudować, III,* perf., to build, to construct

pić, pije, piją, pij, III, imperf., to drink

wypić, III, perf., to drink up

bić, bije, biją, bij, III, imperf., to beat, to strike

zbić, III, perf., to give a hiding

pełny or: *pełen, pełna, pełne (czegoś),* full (of)

jest pełno czegoś, there is plenty of

wczesny, wcześni, early

zły, źli, bad, evil; wrong

doskonale, excellently, splendidly, excellent, splendid, fine*

zegar bije, the clock strikes

Juliusz Słowacki, an inspired poet of the Romantic period (1809-1849)

Henryk Sienkiewicz, novelist, laureate of the Nobel Prize, author of Quo Vadis, The Trilogy, The Knights of the Cross, etc. (1846-1916)

Władysław Orkan, a modern poet, novelist and dramatist

LESSON 26

THE LOCATIVE CASE—THE POSSESSIVES— THE VERBS *chcieć* AND *móc*

Masculine nouns which end in soft consonants, i.e. in *ć, dź, ń, j, l,* or in the historically soft consonants *c, dz, cz, sz, ż, rz* (pp. 114 and 115), form the locative singular in *-u.* As you know, the locative case is invariably used with a preposition (comp. p. 43). Thus:

	Gen. sing.:	Loc. sing.:
ojciec	ojca	o ojcu, about the father

* As a congenial affirmative it is very frequently used in spoken Polish; compare *dobrze,* p. 37.

chłopiec	chłopca	o chłopcu, about the boy
piec	pieca	w piecu, in the oven
miesiąc, month	miesiąca	w tym miesiącu, this month
pieniądz	pieniądza	na tym pieniądzu, on this coin
gość	gościa	o naszym gościu, about our visitor
niedźwiedź	niedźwiedzia	o starym niedźwiedziu, about the old bear
klucz	klucza	przy kluczu, by the key
słuchacz	słuchacza	o słuchaczu, about the student
deszcz	deszczu	po deszczu, after the rain
płaszcz	płaszcza	w płaszczu, in an overcoat
kosz, basket	kosza	w koszu, in a basket
kapelusz	kapelusza	w kapeluszu, in a hat
mąż	męża	o mężu, about the husband
nóż	noża	na nożu, on the knife
lekarz	lekarza	o lekarzu, about a physician
żołnierz	żołnierza	o żołnierzu, about a soldier
talerz	talerza	na talerzu, on the plate
cmentarz	cmentarza	na cmentarzu, at the cemetery
nauczyciel	nauczyciela	o nauczycielu, about the teacher
cel	celu	w celu, (in the) with the purpose

góral	górala	o góralu, about the highlander
pokój	pokoju	w pokoju, in the room
kraj	kraju	w tym kraju,* in this country
wuj	wuja	o wuju, about the uncle
złodziej	złodzieja	o złodzieju, about the thief
uczeń	ucznia	w tym uczniu, in this pupil
koń	konia	o moim koniu, about my horse
ogień	ognia	na ogniu, on the fire

Neuter nouns in -e (this ending is always preceded by a soft consonant) also form the locative singular in -u. Thus:

	Gen. sing.:	Loc. sing.:
uczucie	uczucia	w uczuciu, in the feeling
życie	życia	w życiu, in life
zajęcie	zajęcia	po zajęciu, after the occupation
narzędzie	narzędzia	o narzędziu, about the tool
śniadanie	śniadania	na śniadaniu, at breakfast
mieszkanie	mieszkania	w mieszkaniu, in the flat
opowiadanie	opowiadania	w opowiadaniu, in the tale
zdanie	zdania	w tym zdaniu, in this sentence
zebranie	zebrania	na zebraniu, at the meeting

* An unqualified *kraj*, *w kraju*, *z kraju*, means to the Poles *Poland, in Poland, from Poland.*

serce,	serca	w sercu,
heart		in the heart
słońce,	słońca	w słońcu,
sun		in the sun
miejsce,	miejsca	na twoim miejscu,
place, spot, seat		in your place, in your seat
zdrowie,	zdrowia	w zdrowiu,
health		in (good) health
przysłowie,	przysłowia	w tym przysłowiu,
proverb		in this proverb
zboże	zboża	w zbożu,
		in the corn
wybrzeże,	wybrzeża	na wybrzeżu,
coast		on the coast
morze	morza	na morzu,
		on the sea
przymierze	przymierza	po przymierzu,
		after the alliance
powietrze,	powietrza	w powietrzu,
air		in the air
pole	pola	w polu,
		in the field
jaje	jaja	w jaju,
		in the egg

The same ending -*u* is also taken by masculine nouns ending in -*k*, -*g*, -*ch*, and by neuter nouns ending in -*ko*, -*go* (rare), -*cho*. Thus:

	Gen. sing.:	Loc. sing.:
Polak	Polaka	w Polaku,
		in a Pole
Anglik	Anglika	w Angliku,
		in an Englishman
słownik	słownika	w słowniku,
		in the dictionary
rok,	roku	w tym roku,
year		in that year; this year
róg	rogu	na rogu,
		at the corner
dług	długu	o moim długu,
		about my debt

pociąg	pociągu	w pociągu, in the train
dach, roof	dachu	na dachu, on the roof
strach, fear	strachu	w strachu, in fear
pośpiech, haste	pośpiechu	w pośpiechu, in haste
biurko	biurka	na biurku, on the writing-table
lotnisko	lotniska	na lotnisku, at the airport
mleko	mleka	w mleku, in milk
łóżko, bed	łóżka	w łóżku, in bed
wojsko, army	wojska	w wojsku, in the army
oko, eye	oka	w oku, in the eye
tango	tanga	po tangu, after the tango
ucho	ucha	w uchu, in the ear

Pronouns and adjectives qualifying masculine and neuter nouns in the locative singular take the same form as for the instrumental singular.   Thus:

Instrumental:

z tym pokojem   with this room
z jednym małym pokojem   with one small room

Locative:

w tym pokoju   in this room
w jednym małym pokoju   in one small room

You are familiar by now with the possessives *mój, moja, moje*, my, mine, and *twój, twoja, twoje*, thy, thine.   There is in Polish one more possessive, declined exactly as *mój* and *twój*, viz., *swój, swoja, swoje*.   This possessive is used for any person of the singular or plural if the possession refers to the subject of the sentence. Thus:

| Ja mam swoją książkę, nie twoją. | I have my (own) book, not yours. |
| Każde dziecko ma swoje miejsce. | Every child has its own seat. |

The possessives for the third persons are: *jego*, his; *jej*, her, hers; *jego*, its; *ich*, their, theirs. Thus:

To jest jego kapelusz.	This is his hat.
Zna pan jej syna?	Do you know her son?
Byłem w ich mieszkaniu.	I was in their flat.

Note the difference in meaning between *jego* and *swój* in the following sentences:

| Staszek ma jego książkę. | Staszek has his (somebody else's) book. |
| Staszek ma swoją książkę. | Staszek has his (own) book. |

The verb *chcieć*, to want, is regular and is conjugated as follows:

Present: Past:

Sing.: Plural: Sing.:

Plural:

		Masc.:	Fem.:	Neut.:	Masc. persons:	All others:
chcę	chcemy	chciałem	chciałam	—	chcieliśmy	chciałyśmy
chcesz	chcecie	chciałeś	chciałaś	—	chcieliście	chciałyście
chce	chcą	chciał	chciała	chciało	chcieli	chciały

The perfective of *chcieć—zechcieć* is used mostly in polite requests.

The verb *móc*, to be able to, is irregular and is conjugated as follows:

Present:

mogę	I can	możemy	we can
możesz	thou canst	możecie	you can
może	he, she, it can	mogą	they can

Past:

Singular:

Masc.:	Fem.:	Neut.:	
mogłem	mogłam	—	I could
mogłeś	mogłaś	—	thou couldst
mógł	mogła	mogło	he, she, it could

Plural:

Masc. persons:	All others:	
mogliśmy	mogłyśmy	we could
mogliście	mogłyście	you could
mogli	mogły	they could

The verb *móc* has no perfective; the verb *pomóc*, however, conjugated exactly like *móc*, serves as the perfective of *pomagać*, to help. Like *pomagać*, it is followed by the dative: *pomóc komuś*, to help somebody. Imperative: *pomóż*, etc.

Note the impersonal expression *można*, one can, one may, it is possible, past: *można było*, which is used very frequently in general statements and in questions, and is followed by an infinitive. Thus:

Nie można było nic kupić.   It was impossible to buy anything.

Czy można?   May I? (often in the sense: May I come in?)

Translate into English:

1. Tego słowa nie ma w słowniku. 2. Czytałem o tym w dzienniku polskim. 3. On nie chce zostać w wojsku. 4. Dużo słyszałem o tym chłopcu. 5. Po zajęciu kraju przez wojska brytyjskie cała jej rodzina wróciła do Paryża. 6. Chciałem wam pomóc, ale nie mogłem. 7. Klucz był na biurku pod papierami. 8. W jednym pokoju były dwa okna, w drugim tylko jedno. 9. Oni nie mogą tyle płacić. Oni nie chcą tyle płacić. Wolę teraz zapłacić. 10. Nie mogłam zapłacić za mleko, bo miałam tylko dwadzieścia złotych, a mleczarz nie miał mi wydać.* 11. Jak ty możesz coś takiego mówić? 12. Co można panu podać? 13. Ojciec mu nic takiego nie obiecywał. 14. Jego matka nie chce mieszkać w Poznaniu. Dlaczego nie chce? Mówi, że nie lubi takiego wielkiego miasta, że się tam nigdy dobrze

* Colloquial.

nie czuła i że woli zostać w Kaliszu, gdzie ma swoje mieszkanie i gdzie ma dużo znajomych i przyjaciół. Jej mieszkanie w Kaliszu jest rzeczywiście bardzo ładne i wygodne.
Tak, ale Tadzio nie może dostać żadnej posady w Kaliszu,
choć się stara od roku, a wuj obiecał mu dobrze płatną
posadę w Poznaniu jeszcze w tym roku. 15. Nie mogła mu
zapłacić wszystkiego w tym miesiącu, ale on nie chciał
czekać na pieniądze, więc pożyczyła od swojej siostry.
16. Ona się kocha w tym góralu. 17. Bardzo ci dobrze
w tym jasnym ubraniu i w tym nowym kapeluszu. 18. Tego
nie mogłyśmy wiedzieć. 19. W tym pokoju nie ma miejsca
na dwa łóżka. 20. Jak się pani czuje w Paryżu? Dziękuję, dobrze, mam tu dwie dobre znajome. 21. Pomóż mi
w kuchni.

Exercise

(1) **Translate into Polish the following idiomatic phrases:**
In full sun(light); (in) this, last, next month; in (use:
na) its (own) place; in the clear (use: czysty) air; in every
proverb; for my family; in the right eye; in the left ear; in
great fear; in good health; in a mother's heart; in (use:
na) the cemetery; in haste; at home, or: in the house.

(2) **Put the sentences:** On się nie chce uczyć, and: On
się nie może uczyć—into the past tense, singular and plural.
Form corresponding sentences in the past tense, singular
and plural, for the feminine.

Translate into Polish:

1. You have made two mistakes in this sentence. 2. The
workers were unable to work on the roof. 3. Her brother
has got (dostać) a well-paid job. 4. I was correcting their
exercises in great haste. 5. Don't let the dog lie (leżeć) on
the bed. 6. I wanted to pay him for these lessons. 7. This
month I have been twice in Poznan. 8. Mother did not
feel well and could not go back to Paris; she wanted to be
in Paris for Christmas, but she stayed in Torun till (do)
the New Year. 9. Our house was on (in) this spot. 10. I
wanted to have a very comfortable bed. 11. He was telling
me about his (own) father and about his children. 12. There
is much truth in this proverb. 13. Do you know with
whom he was in love? No, I don't know, I prefer not to
know. 14. I don't know anything about this pupil.

15. She had many acquaintances in Kalisz.   16. Grandfather used to sit down in the shade, under this pear-tree,
grandma preferred to be in the sun.   17. Let him do
what he wants.   18. We tried hard to help her (perf.).
We could not help her.   19. Who is paying for this basket
of fruit?   20. The physician gave him a certificate of
health.   21. He laughed at our fear.   22. She is so pleased
(cieszyć się), because her son is coming back from the
army.   23. This child has a very kind heart.   24. In the
mountain (górski) air he felt better (adverb).

Vocabulary

Learn the nouns, verbs and pronouns given in the
grammar part of this lesson.

papier, papieru; papiery,
papierów, paper

posada, posady, position, job

rodzina, rodziny, family

znajomy, znajoma (man,
woman) mas. per. zna-
jomi, acquaintance (adj.,
declined as adj., often
used as noun)

czuć, czuje, czują, III, to feel
(transitive, e.g.: czułem,
że . . . I felt that . . .)

czuć się, to feel (intransitive,
e.g.: czułem się dobrze, I
felt well)

kochać się w kimś (loc.), to
be in love with somebody

obiecywać, obiecuje, obiecują,
obiecuj, III, imperf., to
promise, make promises

obiecać, I, perf., to promise, give a promise

płacić, płaci, płacą, płać, IV,
imperf., tu pay, to be
paying

zapłacić, like płacić, perf.,
to pay, to settle

płacić, zapłacić komuś za coś
(acc.), to pay somebody
for something

dobrze płatny, well-paid

starać się, I, imperf., to try
hard, to endeavour (to
obtain, to get, to do, etc.)

postarać się, I, perf., to
take steps (to obtain, to
get, to do, etc.)

woleć, woli, wolą, IV, to
prefer (would rather)

dobrze ci (dat.) w tym
kapeluszu (loc.), this hat
suits you

wygodny, comfortable

rzeczywiście, really, indeed

choć, chociaż, though,
although

Paryż, Paryża, Paris

Poznań, Poznania, Poznan

Toruń, Torunia, Torun

Tadzio, dim. of Tadeusz,
Thaddeus, male name

LESSON 27

VOCATIVE OF MASCULINE AND FEMININE NOUNS—DIMINUTIVES

The vocative singular of masculine nouns ending in a soft consonant and in *-k, -g, -ch*, is the same as their locative singular.   In the plural all masculine nouns have the vocative the same as the nominative.   In the singular, however, there are some exceptions: *Bóg*, loc. (*w*) *Bogu*, but the vocative: *Boże!*   Nouns in *-ec*, like *chłopiec, ojciec, kupiec*, form the locative in *-u*, (o) *chłopcu, ojcu, kupcu*, but the vocative in *-cze*, thus: *chłopcze! ojcze! kupcze!*

Pronouns and adjectives have the vocative the same as the nominative in both singular and plural.   Thus:

Żołnierzu polski!	Polish soldier!
Żołnierze polscy!	Polish soldiers!
O święty kraju nasz!	Oh our sacred country! (beginning of a song)
Polaku! Stachu!*	Oh Pole! Oh Stach!
Drogi Boże!	Good Lord!
Mój kochany chłopcze!	My dear boy!
Moi kochani chłopcy!	My dear boys!
Staszku, proszę cię, podaj mi tę książkę ze stołu.	Staszek, please pass me that book from the table.

When addressing a person by his Christian name, the vocative is used; when calling, however, the nominative is generally used, e.g.:

Józek, gdzie jesteś?	Joe, where are you?

The vocative singular of feminine nouns in *-a* ends in *-o*, of those in *-i* it is the same as the nominative singular. Pronouns and adjectives qualifying any feminine noun in the vocative singular have the same form as for the nominative singular.   Thus:

Matko!	Mother!
Moja kochana siostro!	My dear sister!

* Another diminutive of Stanislaw.

| O Halino, o jedyna dziew-
czyno moja! | Oh Halina, my only girl!
(from   Moniuszko's
opera: Halka) |
| Droga Pani! | Dear Madam! |

Diminutives of women's Christian names, however, ending in *-sia*, *-zia*, *-cia*, *-dzia*, *-nia*, *-la*, and diminutives like *mamusia*, mummy, *ciocia*, auntie, *babcia*, grannie, form the vocative singular in *-u*. Thus:

Zosia, Marysia, Kazia, Kasia (see Gen. Vocab.)	Zosiu! Marysiu! Kochana Kaziu! Moja Kasiu!
Lucia, Madzia	Luciu! Madziu!
Hania, Mania, Hala	Moja Haniu! Droga Maniu! Halu!
mamusia, ciocia, babcia	mamusiu! ciociu! babciu!

The vocative plural of feminine nouns is the same as the nominative plural (comp. p. 123).

A characteristic feature of Polish nouns is their capability of forming diminutives. These diminutives primarily express gradation in size, e.g. *stół*, table, *stolik*, a little table, *stoliczek*, a (still smaller, delicate, fragile) little table; or: *łyżka*, (table)spoon, *łyżeczka*, (tea)spoon; or, *pudło*, large box, *pudełko*, average size box, *pudełeczko*, a little box. Apart from expressing relative size, diminutives are extensively used in Polish to imply a degree of endearment, of warmer or affectionate attitude on the part of the speaker   Hence their use in family life, compare: *matka*, *mama*, *mamusia*, etc., etc.; *ciotka*, *ciocia*, *babka*, *babcia*, etc.; in Christian names, especially with reference to young people, e.g., *Jan*, John, *Janek*, *Janeczek*, *Jaś*, Johnny; *Maria*, Mary, *Marysia*, *Marysieńka*, etc.; with reference to pets, e.g. *pies*, *piesek*, *pieseczek*, and in nursery talk. Take, for instance, this nursery rhyme (by S. Jachowicz):

Pan kotek był chory	
I leżał w łóżeczku,	leżał—was lying
I przyszedł pan doktór--	przyszedł—came
Jak się masz, koteczku?	

Naturally, the possibility of the use of diminutives is a

source of additional artistic and emotional appeal in poetry and in songs as, for instance, in this well-known lay:

O gwiazdeczko, coś błyszczała,
Gdym ja ujrzał świat,
Czemuż ci to, gwiazdko mała,
Twój promyczek zbladł.

gwiazda, star, gwiazdka, gwiazdeczka
coś błyszczała—ty, co błyszczałaś; błyszczeć, to shine, to twinkle
gdym ja ujrzał—gdy ja ujrzałem, when I first saw
czemuż—dlaczego
promień, ray, beam; promyk, promyczek
zbladł (the ł at the end is not pronounced), paled, waned (from zblednąć)

In the following very popular soldiers' song the use of the diminutive *wojenka*, from *wojna*, war, provides an effect of ironic humour.

Wojenko, wojenko,
Cóżeś ty za pani,
Że na ciebie idą,
Że za ciebie giną
Chłopcy malowani.

cóżeś ty za pani—co ty jesteś za pani, what sort of a lady art thou; ciebie, longer form of cię; idą, go; za ciebie giną, die for you; malowany, painted; chłopcy malowani, the handsomest boys

The most frequent (but by no means the only) diminutive endings are the following:

For masculine nouns:

-*ek*, -*eczek* syn, son—synek, syneczek
ogród, garden—ogródek, ogródeczek
-*ik*, -*iczek* koń, horse—konik, koniczek
pokój, room—pokoik, pokoiczek
-*yk*, -*yczek* kosz, basket—koszyk, koszyczek
talerz, plate—talerzyk

For feminine nouns:

-*ka*, -*eczka* krowa, cow—krówka, króweczka
książka*, book—książeczka
córka*, daughter—córeczka
panna, miss, girl—panienka, panieneczka

For neuter nouns:

-*ko*, -*eczko* jaje, egg—jajko, jajeczko
okno, window—okienko, okieneczko
pole, field—pólko
ciasto, dough—ciastko, French pastry—
ciasteczko

Translate into English:

1. Marysiu, gdzie jest kluczyk od tego pudełka? Nie wiem, mamusiu, wczoraj widziałam go na biurku. 2. Haniu, podaj talerzyki na ciastka i łyżeczki do herbaty. 3. Drogi Boże, co ja zrobiłam! masła zapomniałam kupić! Jurek, zatelefonuj do cioci, może ona ma masło w domu. 4. Zosiu, zawołaj Miecia†; nie wypił mleka. 5. Ucz się, chłopcze, ucz się! 6. Stachu, nie zapomnij kupić tych guzików! 7. Telefonowałam do pani w środę, bo chciałam się z panią spotkać w kawiarni. 8. Wołałam go dwa razy, ale pewnie nie słyszał. 9. Ja się teraz nigdy z Wojtkiem nie spotykam. 10. Janku, nie ruszaj papierów tatusia. 11. Ruszyliśmy w drogę. 12. Czytam angielskie książki, bo nie chcę zapomnieć tego języka. 13. Babcia cię woła, Halu. 14. Spotykałem go często i razem wracaliśmy z biura. 15. Święte twoje słowa. 16. Przez całą wojnę był w wojsku. 17. Zadzwoń do nas. Zadzwoń czasem do biednej starej ciotki.

Translate into Polish:

1. Our little dog has got one black ear and one white. 2. I am glad that you have not forgotten and that you have rung Staszek up (use both verbs)—how is he feeling to-day? 3. Our Father! Women of Poland (translate: Polish

---

* Both these nouns are, in fact, diminutives which have lost the diminutive meaning (the original nouns are: *księga*, *córa*).

† Miecio, Miecia, another diminutive of Mieczysław.

women)! Workers! Children! Oh my country (ojczy-zna)! Dear auntie! Poles! 4. Don't move. I cannot move. 5. Don't forget (to several people) about those letters. 6. Janeczek, do you see cows and horses over there (use diminutives)? 7. He did not want to telephone to you, you know why, but can you not meet in a café? 8. I saw him for the last time before the war. 9. He did not come back from the war. 10. Jurek, daddy has called you twice. 11. Please call your son in. 12. We used to meet them occasionally, when they lived in Poznan. 13. I met her yesterday. They meet every day. 14. Have you rung up Mrs. Dembińska? 15. Were you calling me? 16. We often forget about it. I did not forget about auntie, I am trying to do what I can.

Vocabulary

łyżka, łyżki, łyżki, łyżek, spoon

tatuś, tatusia, daddy

wojna, wojny; wojny, wojen, war

ruszać, I, imperf., *ruszyć, IV,* perf., to move, to touch (*coś,* something); to start (e.g. *w drogę,* on a journey)

ruszać, ruszyć się, to move (intransitive)

spotykać, I, imperf., *spotkać,* perf., to meet (*kogoś,* somebody)

spotykać, spotkać się z kimś (instr.), to meet somebody, e.g. *spotykamy się często,* we meet often

telefonować, telefonuje, telefonują, telefonuj, III, imperf., *zatelefonować,* perf.,

do kogoś, to telephone somebody

dzwonić, IV, imperf., *zadzwonić,* perf., *do kogoś,* to ring somebody up

wołać, I, imperf., *zawołać,* perf., to call (*kogoś,* somebody); to call out

zapominać, I, imperf., *zapomnieć, IV,* perf., imperative: *zapomnij,* to forget (*o czymś, o kimś,* about something, somebody)

kochany, dear, (be)loved

święty, święci, sacred, .holy; saint

czasem, at times, occasionally, sometimes

Jurek, dim. of *Jerzy,* George

Wojtek,* Wojtka, dim. of *Wojciech,* corresp. to Albert

* In its more pronounceable diminutive form, and in English spelling *Voytek,* this popular Polish name seems to be gaining a foothold in English.

LESSON 28

THE VERBS FOR TO GO—THE PREPOSITION *u*

The verb *to go* has two correspondents in Polish: *iść*, to go on foot, to walk, and *jechać*, to go by any means of transport. This is a very important difference between English and Polish and the student will be well advised to study the use of *iść* and *jechać* carefully. In both *iść* and *iechać* there is the idea of destination (the question: *where to? dokąd?*).

The verb *iść* is irregular and is conjugated as follows:
Present:

Sing.: idę, I am going, walking, etc.; (also:) I am coming
idziesz   (i.e., *I am on my way;* mostly in the Present
idzie   Tense. Comp.: *Już idę*, p. 62, etc.)

Plur.: idziemy
idziecie
idą

Past: Masc.:   Fem.:   Neut.:

Sing.: szedłem   szłam   — I was going,
szedłeś   szłaś   —   walking, etc.
szedł   szła   szło

Male pers.:   All others:

Plur. : szliśmy   szłyśmy
szliście   szłyście
szli   szły

Imperative: idź; idźmy; idźcie.

The verb *jechać* is conjugated as follows:
Present:

Sing.: jadę, I am going (by some means of transport),
jedziesz   etc.
jedzie

Plur.: jedziemy
jedziecie
jadą

Past.: Masc.: Fem.: Neut.:

Sing.: jechałem jechałam — I was going, etc.
　　　 jechałeś jechałaś —
　　　 jechał jechała jechało

　　　 Male pers.: All others:
Plur.: jechaliśmy jechałyśmy
　　　 jechaliście jechałyście
　　　 jechali jechały

Imperative: jedź; jedźmy; jedźcie.

Compare: idzie — jedzie
　　　　 szedł — jechał
　　　　 idź — jedź

The perfective of:	Infinitives:	
	Imperfective:	Perfective:

szedł, he was going, walking　　　　iść
is
　 poszedł, he went to ... (on foot)　　　　　　pójść

The perfective of:
jechał, he was going (by train, etc.),
　　　 he was travelling　　　　jechać
is
　 pojechał, he went to ... (by
　　 train, etc.)　　　　　　　　　　　　　　pojechać

In conjunction with these, learn the closely related:
　 przyszedł, he came (here), he
　　　 arrived (on foot)　　　　　　　　　　　przyjść
and
　 przyjechał, he came, he arrived
　　　 (here, or to his destination, by
　　　 train, by car, etc.)　　　　　　　　　　przyjechać

Learn also the perfectives:

wszedł, he walked in, he entered　　　　wejść
wyszedł, he went out　　　　　　　　　　wyjść
wjechał, he drove in　　　　　　　　　　wjechać
wyjechał, he left for ... (he is not here),　　wyjechać
　　 or, he drove out (in a car)

The compounds of *jechać*, viz.: *pojechać*, *przyjechać*, *wjechać*, *wyjechać* form the past tense regularly, like *jechać*. The compounds of *iść*, viz.: *pójść*, *przyjść*, *wejść*, *wyjść* form their past tense like *iść*. Note, however, the two forms of the prefix *w*: *w-* and *we-*, for reasons of euphony, in the conjugation of the past tense of *wejść*: *wszedłem*, *wszedłeś*, *wszedł*; *weszliśmy*, *weszliście*, *weszli*; the feminine and neuter forms have *we-* throughout: *weszłam*, *weszłyśmy*, etc.

The imperatives are:

idź	*jedź*, go
(*pójdź*—rare)	*pojedź*, go
przyjdź, come	*przyjedź*, come
wyjdź, come out	*wyjedź*, leave (for somewhere)
wejdź, walk in, enter	*wjedź*, drive in

In Polish not only does a man *jedzie*, i.e. is being carried, transported by some vehicle to a destination, but the vehicle itself also *jedzie*, i.e. runs, goes, moves along. Study the following examples (on the left-hand side the corresponding forms from *iść* are given, compare the prefixes):

szła, she was going
Żona jechała tym pociągiem.
My wife was travelling on
  that train.

Żona jechała szybko.	Taksówka jechała szybko.
My wife was driving fast.	The taxi was going fast.

poszła, she went
Żona pojechała do matki. | Taksówka pojechała w
My wife has gone to see her | kierunku mostu.
  mother. | The taxi went in the
  | direction of the bridge.

przyszła, she came
Żona przyjechała. | Taksówka przyjechała.
My wife has arrived. | The taxi has arrived.
Żona przyjechała z War- | Taksówka przyjechała z
szawy. | dworca.
My wife arrived from War- | The taxi came from the
saw. | station.

wyszła, she went out

Żona wyjechała.
My wife has gone away.

Żona wyjechała wczoraj do Warszawy.

My wife left for Warsaw yesterday.
My wife went to Warsaw yesterday.

Taksówka wyjechała z tej ulicy.
The taxi drove out from this street.

weszła, she entered

Żona wjechała do garażu.
My wife drove into the garage.

Taksówka wjechała w tę ulicę.
The taxi drove into that street.

*　*　*　*　*　*　*　*　*　*

A Reference List of the Principal Constructions

used with the verbs *iść, pójść, wyjść, wyjechać,* and *pojechać.*

(Illustrated here by the past tense forms, these constructions apply also to the present and the future tenses.)

szła

she was walking
she walked

how?—szybko, powoli (slowly); przed siebie bez celu; w pełnym słońcu, w cieniu; po trawie (on grass).

how long?—dwadzieścia minut; pół godziny; godzinę.

which way or direction?—prawą stroną ulicy; przez (ulicę) Wilczą, (ulicą) Wilczą; w kierunku mostu; przez most; przez pola, przez las; ku rzece, ku wsi; brzegiem jeziora.

she was going to
she was on her way to

where?—A1, 2, 3, 4 (p. 148) apply.

poszła

she went to
she has gone to

A1. *a place*—do domu, do biura, do szkoły, do fabryki, do sklepu, do miasta, do pracy; do kościoła; do teatru, do kina, do kawiarni; do ogrodu, do lasu, nad rzekę.

na stację, na dworzec, na (ulicę) Koszykową, na pocztę, na cmentarz.

do kuchni, do swojego pokoju, do garażu.

A2. *(to see)*
    a person—do matki, do stryja, do sąsiadów, do znajomych; do dyrektora, do lekarza, do dentysty; do rzeźnika; do nich, do was, do niej.

A3. *a function*—na zebranie, na lekcję muzyki, na wykład, na herbatę, na kawę, na obiad, na kolację.

A4. *(to) do*
    something—kupić coś na obiad; zatelefonować do ciebie; rzucić (drop, i.e. post) list; położyć się; spać (to sleep, i.e.) to bed; przejść się (idiom) for a walk.

wyszedł

he has gone out
(he is not here)

when?—przed chwilą, godzinę temu.
For how long? (a short period of

time) : na chwilę, na pół godziny,
tylko na obiad; po (for, i.e. to
get) papierosy, po gazetę; z
psem.

he has gone out to　*where?*—do ogrodu, do garażu; do
(stepped out to)　　sąsiada.

he went out of　*a place*—z pokoju, z łazienki; ze sklepu, z
　　　　poczekalni.

he left　B1. *a place*—z domu, z biura, ze szkoły; stąd,
　　　　stamtąd (from there).

　　B2. *a person*—od matki, od dentysty, od nas,
　　　　od nich. *At what time?* o piątej,
　　　　godzinę temu.

he went (climbed)　*where?*—na dach; na czwarte piętro,
up to　　na górę (upstairs); na szczyt
　　　　(góry).

wyjechał

he has gone away　*for how long?*—na dwa dni, na trzy
(he is not here)　　tygodnie. *When?* dziś
　　　　rano, w sobotę. *Where
　　　　to?* do Krakowa, do
　　　　Torunia.

he left (for good, i.e. he is no longer
living in a country or town)—z Anglii; z Londynu; do
　　　　Ameryki.

he left (started on a long　*a place*—z Warszawy, z Londynu,
distance journey from)　　z Paryża.

he has gone　*for a place* {
to a place {
do Zakopanego na
kilka dni; do Gdyni
w sprawach urzędo-
wych (official busi-
ness).

he left (if a short distance, local journey is implied,
most likely by car, then)　B1, B2, above, apply.

he drove out of　*a place*—z garażu, z ulicy, ze wsi.

pojechał

he has gone to he went to	*a place*—do Poznania, do Warszawy, do Zakopanego.	
	a person— (who is living away, to stay)	do matki, do sióstr, do przyjaciół, do nich.
he went from—to	*a place* or *person*—	z Warszawy do Paryża, a z Paryża do Londynu; od ojca do nich.
he has gone for he went for	*a purpose* (to stay or take part in a function, *to*)—	na wakacje (nad morze), na narty (skis, to ski, do Zakopanego); na święta (do rodziców), na wesele (do sios- try).
he went away for	*a length of time*— (at destination)	na cztery tygodnie, na miesiąc, na kilka dni.

If a short, local journey is implied, most likely by car—then
the construction is similar to A1–4, above, *with the exception*
of all examples referring to an interior—thus, *not* the last
two lines in A1, in A2 *do sąsiadów* unlikely, in A4 the first
three examples only.—Note also:

Na jak długo wyjechał? Na jak długo pojechał?	For how long has he gone? implies:	For how long will he be away? For how long will he be staying there?

Summary of the principal means of transport by which one can *jechać*:

Jechał wozem, końmi (by a horse-drawn vehicle), na koniu (on
    horseback);
    rowerem (bicycle), motocyklem (motorcycle), autem, samo-
      chodem, wozem;
    autobusem, tramwajem, taksówką;
    pociągiem, koleją (rail).

Also,   rakietą na księżyc (by rocket to the moon).

For air travel, the verb *lecieć*, *polecieć*, IV, to fly, is used.

(The additional words used here are not listed in the General Vocabulary.)

*   *   *   *   *   *   *   *   *

The preposition *u* followed by the genitive of a noun denoting a person, or of a personal pronoun, means *at a person's home, house,* or *place of business or professional work* (compare the French *chez*). When used with the verb *być*, the expression means not only *to be at, to stay at somebody's home,* but also *to (go to) see somebody, to call on somebody (at his place).* E.g.:

Przez święta byłem u matki.
I was at my mother's during the holidays.

Byłem wczoraj u pana, ale pana nie zastałem.
I called on you yesterday, but I did not find you at home.

Byłeś u lekarza?
Have you seen (been to see) the doctor?

Uczę się muzyki u profesora B.
I am taking music lessons from professor B.

u rzeźnika, u ogrodnika,
at the butcher's (shop), at the gardener's (nursery)

The English expression *I am to do something* is translated into Polish by *mam coś zrobić*. Note that *mam*—I have—does *not* mean in this context I have to, I must do something. Thus:

On ma mi oddać ten list.
He is to return this letter to me.

Miałeś mi kupić bilet.
You were (supposed) to buy the ticket for me.

Translate into English:

Wyjazd na wakacje.

—Zosiu, taksówka przyjechała!
—A, wreszcie!
Żona woła dzieci:
—Jurek, Basiu, gdzie wy jesteście? Jedziemy!
Brat mój, który przyszedł, aby się z nami pożegnać, pomaga mi znieść (carry downstairs) walizki. Żona spakowała je wczoraj, tak że teraz wszystko już mamy

gotowe. Przed chwilą telefonowałem do matki, ale pewnie wyszła już z domu, ma się z nami spotkać na dworcu. Za chwilę już jedziemy. Taksówka wyjechała z naszej ulicy na most Poniatowskiego. Jedziemy teraz przez aleje. Za chwilę jesteśmy na stacji. Bagażowy bierze walizki, żona z bratem i dziećmi idą do poczekalni, ja idę kupić bilety.

Przed kasą jest ogonek, ale po kilku minutach jestem już przy okienku.

—Cztery bilety do Zakopanego proszę, drugą klasą, i dwa peronowe.

—Proszę pana.

Kasjerka podaje mi bilety.

—Ile płacę?

Kasjerka liczy, mówi mi ile, ja płacę, mówię: Dziękuję pani, chowam bilety i idę do poczekalni.

W poczekalni spotykamy się z moją matką i wszyscy idziemy na peron. Pociąg jest już na stacji. Dostajemy wygodne miejsca. Brat daje dzieciom pisma ilustrowane na drogę, a babcia cukierki i czekoladę.

Siostra żony wyjechała z Warszawy do Zakopanego w ubiegłym tygodniu i wynajęła (rented) nam tam mieszkanie u swoich starych przyjaciół górali, w ich dużym domu. Brat i matka mają przyjechać do nas za kilką dni. Wakacje w Zakopanem! Trzy tygodnie w górach!

Wszyscy się cieszą.

Pociąg rusza. Dzieci wołają:

—Do widzenia, babciu! Do widzenia, stryju!

Babcia i stryj odpowiadają:

—Do widzenia, moi drodzy! Do widzenia—w Zakopanem!

Exercises

1. Give the Polish for:

    1. three suitcases.
    2. a railway station.
    3. first class, second class.
    4. five tickets to Warsaw.
    5. Porter!
    6. The train started (perf.).
    7. Two platform tickets.

2. Answer in Polish:

    1. Kto to jest stryj? (father's brother).
    2. Kto to jest wuj? (mother's brother, aunt's husband).

3. Give the English for:

    1. za chwilę; po chwili; za dwie minuty; za dziesięć minut.
    2. Byłem u brata, u lekarza, u pułkownika, u matki, u siostry, u tej pani, u rzeźnika.
    3. Spotkałem się z bratem, z matką, z panem R.
    4. Telefonowałem do pana, do pani, do cioci.
    5. Nie zastałem wuja w domu.

Translate into Polish:

1. Let us go out of here (stąd), it is so warm. 2. Now go shopping (translate: go to town) Basia. 3. Let us go by train. 4. Come (to several people) to-morrow. 5. They arrived by taxi. 6. Did you walk or did you drive (formal, to a man)? 7. The children came out of school early. 8. How long does it take to walk (translate: How long does one walk, using *się*) from here to your office? How long does it take to get (translate: How long does one ride) from Poznan to Warsaw? 9. She has already left (translate: she has already gone out). 10. They have (men) left for (do) Warsaw. 11. He arrived from Warsaw. 12. They went away for a few days. 13. We did not find him at home.

Vocabulary

aleja, alei; aleje, alei, avenue; a broad street planted with trees

bagażowy, bagażowego (decl. as adjective), porter

bilet, biletu; bilety, biletów, ticket

czekolada, czekolady, chocolate

dworzec, dworca; dworce, dworców, railway station

kasa, kasy; kasy, kas, cashier's desk; booking office

kasjerka, kasjerki; kasjerki, kasjerek, cashier; booking clerk (woman)

klasa, klasy; klasy, klas, class

minuta, minuty; minuty, minut, minute

ogonek, ogonka; ogonki, ogonków, queue

peron, peronu; perony, peronów, railway platform

poczekalnia, poczekalni; poczekalnie, poczekalni, waiting-room

stacja, stacji; stacje, stacji, station

stryj, stryja; stryjowie, stryjów, uncle (on the father's side)

taksówka, taksówki; taksówki, taksówek, taxi-cab

ulica, ulicy; ulice, ulic, street

wakacje, wakacji (plural only), (summer) holidays

walizka, walizki; walizki, walizek, suitcase

pakować, pakuje, pakują, pakuj, III, imperf., *spakować,* perf., to pack

żegnać się z kimś, I, imperf., *pożegnać się z kimś,* perf., to take leave of somebody, to say goodbye

zastać kogoś, perf., to find somebody at home.

Nie zastałem go w domu. I did not find him at home.

He was not at home (when I called).

jechać pociągiem, to go by train

jechać taksówką, to go by taxi

pojechać pociągiem do . . ., to go by train to . . .

przyjechać taksówką, to arrive by taxi

ilustrowany, illustrated

bilet peronowy, platform ticket

za kilka dni, in a few days

na drogę, for the journey

stąd, from here; hence

aby, in order to, to

do widzenia, au revoir, goodbye

Basia, Basi, dim. of Barbara

Warszawa, Warszawy, Warsaw

Zakopane, Zakopanego (decl. as adjective, but loc.: *w Zakopanem*), a summer and winter resort in the Tatra Mountains

LESSON 29

THE PERSONAL PRONOUN—PREPOSITIONS
WITH ACCUSATIVE (MOTION TOWARDS) AND
LOCATIVE (POSITION)

You have learned the forms of the personal pronouns for the dative (pp. 108, 109) and for the accusative (p. 120). The forms of the genitive of personal pronouns for the third person, masculine, feminine and neuter singular, which are used after verbs, are: *go, jej, go*; for the third person plural for all genders: *ich.*   Thus:

Nie widzę go (tego pana).	I don't see him (that man).
Nie widzę jej (tej pani).	I don't see her (that woman).
Nie widzę go (tego dziecka).	I don't see it (that child).
Nie widzę ich (tych panów, pań, koni, dzieci, etc.).	I don't see them (those men, women, horses, children, etc.).

When, however, a personal pronoun for the third person is preceded by a preposition, its form changes.   The ending remains similar to that of a form used after verbs, but the pronoun takes the prefix *n-* or *nie-*.   Thus we have for the dative, instead of *mu, jej, mu*: *(ku) niemu, (ku) niej, (ku) niemu*; for the accusative, instead of *go, ją, je*: *(przez) niego, (przez) nią, (przez) nie*; for the genitive, instead of *go, jej, go*: *(dla) niego, (dla) niej, (dla) niego*.   Similarly in the plural, instead of the forms *im, ich, je*, we have: *(ku) nim, (przez) nich, (przez) nie*.   Thus:

Singular:
Dative:

Szedłem ku niemu, ku niej, ku niemu (temu drzewu).	I was going towards him, towards her, towards it (that tree).

Accusative:

Czekałem na niego, na nią.	I was waiting for him, for her.
Masz to pióro? Czekam na nie.	Have you got that pen? I am waiting for it.

Genitive:

Poszedłem do niego, do niej.	I went to him, to her.
Biorę to pudełko i wyjmuję z niego pieniądze.	I am taking that box and getting the money out of it.

Plural:
Dative:

Szliśmy ku nim.	We were walking towards them.

Accusative:

Czekaliśmy na nich.   We were waiting for them
                               (men, or men and
                               women, or a man and a
                               woman).

Czekaliśmy na nie.   We were waiting for them
                               (women, children or
                               things of any gender).

Genitive:

Nie mogę jechać bez nich.   I cannot go without them.

Practise the use of the personal pronoun with prepositions (principal
stress on the verb):

idź do niego	idę od niego	był u niego
(po)jedź do niego	jadę od niego	mieszkał u niego
poszedł do niego	wyszedł od niego	kupił u niego
pojechał do niego	wyjechał od niego	widział u niego
wrócił do niego	wrócił od niego	spotkał u niego
zbliżył się do niego		czuje się u niego
		jak w domu
mówił do niej	liczył na nich	chowam do niego
telefonował do niej	czekał na nich	kładę do niego
dzwonił do niej	patrzył na nich	wyjmuję z niego
pisze do niej	gniewa się na nich	zdejmuję z niego
		śmieje się z niego
słyszał od niej	żyje dla nich	cieszy się z niego
wiedział od niej	pracuje dla nich	
dostał od niej	buduje dla nich	podziękował za nie
pożyczył od niej	zrobił to dla nich	zapłacił za nie
		wstydził się za nie

As learnt before (Lesson 9) the prepositions *nad*, above,
pod, under, *przed*, before, *za*, behind, *między* or *pomiędzy*,
between, (among), govern the instrumental. This case,
however, applies only when these prepositions are used to
describe position, i.e. in reply to the question: *where? gdzie?*
When they follow a verb expressing motion towards, or in
the direction of a certain object, i.e. when they reply to the
question: *where to? dokąd?*, these prepositions take the accusative case. Thus:

Instr.:

Mieszkamy nad morzem.   We live at the seaside.

Acc.:

Jedziemy nad morze.   We are going to the seaside.

Instr.:

Gazeta była pod stołem.	The newspaper was under the table.

Acc.:

Gazeta spadła pod stół.	The newspaper dropped under the table.

Instr.:

Czekałem na niego przed szkołą.	I was waiting for him in front of the school.

Acc.:

Przyjechaliśmy przed szkołę.	We arrived in front of the school.

Instr.:

Obraz jest za szafą.	The picture is behind the wardrobe.

Acc.:

Obraz spadł za szafę.	The picture fell behind the wardrobe.

Instr.:

Jechaliśmy między rzeką a lasem.	We were driving between the river and the forest.

Acc.:

Wjechaliśmy między rzekę a las.	We drove in between the river and the forest.

Note the example: *Jechaliśmy między rzeką a lasem.* The verb *jechaliśmy* does express movement, but the movement is not towards the space between the river and the forest, but within that space. A movement within a space is expressed in the same way as position, i.e. by the instrumental.

Similarly the prepositions *na*, on, at, and *w* (or *we*), ın, into, may take two cases: the locative to denote position, and the accusative to express motion towards. Thus:

Loc.:

List jest na biurku.	The letter is on the writing-table.

Acc.:

Rzucił list na biurko.	He threw the letter on to the writing-table.

Loc.:

Górale mieszkają w górach.	The highlanders live in the mountains.

Acc.:

Wjechaliśmy w góry.	We drove into the mountains.

Note the proper use of the prepositions *w* and *na* in Polish. The preposition *w* followed by the locative implies position *in* an interior, e.g. of a building, room, piece of furniture, box; also *inside* a country, town, *in* a book or any writing, *in* water; *within* an institution or organisation; it is also used with abstract nouns, etc. Thus:

Jest—	It is—
w domu	at home, in the house
w pokoju	in the room
w kawiarni	in the café
w biurku	in the writing-table
w pudełku	in a box
w kraju	in the country (usually in the
w Anglii	in England sense: in Poland)
w Poznaniu	in Poznan
w słowniku	in the dictionary
w morzu	in the sea
w ziemi	in the soil
w wojsku	in the forces, in the army
w życiu	in life
w poezji	in poetry

To express motion towards, *w* is generally replaced by the preposition *do* followed by the genitive, especially with nouns denoting material things and suggesting an interior. Thus:

Idę—	I am going—
do domu	home, to the house
do pokoju	to the room
do kawiarni	to the café

Wracam—	I am going back—
do kraju	to my country
do Anglii	to England
do Poznania	to Poznan
do wojska	to the army

Chowam to—	I am putting it away—
Kładę to—	I am putting it—
do biurka	in the writing-table
do pudełka	in the box

The preposition *w* followed by the accusative may, however, also be used after verbs denoting motion, when the noun following it implies a thing or things created by nature and not by the human hand, a thing or things which tower high above the performer of the movement (trees, mountains), envelop him (fog, clouds) or in which he becomes immersed (deep water). Thus:

Wszedłem w las.	I entered the forest.
Wjechaliśmy w góry, w dolinę, w mgłę.	We drove into the mountains, into the valley, into fog.
Samolot runął w morze.	The aircraft crashed into the sea.

The prepositions *w* and *do*, however, are as a rule replaced by the preposition *na*, on, in the sense of both position (locative) and motion towards (accusative), whenever the following noun implies: (1) a flat-surfaced area; (2) anything that can be described generally as a function, including meals, at which attendance, actual or intended, is indicated by the verb (especially the verb *być*, to be, in the sense: to be at . . .). Thus:

(1) a flat-surfaced area:

(*a*) position—locative:

Jest—	It is—
na stacji	at the station
na lotnisku	at the airport
na cmentarzu	at the cemetery
na rogu (ulicy)	at the corner (of the street)

na ulicy	in the street
na biurku	on the writing-table
na talerzu	on the plate
na morzu	at sea
na ziemi	on the earth; on the ground; on land; on the floor (coll.)

(b) motion towards—accusative:

Idę—   **I am going—**

na stację	to the station
na lotnisko	to the airport
na cmentarz	to the cemetery
na róg	to the corner
na ulicę . . .	to . . . street

Kładę to—   **I am putting it—**

na biurko	on the writing-table
na talerz	on the plate
na stół	on the table

Spadło—   **It fell—**

| na ziemię | to the ground; on the floor |

Płynie—   **It sails—**

| na morze | to sea |

(2) presence at a function:

(a) position—locative:

Jest—   **He is—**

na lekcji	at his lesson
na kolacji	at supper
na śniadaniu	at breakfast
na zebraniu	at the meeting
na weselu	at the wedding-party
na balu	at the ball

(b) motion towards—accusative:

Idzie—   **He is going—**

na lekcję	to his lesson
na kolację	to supper
na śniadanie	to breakfast

na zebranie	to the meeting
na wesele	to the wedding-party
na bal	to the ball

The verbs *wyjść*, *wyjechać na* followed by the accusative are also used in the sense of going, climbing, driving, getting to the top, on to something. E.g.:

Wyszedłem na dach.	I climbed (went up) to the roof.
Wyjechaliśmy na szczyt góry.	We drove on to the top of the mountain.
Wyjechałem windą na piąte piętro.	I got to the fifth floor by the lift.

Compare also the accusative construction with *na* after the following verbs:

patrzeć na— Patrzę na morze.	I am looking at the sea.
wydawać na—Dużo wydają na książki.	They spend a lot on books.
czekać na— Czekam na siostrę.	I am waiting for my sister.
pozwalać na—Nie pozwalam na to.	I don't allow it.
godzić się na—Godzę się na to.	I agree to that.

Translate into English:

1. Od razu pojechaliśmy na lotnisko, ale już było za późno; kiedy przyjechaliśmy, już nie żył. 2. Ryby żyją w morzu. 3. Wyjechałem z Paryża we środę wieczór, a we czwartek byłem na kolacji w domu. 4. Zawsze kładę twój kapelusz do szafy w tym pokoju. 5. Jechaliśmy szeroką aleją między lotniskiem a ogrodami. 6. Przyjdźcie do nas na obiad w niedzielę, dobrze? 7. Poszedłem z nim do kina, a potem na herbatę. 8. Ona nie może żyć bez niego. 9. Kupiłem ten obraz od niego, jest już u nas. 10. Gdzie ty kładziesz te noże? tu się kładzie łyżki, nie noże. Patrz, jeden nóż spadł ze stołu, tam jest, pod krzesłem. 11. Ręcznik spadł z okna na ulicę. 12. Rzuciła się ojcu na szyję. 13. Książka była między papierami. 14. Szliśmy do biura przez ulicę Marszałkowską. 15. Zgódź się, mamusiu, zgódź się! 16. Nie mów, że nie masz dla kogo żyć.

17. Kładłam dziecko do łóżka, kiedy telefon zadzwonił.
18. Owszem, godzę się z panem, że ceny spadły, nawet (even) jeszcze spadają, ale nie wszystkie; ceny domów poszły w górę.

Exercise

Fill in the blanks of the following sentences as indicated:

1. Jechaliśmy .... (with them) do .... (Kalisz).
2. Wracałam .... (with her) z .... (cinema).
3. Spotkałem się .... (with him) we środę.
4. Dlaczego nie poszedłeś .... (to him)?
5. Kiedy telefonowałeś .... (to her)?
6. Szła .... (towards them).
7. Szli .... (towards her).
8. Tylko .... (thanks to him) nauczyłam się pływać.

Translate into Polish:

1. The book fell behind the bed. The book was on the floor behind the bed. 2. He was in the restaurant with her. They entered (into) the restaurant. 3. He left for England last week. He is in England now. 4. She is not living with him. 5. I did not know that his mother was (use: is) dead. 6. I borrowed from him two volumes of Mickiewicz's poems (use plural of poezja). 7. Don't throw your hat on the table. 8. There were twenty aeroplanes at the aerodrome. 9. He threw the fish into the basket (use: koszyk). 10. They had nineteen baskets of fish (plural). The fish is cooking. 11. He did not agree to that. 12. Have you got that book? I haven't read it yet. 13. The children are going to school. The children went to school. 14. The boys were at (their) lesson.

Vocabulary

Learn the pronouns given in the grammar part of this lesson.

cena, ceny; ceny, cen, price
obraz, obrazu; obrazy, obrazów, picture, painting

samolot, samolotu; samoloty, samolotów, aeroplane, aircraft

ryba, ryby; ryby, ryb, fish
godzić się, godzi się, godzą się; gódź się, IV, imperf.; *zgodzić się,* perf., to agree —*z kimś,* with somebody, *na coś,* to something
kłaść, present: *kładę, kładziesz, kładzie, kładziemy, kładziecie, kładą,* imperative: *kładź,* etc.; past: *kładłem, kładłeś, kładł; kładliśmy,* etc., *III,* imperf., to put, to put down
rzucać, I, imperf.; *rzucić,* perf., to throw
spadać, I., imperf. (comp. p. 28)

spaść, past: *spadłem, spadłeś, spadł; spadliśmy, spadliście, spadli;* perf., to fall, to drop
żyć, żyje, żyją, żyj, III, imperf., to live, to be alive
szeroki, szerocy, wide, broad
z nim, z nią, with him, with her
między or *pomiędzy,* prep. with instr. or acc., between, among
nie żyje, is dead
Adam Mickiewicz, one of the three greatest Polish poets, 1798-1855

LESSON 30

HARD STEMS: THE LOCATIVE IN -*e*—

THE VERBS:

Pisać, Czesać, Wiązać, Płakać

Masculine nouns ending in a *hard consonant,** feminine nouns ending in a *hard consonant plus -a,* and neuter nouns ending in a *hard consonant** plus -o* form their locative singular by taking the ending -*e.*

This ending produces what is called in Polish grammar a "softening" effect on the preceding hard consonant, which means that the hard consonant is replaced by a corresponding soft consonant.

Let us take for example nouns ending in -*b,* -*ba* and -*bo,* like *chleb, osoba* and *niebo,* sky. The locative singular of these nouns is:

chleb	w chlebie	in the bread
osoba	o tej osobie	about that person
niebo	na niebie	in the sky

* But masculine nouns ending in -*k,* -*g,* -*ch,* and neuter nouns ending in -*ko,* (-*go*), -*cho* form the locative singular in -*u* (compare p. 133). For feminines in -*ka,* -*ga,* -*cha* see p. 169.

Thus we do not say in Polish chlebe, osobe, niebe, but *chle-bie*, *oso-bie*, *nie-bie*, and the *i* between the *b* and the *e* is inserted to indicate that the b is pronounced soft.

The same principle of softening as for nouns in -b, -ba, -bo applies to nouns ending in:

-p, -pa, -po:

sklep	w sklepie	in the shop
grupa	w tej grupie	in this group
tempo	w tempie	in the tempo

-w, -wa, -wo:

Kraków	w Krakowie	in Cracow
krowa	o krowie	about the cow
słowo	w tym słowie	in this word

-f, -fa (no neuters in -fo):

| szef, chief, superior | o szefie | about the chief |
| szafa | w szafie | in the wardrobe |

-m, -ma, -mo:

tłum, crowd	w tłumie	in the crowd
zima	w zimie	in winter
pismo	w tym piśmie	in that periodical

-n, -na, -no:

telefon, telephone (call)	po tym telefonie	after that telephone call
wiosna	po wiośnie	after the spring
okno	na oknie	on the window (sill)

-s, -sa, -so:

czas	w tym czasie	at that time
prasa, press	w prasie polskiej	in the Polish press
mięso	w mięsie	in the meat

-z, -za, -zo:

wóz, cart, wagon	w tym wozie	in this cart
koza, goat	o tej kozie	about that goat
żelazo, iron	w żelazie	in iron

Note the forms: *piśmie*, *wiośnie*, from *pismo*, *wiosna*; the *s* is replaced by *ś* before the soft -mie, -nie endings of the locative.

The vocative singular of masculine nouns ending in a hard consonant is the same as their locative singular, like for those ending in a soft consonant and in *-k*, *-g*, *-ch* (see p. 139). There are, however, a few exceptions: *dom*, *syn* form the locative and vocative singular in *-u*; *pan* has the vocative *panie*, but the locative *panu*:

w domu	at home, in the house
O synu mój!	Oh my son!
Drogi panie!	Dear Sir.
Mówiliśmy o panu S.	We were speaking about Mr. S.

The locative singular of feminine nouns ending in a hard consonant plus *-a* is the same as their dative singular. Thus:

Loc.:

Mówimy o tej dziewczynie, o wiośnie.	We are speaking about this girl, about the spring.

Dat.:

Pomagamy tej dziewczynie.	We are helping this girl.
dzięki wczesnej wiośnie	thanks to the early spring

Learn the conjugation of the following 3rd conjugation verbs—their present tense differs from the infinitive; the past tense is formed regularly from the infinitive.

pisać,	czesać,	wiązać,	płakać,
to write	to do the hair	to tie	to cry, to weep

Present:

Sing.:

piszę	czeszę	wiążę	płaczę
piszesz	czeszesz	wiążesz	płaczesz
pisze	czesze	wiąże	płacze

Plur.:

piszemy	czeszemy	wiążemy	płaczemy
piszecie	czeszecie	wiążecie	płaczecie
piszą	czeszą	wiążą	płaczą

Imperative:

pisz	czesz	wiąż	płacz
piszmy	czeszmy	wiążmy	płaczmy
piszcie	czeszcie	wiążcie	płaczcie

Past:

Sing.-Masculine:

pisałem	czesałem	wiązałem	płakałem
pisałeś	czesałeś	wiązałeś	płakałeś
pisał	czesał	wiązał	płakał

Feminine and Neuter:

pisałam —	czesałam —	wiązałam —	płakałam —
pisałaś —	czesałaś —	wiązałaś —	płakałaś —
pisała pisa-ło	czesała cze-sało	wiązała wią-zało	płakała pła-kało

Plur.-Masculine Persons:

pisaliśmy	czesaliśmy	wiązaliśmy	płakaliśmy
pisaliście	czesaliście	wiązaliście	płakaliście
pisali	czesali	wiązali	płakali

All others:

pisałyśmy	czesałyśmy	wiązałyśmy	płakałyśmy
pisałyście	czesałyście	wiązałyście	płakałyście
pisały	czesaiy	wiązały	płakały

The perfective of *pisać* is *napisać*, of *czesać* is *uczesać*, of *wiązać* is *związać*, to tie together, or *zawiązać*, to tie into a knot; of *płakać* is *rozpłakać się*, to burst into tears.

Pisać, czesać and *wiązać* are often used with *się*. E.g.:

Jak się pisze to słowo?	How does one write this word? How do you spell this word?
Dawniej to słowo pisało się inaczej niż teraz.	This word used to be spelled (was formerly spelled) differently from (what it is spelled) now.
U kogo pani się czesze?	Where (literally: at whose place) do you have your hair done?
But:	
Kto panią czesze?	Who does your hair?

Wiąże się means is connected, is in logical sequence. E.g.:

Jedno nie wiąże się z drugim.	The one has no connection with the other.

Translate into English:

1. Byłyśmy wczoraj w kinie z grupą naszych uczennic na bardzo dobrym filmie. 2. Przed wojną mieszkał w Krakowie i tam pisał swoje książki; i tam napisał swoje dwie najlepsze książki. 3. Poszła się umyć i uczesać. 4. W pierwszej grupie było dwanaście osób. 5. Co jest w tej zupie, taka jest gorzka? 6. Po ostrej zimie przyszła wczesna, ciepła wiosna. Po zwycięstwie przyszedł wreszcie pokój (peace). 7. W której szafie jest twój płaszcz? 8. Co widzisz na niebie? 9. Czy pani umie pisać na maszynie? 10. Dlaczego to dziecko tak płacze? 11. Właśnie pisałem list do pana brata, kiedy pan przyszedł. 12. Basiu, uczesz psa, tu jest grzebień. 13. Chcę dziś napisać do domu, bardzo dawno już nie pisałam. 14. Jak ty nieładnie wiążesz ten krawat, Władku. Patrz, tak się wiąże. 15. W sklepie był taki tłum, że wyszedłem i nic nie kupiłem. 16. Zaraz po jego telefonie napisałem do was, dostaliście list? 17. Idzie ku wiośnie. Idzie ku zimie. 18. Ja zawsze wierzę mojej żonie. 19. Panie szefie, telefon do pana. 20. Proszę mi to dać na piśmie. 21. Tylko jednej osobie o tym mówiłem. 22. Zaraz daję,* proszę pana. Zaraz idę.* 23. Właśnie kupiłem nową maszynę do pisania.

Exercise

Put into the past tense (imperf.):

1. Dzieci w pierwszej klasie piszą ćwiczenie. 2. Czym piszesz, piórem czy ołówkiem? 3. Może pan woli pisać na maszynie? 4. Ona się bardzo ładnie czesze, nie wie† pani, kto ją czesze? Owszem, wiem,† pan Władysław na Marszałkowskiej. Ja i moja córka także się u pana Władysława czeszemy. 5. Wszyscy płaczemy. 6. On sam nie wie, dlaczego płacze. 7. Co ogrodnik robi? Wiąże róże. 8. Czy panie to same piszą?

Give the English for:

Nie mogę końca z końcem związać.

Translate into Polish:

1. I was at that shop yesterday and bought a nice comb for my wife (dative). 2. Write often. 3. At that time she

---

* Compare: Już panu służę. Już idę (p. 62). It may not be so *zaraz*.
† Consider the sense—leave in the present tense.

was helping my wife. 4. My heart remained in my country (ojczyzna). 5. Mother cried when this letter arrived. 6. Have you written to your father? 7. We saw this film in Poznan last week. 8. Tie these letters together. 9. How did he spell (napisać) this word? 10. Write at once (perf.) to his mother.

Vocabulary

Learn the new nouns and verbs given in the grammar part of this lesson.

film, filmu; filmy, filmów, film

grzebień, grzebienia; grze-bienie, grzebieni, comb

krawat, krawatu; krawaty, krawatów, necktie

maszyna, maszyny; maszyny, maszyn, machine

maszyna do pisania, type-writer

zupa, zupy; zupy, zup, soup

pisać na maszynie, to type

byłem na tym filmie, I was at (saw) that film

idzie ku wiośnie, it is getting towards the spring

na piśmie, in writing

gorzki, bitter

dawno, (for) some time, a long time

właśnie, just

zaraz, at once; (in) a moment, straight away

LESSON 31

HARD STEMS: THE LOCATIVE IN *-e* (*Continued*)— THE VERBS: *Brać, Prać, Wziąć*

Masculine nouns ending in *-t*, feminine nouns ending in *-ta* and neuter nouns ending in *-to* form the locative singular in *-cie*. In other words, the *t* is changed before the softening *-e* of the locative ending into *-ć*, which followed by the vowel *e* is spelled *-cie*. Thus:

brat	o moim bracie	about my brother
żart, joke	w tym żarcie	in that joke
samolot	w samolocie	in the aeroplane
kobieta	o tej kobiecie	about this woman

robota, work	przy robocie	at work
herbata	na herbacie	at tea
święto	po święcie	after the holiday
błoto, mud	w błocie	in mud
złoto, gold	w złocie	in gold

Nouns in *-d*, *-da*, *-do* form the locative in *-dzie* (*dź* + *e*).

Thus:

błąd (gen. błędu)	w takim błędzie	in such a mistake
wykład, lecture	po wykładzie	after the lecture
ogród	w ogrodzie	in the garden
prawda	o tej prawdzie	about this truth
posada	na tej posadzie	at that post
woda	w wodzie	in water
stado, flock	w stadzie	in the flock

Masculines in *-k*, *-g*, *-ch* and neuters in *-ko*, *-go*, *-cho* take in the locative singular the now familiar ending *-u* (comp. pp. 133, 134). The feminines in *-ka*, *-ga*, *-cha*, however, take the ending *-e* which causes the *k* to change into *c*, the *g* into *dz*, and the *ch* into *sz*; in other words, feminines in *-ka*, *-ga*, *-cha* form the locative and also the dative singular (comp. p. 165) in *-ce*, *-dze*, *-sze*. Nouns in *-ka* are particularly numerous. Thus:

matka	o matce	about the mother
książka	w książce	in the book
Polska	w Polsce	in Poland
podłoga, floor	na podłodze	on the floor
noga	na nodze	on the leg
droga	na drodze	on the road
pończocha, stocking	w jednej pończosze	in one stocking
mucha, fly	o tej musze	about that fly

Masculines in *-ł*, feminines in *-ła* and neuters in *-ło* form the locative singular in *-le*. Thus:

stół	na stole	on the table
generał	przy generale	by the general
dół, hollow, lower part	w dole	in the hollow, lower down

szkoła	w szkole	at school, in the school
bibuła, blotting paper	na bibule	on the blotting paper
szkło	na szkle	on glass
mydło	w mydle	in soap
krzesło	na krześle*	on the chair

Masculines in -r, feminines in -ra and neuters in -ro form the locative singular in -rze. Thus:

profesor	o profesorze	about the professor
papier	na papierze	on paper
inżynier	o inżynierze	about the engineer
kara, punishment	po tej karze	after this punishment
chmura, cloud	w chmurze	in the cloud
góra	na górze	on the mountain, on the top
biuro	w biurze	in the office
pióro	przy piórze	by the pen
jezioro	w jeziorze	in the lake

The above hard stem nouns follow the rule given on p. 165: in the singular their locative (in -e) is for masculines the same as the vocative, for feminines the same as the dative.

Learn the conjugation of the following two irregular verbs:

    brać, to take   *prać*, to launder, to wash

Present:

biorę	bierzemy	piorę	pierzemy
bierzesz	bierzecie	pierzesz	pierzecie
bierze	biorą	pierze	piorą

Imperative:

bierz		pierz
bierzmy		pierzmy
bierzcie		pierzcie

* Compare *piśmie*, *wiośnie*, p. 164.

Past:
Sing.:

Masc.:		Fem.:		Neut.:	
brałem	prałem	brałam	prałam	—	—
brałeś	prałeś	brałaś	prałaś	—	—
brał	prał	brała	prała	brało	prało

Plural:

Masc. Persons:		All others:	
braliśmy	praliśmy	brałyśmy	prałyśmy
braliście	praliście	brałyście	prałyście
brali	prali	brały	prały

The perfective of *brać* is *zabrać* or *wziąć*. *Zabrać* is conjugated exactly like *brać*; the past tense of *wziąć* is conjugated as follows:

Sing.:   Plural:

Masc.:	Fem.:	Neut:	Masc. persons:	All others:
wziąłem	wzięłam	—	wzięliśmy	wzięłyśmy
wziąłeś	wzięłaś	—	wzięliście	wzięłyście
wziął	wzięła	wzięło	wzięli	wzięły

The imperative of wziąć is: weź
                      weźmy
                      weźcie

The perfective of prać is *wyprać*, or *uprać*, conjugated exactly like *prać*.

Translate into English:

1. Czy pani sama pierze te serwetki? Tak, zawsze je sama piorę. W czym pani je pierze? W mydle i w gorącej wodzie. Potem prasuję, gdy są jeszcze wilgotne. 2. Są jeszcze dwa wolne miejsca w tym samolocie. 3. Moja siostra jest na posadzie w Warszawie. 4. Wczoraj było u nas kilka osób na herbacie. 5. Nie wierzysz, że jest kara za takie żarty? 6. Czy państwo mają jakie kwiaty w ogrodzie, czy tylko jarzyny? 7. Wisiu, proszę cię, upierz mi te dwa kołnierze. 8. Zabrałem dzieci samochodem do lasu. 9. Skąd wziąłeś te papierosy? Z tego pudełka na oknie. 10. Kto wziął moją książkę z biurka? 11. Czy pan bierze cukier do herbaty? Nie, dziękuję bardzo, nie biorę. 12. Płacą w złocie. 13. Kochany bracie! Drogi panie

dyrektorze! Panie generale! 14. Ona się kocha w tym
aktorze. 15. Daj to tej kobiecie. 16. Syn pomaga matce.
17. Weź parasol, deszcz pada. 18. Oni mieszkają na
górze, a my na dole. 19. Nie siadaj na tym krześle przy
oknie. 20. Bierzcie co chcecie. 21. Wszyscy słuchacze
byli na tym wykładzie. Poszli na wykład. 22. Spiesz się
z robotą.

Translate into Polish:

1. There is always somebody in the school. 2. We are
swimming in the river, in the lake, in the sea. 3. We are
at home; in the office; in the room upstairs; in the shop; in
the cinema; downstairs; in (na) the road; in (na) the street;
at (na) the railway station (use: *dworzec* and *stacja*). 4. Cigarettes are on the table. 5. This sugar is damp. 6. I
washed your stockings yesterday, but they are still wet; but
they are still damp; and in one stocking there is a hole.
7. Don't wash these new towels in hot water. 8. She
received lovely flowers from him. 9. We write on paper.
10. Where do you buy (your) vegetables? 11. We walked
in rain and mud. 12. The aunts are taking the two little
girls, and the grandfather is taking the boy. 13. We went
to the garden. We were in the garden. 14. On the floor;
by the window; in the hole.

Give the English for the proverb:

Z wielkiej chmury mały deszcz.

Vocabulary

Learn the new nouns and verbs given in the grammar
part of this lesson.

cukier, cukru, sugar
dziura, dziury; dziury, dziur,
  hole
(*jarzyna, jarzyny*); *jarzyny,*
  jarzyn (mostly used in
  plural), vegetable(s)
kwiat, kwiatu; kwiaty,
  kwiatów, flower
serwetka, serwetki; serwetki,
  serwetek, serviette, doily
prasować, prasuje, prasują,

prasuj, III, imperf., to
  press, to iron
kara za coś, punishment for
wilgotny, damp
skąd? stąd, from where?
  from here
na górze, at the top; upstairs
na dole, at the bottom;
  downstairs
być na posadzie, to have a
  job (somewhere)

LESSON 32

LOCATIVE SINGULAR: VOWEL CHANGES—
MORE VERBS

In the preceding lesson you have learned that the locative of *brat* is *bracie*, of *stół* is *stole*, i.e. that before the ending *e* of the locative the consonant *t* at the end of the noun changes into *ć* (in the ending *-cie*), the consonant *ł* into *l* (in the ending *-le*) and so on. Now compare the forms of the locative in the following examples:

brat	(gen. brata)	loc. (o)	bracie
świat	(gen. świata)	loc. (na)	świecie
stół	(gen. stołu)	loc. (na)	stole
kościół	(gen. kościoła)	loc. (w)	kościele

You notice that in *świecie, kościele* in addition to the change of the consonant there is also a change in the vowel preceding that consonant: the *a* in *świat* changes into *e* in *świecie*, the *o* in *kościoła* (gen.) changes into *e* in *kościele*. It is only the vowels *a* and *o* which, in certain exceptional words, change into *e* in the locative.

Learn the following commonly used nouns which form their locative (and, in the case of masculines, also the vocative, in the case of feminines, also the dative singular) in this way:

kwiat		w kwiecie	in (the) flower, in bloom
świat		na świecie	in the world
lato	summer	w lecie	in summer
sąsiad	neighbour	o sąsiedzie	about the neighbour
obiad		po obiedzie	after dinner
las		w lesie	in the forest
anioł	angel	o aniele	about the angel
kościół	church	w kościele	in the church
ciało	body	na ciele	on the body
światło	light	w świetle	in the light
wiatr	wind	na wietrze	in the wind
wiara	faith	w wierze	in the faith

Nouns ending in -*st*, -*sta*, -*sto* and -*zd*, -*zda*, -*zdo* form their locative singular in -*ście* and -*ździe*, respectively. Several of these have also the change of the vowel *a* to *e* before the locative ending:

list		w liście	in the letter
most		na moście	on the bridge
kapusta	cabbage	w kapuście	in the cabbage
miasto		w mieście	in town
ciasto	dough, pastry	w cieście	in the dough
wyjazd	departure	po wyjeździe	after the departure
przyjazd	arrival	po przyjeździe	on the arrival
gwiazda	star	o gwieździe	about the star
gniazdo	nest	na gnieździe	in the nest

We shall now learn three verbs describing position:

stać	to be standing
siedzieć	to be sitting*
leżeć	to be lying

Siedzieć and *leżeć* are both regular fourth conjugation verbs, i.e.: present: *siedzę, siedzisz, siedzi; siedzimy, siedzicie, siedzą*; imperative: *siedź, siedźmy, siedźcie*; past: *siedziałem, siedziałeś, siedział*, etc. *Leżeć*, present: *leżę, leżysz, leży; leżymy, leżycie, leżą*; imperative: *leż, leżmy, leżcie*; past: *leżałam, leżałaś, leżała* (fem.), etc.

The verbs *stać* and *bać się* are conjugated as follows:

stać, to stand	bać się czegoś, to be afraid of something, (to worry about, to dread something)

Present:

stoję, I am standing, etc.	boję się, I am afraid, I fear, etc.
stoisz	boisz się
stoi	boi się
stoimy	boimy się
stoicie	boicie się
stoją	boją się

*Compare: siadać, to be sitting down.

Imperative:

stój, stand; halt, stop	bój się
stójmy	bójmy się
stójcie	bójcie się

Past:

Sing.:

Masc.:	Fem.:	Neut:	Masc.:	Fem.:	Neut.:
stałem	stałam	—	bałem się	bałam się	—
stałeś	stałaś	—	bałeś się	bałaś się	—
stał	stała	stało	bał się	bała się	bało się

Plur.:

Masc. Pers.:	All others:	Masc. Pers.:	All others:
staliśmy	stałyśmy	baliśmy się	bałyśmy się
staliście	stałyście	baliście się	bałyście się
stali	stały	bali się	bały się

Note the idiomatic use of *stać* and *leżeć* in Polish for upright and horizontal objects:

Dom stoi przy drodze.	Chory leży w łóżku.
Samochód stoi na ulicy.	Kot leżał na łóżku.
Stół stoi pod oknem.	Książka leży, list leży,
Krzesło stoi koło stołu.	pióro leży na biurku.
Szafa stoi, łóżko stoi w rogu pokoju.	Noże, widelce, łyżki leżą na stole.
Kwiaty stoją na stole (in a vase).	Kapelusz leży na krześle.
Parasol stoi za szafą.	Miasto leży nad rzeką.
Buty stoją pod łóżkiem.	Kraków leży nad Wisłą (on the Vistula).

In Polish you *stand up* objects which are upright —*stawiać*, I, i., p.: *postawić*, IV—and you *put down* objects which are horizontal—*kłaść* (L. 29), p. *położyć* (L. 37). Thus: *Postaw krzesło koło okna*. But: *Połóż książki na stole*.

Translate into English:

1. W lecie jedziemy na wakacje, w zimie zostajemy w mieście. 2. Po obiedzie wszyscy poszliśmy do lasu. 3. W niedzielę byliśmy w kościele. 4. O mój aniele! Kochany sąsiedzie! Bracie! 5. Siedzieliśmy w cieniu, pod drzewami nad rzeką. 6. Chłopcy stali na moście. 7. W tym cieście nie ma cukru. 8. Siedzieliśmy przy stole; przy

obiedzie; przy śniadaniu; przy kolacji; przy herbacie.
9. Siadamy do stołu; do obiadu; do śniadania; do kolacji;
do herbaty. 10. Dom mojej babki stał w lesie nad jeziorem.
11. Co, ty jeszcze w łóżku leżysz, a tu jasny dzień, słońce
świeci. 12. Szliśmy w świetle księżyca. 13. Co było w
tym liście? 14. Na środku pokoju stał duży stół. Na stole
stoi wazon (vase) z kwiatami. 15. Zające siedziały w
kapuście. 16. Nic nie ginie na świecie. 17. Syn jego
zginął w kwiecie wieku. 18. Dwa listy leżały na biurku.
19. Stryj opowiadał nam o tej nowej gwieździe. 20. Przy
ciele żołnierza stał jego koń. 21. Ojciec wyjechał już po
przyjeździe brata. 22. Ptak siedzi na gnieździe. 23. Czego się boisz? Niczego się nie boję. 24. Staliśmy w kościele. Poszli do kościoła. 25. Nie stój na wietrze. 26. Nie
bój się o nią. Bał się psa. Boi się kary.

Exercise

Put the following sentences into the plural:

1. Pani siedzi przy oknie.
2. Chłopiec stał pod drzewem.
3. Pies leży przed domem.

Put the sentences 1 and 3 into the past tense, the sentence
2 into the present tense, for both numbers.

Translate into Polish:

1. The sun was shining. The stars were shining. The
moon is shining. 2. The gentlemen were speaking about
their new neighbour. 3. The box with the cigarettes was
(standing) on the table. 4. There were four eggs in this
nest. 5. The dog was lying on the bed. 6. There are
various countries in the world, but for us there is only one:
Poland. 7. He remained faithful (wierny) to the faith of
his fathers. 8. I cannot read by (use: przy) this light.
9. He was standing by the window in a dark room. 10. He
came after dinner. 11. What is lying on the chair there?
12. We have a hare for dinner. 13. He was in bed (translate: he was lying) (for) two weeks. 14. The letter arrived
after you had left (translate: after your departure). 15. In
this small town there are five churches. 16. The beds were
standing in the middle of the room. 17. His two daughters
perished in Warsaw. 18. The trees were waving (kołysać

się, like pisać) in the wind. 19. Who is sitting there by (przy) the church? 20. They (women) were standing in the middle of the street.

Vocabulary

Learn the nouns and the verbs given in the grammar part of this lesson.

księżyc, księżyca, moon

środek, środka; środki, środków, middle, centre; way, means

*zając, zająca; zające, zajęcy,** hare

bać się kogoś, czegoś (gen.), to be afraid of somebody, of something

bać się o kogoś (acc.), to worry about somebody

ginąć, ginie, giną, giń, III, imperf.; *zginąć,* perf., to perish, to die; to be, to get lost

świecić, świeci, świecą, świeć, IV, imperf., to shine

jasny dzień, bright daylight

w kwiecie wieku, in the prime of youth

przy świetle, by (in) the light (of)

nad rzeką, by the river

LESSON 33

FEMININE NOUNS ENDING IN A SOFT
CONSONANT—PERFECTIVES—NUMBERS

In addition to the feminine nouns ending in a vowel, the vowel -*a,* e.g. *matka,* or the vowel -*i,* e.g. *gospodyni,* there is in Polish a large group of feminine nouns ending in a consonant, but only in a soft consonant. Since masculine nouns may also end in a soft consonant, the problem arises how one is to know whether a noun ending in a soft consonant is masculine or feminine. The answer to that question is rather unsatisfactory: you have to look the noun up in the dictionary. There is only one ending, viz.: -*ość,* which is definitely the ending of feminine nouns (exception: *gość,* guest, is masculine); for other endings no indica-

---

* Note the ę (exception).

tion can be given. Compare, e.g., the following two columns of nouns:

Masculine:

koc, blanket
klucz, key
kosz, basket
nóż, knife
pokój, room

Feminine:

noc, night
rzecz, thing
mysz, mouse
podróż, journey, voyage,
kolej, railway   [travel
                etc.

The declension of these nouns, usually called in Polish the fourth declension, is so simple that we shall be able to learn all the cases in one lesson.

In the singular, nouns of this declension have the same form for the accusative as for the nominative. In the instrumental they take the characteristic feminine ending -ą (*rzeczą, podróżą*, like *matką, panią*). For all other cases of the singular, i.e. for the vocative, genitive, dative and locative, they have one form and the ending of that form is either -*i* or, after -*c*, -*cz*, -*sz*, -*rz*, -*ż*, as usual, -*y* (comp. pp. 114 and 115). Thus:

Singular:

Nom. and Acc.:

kość	wieś	myśl	pieśń	kolej
bone	village	thought, idea	song, hymn	railway

Instr.:

| kością | wsią | myślą | pieśnią | koleją |

Voc., Gen., Dat., Loc.:

| kości | wsi | myśli | pieśni | kolei |

Nom. and Acc.:

noc	rzecz	mysz	podróż	twarz
night	thing	mouse	journey	face

Instr.:

| nocą | rzeczą | myszą | podróżą | twarzą |

Voc., Gen., Dat., Loc.:

| nocy | rzeczy | myszy | podróży | twarzy |

In the plural, the nominative (i.e., also the accusative and vocative) is for many nouns the same as the genitive singular; many nouns, however, take in this case (and also in the accusative and the vocative) the ending *-e*, in analogy to feminine nouns of the type *księgarnia*, *róża*, *burza*, etc. (comp. p. 123). Some may even take two endings, e.g. *wieś*, village, *wsie* or *wsi*, villages.

The genitive plural is the same as that of the singular; the dative, instrumental and locative take the endings common to all Polish nouns, i.e. *-om*, *-ami* (after *-ść*, *-mi*), *-ach*. Thus:

Plural:

Nom., Acc., Voc.:

| kości | wsie or wsi | myśli | pieśni | koleje |

Gen.:

| kości | wsi | myśli | pieśni | kolei |

Dat.:

| kościom | wsiom | myślom | pieśniom | kolejom |

Instr.:

| kośćmi | wsiami | myślami | pieśniami | kolejami |

Loc.:

| kościach | wsiach | myślach | pieśniach | kolejach |

Nom., Acc., Voc.:

| noce | rzeczy | myszy | podróże | twarze |

Gen.:

| nocy | rzeczy | myszy | podróży | twarzy |

Dat.:

| nocom | rzeczom | myszom | podróżom | twarzom |

Instr.:

| nocami | rzeczami | myszami | podróżami | twarzami |

Loc.:

| nocach | rzeczach | myszach | podróżach | twarzach |

The perfectives of the verbs *opowiadać*, to relate, to narrate, to tell a story, *odpowiadać*, to reply, to answer, and *dowiadywać się*, to try to find out, to make inquiries, are: *opowiedzieć*, to tell the story, *odpowiedzieć*, to give a reply, *dowiedzieć się*, to learn, to find out, to obtain information, to receive news or information. These perfectives are conjugated exactly like *wiedzieć*; their imperatives are:

opowiedz	odpowiedz	dowiedz się
tell (the story)	answer	find out, make inquiries
opowiedzmy	odpowiedzmy	dowiedzmy się
opowiedzcie	odpowiedzcie	dowiedzcie się

Thus:

Imperfective:	Perfective:
opowiadać	opowiedzieć
Opowiadał nam o swoich podróżach.	Opowiedział nam o swojej podróży do Francji.
He was telling us about his travels.	He told us about his trip to France.
odpowiadać	odpowiedzieć
Uczniowie dobrze odpowiadali.	Żaden z uczniów na to pytanie nie odpowiedział.
The pupils were giving good answers.	None of the pupils gave (knew) the answer to this question.
dowiadywać się o coś (accusative)	dowiedzieć się o czymś (locative)
Dowiadywałem się o tę książkę dla pana, nie można jej dostać.	Dowiedziałem się o tym pociągu dopiero dzisiaj.
I was making inquiries about this book for you, it seems unobtainable (it is impossible to get it).	I have found out (learned, been told) about this train only today.

The perfective of *mówić*, to speak, to say, is formed from another verb altogether and is: *powiedzieć*, conjugated like *wiedzieć* (imperative like that of *opowiedzieć*). Thus:

mówić   powiedzieć

Czy pan mu mówił, że ja   Czy pan mu powiedział, że
jadę do Warszawy?   ja jadę do Warszawy?

Did you tell him that I am Did you tell him that I am
going to Warsaw? (sense: going to Warsaw? (sense:
did you mention it in   have you notified him?).
conversation, were you
speaking about it at all?).

Learn the following cardinal and ordinal numbers:

30 trzydzieści	Nom. for	trzydziestu
40 czterdzieści	masc.	czterdziestu
50 pięćdziesiąt	persons,	pięćdziesięciu
60 sześćdziesiąt	the genit.	sześćdziesięciu
70 siedemdziesiąt	and all	siedemdziesięciu
80 osiemdziesiąt	other	osiemdziesięciu
90 dziewięćdziesiąt	cases:	dziewięćdziesięciu
100 sto		stu

kilkadziesiąt, a few score   kilkudziesięciu

30th trzydziesty
40th czterdziesty
50th pięćdziesiąty
60th sześćdziesiąty
70th siedemdziesiąty
80th osiemdziesiąty
90th dziewięćdziesiąty
100th setny

pięćdziesiąt, -y		pieńdziesiont, -y
pięćdziesięciu	are	pieńdziesieńciu
sześćdziesiąt, -y	pronounced	szeździesiont, -y
sześćdziesięciu	in	szeździesieńciu
dziewięćdziesiąt, -y	colloquial	dziewieńdziesiont, -y
dziewięćdziesięciu	Polish:	dziewieńdziesieńciu

Translate into English:

1. Tatusiu, opowiedz nam bajeczkę. Tatusiu, proszę nam
opowiedzieć bajeczkę. 2. Mam pani coś powiedzieć.
4. Noc z piątku na sobotę była jasna i ciepła. 5. Dowia-
dywał się pan o te koce? Owszem, panie kapitanie, telefonowałem do majora (major) Rękalskiego kilka razy, ale
nie zastałem go w biurze. Nikt nie odpowiada na telefon.

Niech pan jeszcze raz zatelefonuje. Halo, czy pan major Rękalski? Tak, a kto mówi? Sierżant (sergeant) Zaręba. Dzień dobry panu, słucham pana. Panie majorze, ja w sprawie tych koców, pan nam powiedział, że pan nam może dać sto. Ale nie sto, ja nie mam stu, mam tylko pięćdziesiąt dwa koce w tej chwili. To niedobrze, nam potrzeba koców na dziewięćdziesiąt osiem łóżek. Co tu teraz zrobić. Wiem, że porucznik Nowak miał dostać kilkadziesiąt koców, mówił mi o tym kilka dni temu. On ich teraz nie potrzebuje. O, dziękuję bardzo, czy pan major może mi dać numer (number) jego telefonu? Niech pan czeka, o jest: trzydzieści sześć siedemdziesiąt dwa. Dziękuję bardzo. Do widzenia. Do widzenia panu. 6. Moja babka bała się myszy. 7. Dowiedziałem się dużo ciekawych rzeczy. 8. Tu są kości dla psa, daj mu je. 9. Jechaliśmy przez wieś. Mieszkali na wsi. Dowiedzieliśmy się, że wojsko nieprzyjaciela stało w lasach za wsią. 10. Zna kilkadziesiąt pieśni polskich. Kto napisał muzykę do tej pieśni? Uczniowie żegnali nas pieśnią. 11. Co to za piękna twarz! Na twarzach dzieci nie widziałem radości. Kobieta z twarzą anioła. 12. To bardzo piękna myśl. Wszystkie moje myśli są z wami. Liczył w myśli. Modlił się w myśli. To mi nie przyszło na myśl.

Exercise

Give the Polish for:

1. after the journey
2. in his travels
3. in these villages
4. in this song; in these songs
5. in (na) his face
6. among these things
7. with that idea
8. she told me about it; she was telling me about it; she did not answer me (dative).
9. they did not tell him about it; they told us (related) everything; they replied on Tuesday.
10. it's an important matter; it's another matter; it's an important thing; it's another thing.

Translate into Polish:

1. Can you find out such a thing for (dla) us. 2. It is a

very difficult question. 3. The stars and the moon shine at night. 4. There are mice in this house. 5. The voyage was very pleasant. 6. We were driving at night (use instrumental, no preposition). 7. I have learned that my things are still at the station. 8. I cannot reply to this question. 9. She did not want to tell me that. 10. I read (past) his letter with great joy. 11. Who has replied to this letter? 12. Why don't you answer? 13. They left for the country. They live in the country. 14. We have excellent railways.

Vocabulary

Learn the new nouns and verbs given in the grammar part of this lesson.

bajka, bajki; bajki, bajek, diminutive: *bajeczka,* fable, fairy-tale, story

pytanie, pytania; pytania, pytań, question

radość, radości, feminine, joy, rejoicing

sprawa, sprawy; sprawy, spraw, matter, affair, business, case, problem

potrzebować, potrzebuje, potrzebują, III, czegoś, imperf. (no perf.), to require, to be in need of

potrzeba mi czegoś (an impersonal expression), I need something

ważny, important

co za piękna twarz! what a lovely face!

to niedobrze, that is not so good

w myśli, in one's thoughts, in one's mind

przyszło mi na myśl, it has occurred to me

na wsi, in the country

wyjechać na wieś, to leave for the country

w sprawie (followed by gen.), concerning, in the matter of. . . .

LESSON 34

THE PERSONAL PRONOUN—THE REFLEXIVE PRONOUN—VERBS IN -*nąć*

The instrumental and the locative of the personal pronouns for the first and second persons singular and plural are as follows:

	ja, I	ty, thou	my, we	wy, you
Instr.:	ze mną	z tobą	z nami	z wami
Loc.:	o mnie	o tobie	o nas	o was

Siostra mieszka ze mną.	My sister lives with me.
Kto idzie z tobą do miasta?	Who is going to town with you?
Oni byli za nami.	They were behind us.
Zosia szła przed wami.	Sophie walked before you.

As you already know, the accusative of *ja* is *mię* or *mnie*, of *ty* is *cię*. The same forms serve also as the genitive, e.g.:

Acc.: Ojciec mnie (mię) woła.	Father is calling me.
Gen.: Kto mnie (mię) szukał?	Who was looking for me?
Acc.: Czy on cię zna?	Does he know you?
Gen.: On cię nie zna.	He does not know you.

There exists, however, another form for the pronoun *cię*, viz. the form *ciebie*, which, as a longer word, is used after verbs when emphasis or differentiation between two persons is intended. E.g.:

Acc.: Zna ciebie, ale nie zna twojego brata.	He knows you, but he does not know your brother.
Gen.: Nie ciebie wołałem, ale Janka.	I have not been calling you, but Johnny.

The dative *ci* possesses a similar emphatic variant, viz. *tobie*. As a corresponding variant of *mi* the form *mnie* is used. Thus:

Emphatic:

Dałem książkę tobie, nie twojemu bratu.	I gave the book to you, not to your brother.
(non-emphatic: Dałem ci książkę).	(I gave you the book).

Emphatic:

Mnie on o tym nic nie mówił.	He did not say anything about it *to me*.
(non-emphatic: On mi o tym nic nie mówił).	(He did not say anything about it to me).

It is these longer forms, i.e. for the accusative and genitive *mnie*, *ciebie*, and for the dative *mnie*, *tobie* which are always used with prepositions. Thus: *czekał na mnie, na ciebie*, he was waiting for me, for you; *dla mnie, dla ciebie*, for me, for you; *ku mnie, ku tobie*, towards me, towards you.

There are no variants in the declension of *my, wy*.

Thus the complete declension of the personal pronouns *ja, ty, my, wy* is as follows:

Nom. & Voc.:

ja		ty		my	wy
after verbs	emphatic and preposi- tional	after verbs	emphatic and preposi- tional	after verbs, emphatic and prepositional (no change)	

Acc. & Gen.:

mię	mnie	cię	ciebie	nas	was

Dat.:

mi	mnie	ci	tobie	nam	wam

Instr.:

mną	(ze) mną	tobą	(z) tobą	nami	wami

Loc.:

—	(we) mnie	—	(w) tobie	nas	was

The vocative of personal pronouns, occasionally used for the first and second person in such exclamations as: *O ja nieszczęsny!* What an unfortunate man I am! *Ty niedobre dziecko!* You unkind child!—is the same as the nominative.

The reflexive pronoun *się* is also declined; its case forms, used after verbs and with prepositions, are as follows for both singular and plural:

Acc. & Gen.:   się siebie

Dat.:   sobie
Instr.:   sobą
Loc.:   (o) sobie

The longer form *siebie* is used with prepositions and replaces the *się* when differentiation is intended (comp. *ciebie—cię*). E.g., with verbs:

Acc.:	Rujnujesz się.	You are ruining yourself.
	Rujnujesz siebie i rodzinę.	You are ruining yourself and your family.
Gen.:	Nie słyszę się.	I don't hear myself.
	Ja siebie nie słyszę, choć ty mnie słyszysz.	I (don't) can't hear myself, though you can hear me.
Dat.:	Codzień to sobie powtarzam.	I repeat it to myself every day.

And with prepositions:

Acc.:	Ja płacę za siebie.	I am paying for myself.
Gen.:	Żyje tylko dla siebie.	She lives only for herself.
Dat.:	Ciągnij ku sobie.	Pull towards yourself.
Instr.:	Nie mam pieniędzy ze sobą.	I have no money with me.
Loc.:	Nie myślał o sobie.	He did not think about himself.

In English, however, the use of the pronouns *myself, yourself*, etc., is not limited to their reflexive function. Equally, if not more important is their function of acting as forms of emphasis in apposition to a personal pronoun or a noun to stress the exclusive identity of a person, as for instance in the sentence: *He himself told me* (he as distinct from anybody else, he and nobody else)—or to stress a person's own, unaided performance, as, e.g., in: *He repaired the fence himself* (by own effort, without help from other people, alone). In either meaning, in this non-reflexive use, the adjective *sam, sama, samo* (basic sense—note—*alone*) must be used in Polish, not any form of *się*. E.g.:

Ja sam mu powiedziałem.	I myself (man) told him.
Ja sama mu powiedziałam.	I myself (woman) told him.
(My) sami to zrobiliśmy.	We have made it ourselves (men).
One to same zrobiły.	They (women) made it themselves.

Furthermore, *sam, sama, samo*—as in Polish it is a word separate and distinct from any form of *się*—is frequently added in reflexive sentences to emphasize the reflexive relation; when so added, it qualifies the subject or, occasionally, the reflexive pronoun in the sentence. In this function it may not be readily translatable into English. Compare the following:

Non-emphatic: On sobie szkodzi.   He is doing himself harm.

Emphatic
qualifying the subject:
On sam sobie szkodzi.   He (himself) is doing himself harm.

qualifying the reflexive pronoun:
On samemu sobie szkodzi.   He is doing harm to himself (and to nobody else).

A reflexive pronoun used with the plural of a verb may also express reciprocity, thus corresponding to the English *each other*:

Kochają się.   They are in love with each other (love each other).

Kłócą się ze sobą.   They are quarrelling with each other.

Rozmawiali ze sobą bardzo długo.   They were talking (with each other) for a very long time.

There is a group of third conjugation verbs ending -*nąć* and -*ąć*, like *ginąć*, to perish (vocab. Lesson 32), *ciągnąć*, to pull, to draw, *płynąć*, to flow, to be sailing, swimming to, towards something. These verbs form their present tense in -*nie*, -*ną* (the third persons singular and plural) and are conjugated regularly: *ciągnę, ciągniesz, ciągnie; ciągniemy, ciągniecie, ciągną; płynę, płyniesz, płynie; płyniemy, płyniecie, płyną.* In the past tense the -*ą*- of the ending appears in the singular masculine (derived from the form of the third person: *ciągnął, płynął,* -*nął* being a closed syllable), but changes to -*ę*- in all other forms (derived from the forms: *ciąg-nę-ła, ciąg-nę-ło,* for the third person singular feminine and neuter, and *ciąg-nę-li, ciąg-nę-ły,* third person plural for masculine persons and all others, in which the -*nę*- forms an open syllable). Thus (compare also the conjugation of *wziąć,* p. 171):

Past:
Singular:

Masculine		Feminine		Neuter	
ciągnąłem	płynąłem	ciągnęłam	płynęłam	—	—
ciągnąłeś	płynąłeś	ciągnęłaś	płynęłaś	—	—
ciągnął	płynął	ciągnęła	płynęła	ciągnęło	płynęło

Plural:

Masculine Persons:		All others:	
ciągnęliśmy	płynęliśmy	ciągnęłyśmy	płynęłyśmy
ciągnęliście	płynęliście	ciągnęłyście	płynęłyście
ciągnęli	płynęli	ciągnęły	płynęły

Imperative:

ciągnij	płyń (note the shorter forms: płyń, etc.)
ciągnijmy	płyńmy
ciągnijcie	płyńcie

The verb *zamknąć*, to close, to shut, which is the perfective of the imperfective verb known to you: *zamykać*, and the verb *zacząć*, to begin, to start, the perfective of the imperfective verb: *zaczynać*, are conjugated exactly like *ciągnąć*.

A number of verbs of this type, however, mostly those with a consonant preceding the *-nąć* of the infinitive ending, form their past tense without the *-ną-* element, i.e. their past tense forms are shorter than those of the present tense. For example, the verbs *biegnąć* or *biec*, to run, and *rosnąć* or *róść*, to grow (intransitive only)—which form their present tense regularly from the longer variants of their double infinitives: *biegnę, biegniesz, biegnie, biegniemy, biegniecie, biegną*, and: *rosnę, rośniesz, rośnie, rośniemy, rośniecie, rosną*—in the past tense are conjugated as follows:

Past tense:
Singular:

Masculine		Feminine		Neuter	
biegłem	rosłem	biegłam	rosłam	—	—
biegłeś	rosłeś	biegłaś	rosłaś	—	—
biegł	rósł	biegła	rosła	biegło	rosło

Plural:

Masculine persons: All others:

biegliśmy   rośliśmy   biegłyśmy   rosłyśmy
biegliście   rościście   biegłyście   rosłyście
biegli   rośli   biegły   rosły

Some verbs, e.g. *kwitnąć*, to blossom, to be in bloom, may
have double forms in the past tense, with -*ną*- or without it:
Kwitnął bez. Lilac was in bloom. Or: *Kwitł bez*. The
shorter forms of this verb are more commonly used: *Róże
kwitły*. Roses were in bloom.

The perfectives of the above verbs are:

of ciągnąć	pociągnąć	to pull, give a pull
płynąć	dopłynąć	to reach by sailing, swimming
biec	pobiec	to run to
rosnąć or rość	wyróść	to grow up
kwitnąć	zakwitnąć	to come into bloom

Translate into English:

1. Zacząłem ciągnąć. Zaczęli biec. Zaczęła czytać.
Zaczęliśmy pisać. 2. Mieliśmy wielki ogród, w którym
rosły różne stare drzewa. 3. Dzieci wyrosły. 4. Czas
szybko płynie. Rzeka płynie. 5. Pobiegła do sklepu.
Poszła do sklepu. ˙ Pojechała do sklepu. 6. Chłopcy
pływają w jeziorze. Chłopcy płynęli do drugiego brzegu
jeziora. Chłopcy dopłynęli do drugiego brzegu jeziora.
7. Róże już zakwitły. Wszędzie kwiaty kwitły.
8. Zamknął okno, a potem wziął książkę i zaczął czytać.
9. Zamknij okno. Nie zamykaj okna. Weź płaszcz. Nie
bierz płaszcza. Pobiegnij do sklepu i kup mi gazetę. Nie
biegnij tak szybko pod górę. 10. Ja mu nie chcę szkodzić,
ale on sobie sam szkodzi, bo ze wszystkimi się kłóci.
11. Przede mną dwa statki płynęły po spokojnym morzu.
12. Pomagamy sobie, jak możemy. 13. Oni nie mówią ze
sobą. 14. Wolał powiedzieć tobie niż mnie. 15. Tobie
śpiewam tę pieśń. Sobie śpiewam, nie ludziom (people).
16. Nie gniewaj się na mnie. Nie gniewam się na ciebie,
gniewam się na samego siebie. 17. Czy to dla mnie?
Tak, dla ciebie. O, dziękuję ci! 18. Idziemy do was na
obiad. Byli u nas na obiedzie.

Exercise 1

Sort out by number the following sentences according to the principal functions of the adjective *sam* with which you are now familiar (alone—the same—emphasizing a personal pronoun or a noun: I myself, etc.—emphasizing a reflexive relation):

1. Rozmawiał z samym dyrektorem.
2. Siedzę sama w domu.
3. Sprawa nie była trudna sama w sobie.
4. Ja dostałem to samo pytanie.
5. Nie mogę dzieci samych zostawić.
6. Dla mnie samego ta sprawa nie jest przyjemna.
7. Ja się sama czeszę.
8. Znaj samego siebie.
9. Proszę mi dać drugi taki sam ołówek.

Exercise 2

Put the sentence: *Koń ciągnie wóz* into the plural, present tense, and into the singular and plural, past tense.

Translate into Polish:

1. Flowers grew by (nad) the lake.   2. We were walking along the bank (use the instrumental, no prepos.) of the river; they were in front of us.   3. Children grow fast. 4. The ship was sailing to Poland.   The ship did not reach Poland.   Rivers are flowing to the sea.   5. Let us shut the windows and (let us) begin our work.   6. The sisters were quarrelling with each other.   7. I am swimming (płynąć) towards you (thou).   He was swimming towards me. 8. Who wanted to speak with me?   I wanted to speak with you (thou).   9. He was asking about (*o* with acc.) you (thou).   About me?   Yes, about you all.   10. Pull towards yourself.   11. This tree grows only in warm countries.   12. Run with us.   They were running quickly towards me.

Vocabulary

Learn the pronouns and verbs given in the grammar part of this lesson.

brzeg, brzegu; brzegi, brzegów, bank, shore
statek, statku; statki, statków, ship
kłócić się, kłóci się, kłócą się, kłóć się, IV, imperf., to quarrel

szkodzić, szkodzi, szkodzą, szkódź, IV, komuś, imperf., to harm, to do harm to somebody
szybko, quickly, fast
wszędzie, everywhere
niż, than

LESSON 35

PERSONAL PRONOUN: SUMMARY— *Trzeba, Powinien*—THE TRANSPOSITION OF ENDINGS

In the preceding lesson you have learned the emphatic forms of the personal pronoun for the first and second person singular. The dative, accusative and genitive of the personal pronoun for the third person masculine singular also possess emphatic variants, which are: *jemu* (for *mu*), dative, and *jego* (for *go*), accusative and genitive. Thus:

Dative:

Non-emphatic:

Dałem mu ten list. — I gave him that letter.

Emphatic:

Jemu dała, nie mnie. — She gave it to him, not to me.

Accusative:

Non-emphatic:

Widziałem go wczoraj. — I saw him yesterday.

Emphatic:

Jego widziałem, ale ciebie nie widziałem. — I saw him, but I did not see you.

Genitive:

Non-emphatic:

Nie widziałem go wczoraj. — I did not see him yesterday.

Emphatic:

Jego nie widziałem, ją widziałem. — I did not see him, I saw her.

The instrumental and locative singular for the third person are: masculine and neuter *nim* (one form), feminine *nią, niej*. In the plural the instrumental is *nimi*, the locative *nich*, irrespective of gender. Thus:

Singular:

Instr.:

Cieszę się nim (synem, piórem).	I am pleased with him (the son), with it (the pen).
Cieszę się nią (córką).	I am pleased with her (the daughter).
Mówił z nim (z synem, z dzieckiem), z nią (z córką).	He talked with him (with the son), with it (with the child), with her (with the daughter).

Loc.:

Mówił o nim (o synu, o dziecku), o niej (o córce).	He spoke about him (about the son), about it (about the child), about her (about the daughter).

Plural:

Instr.:

Cieszę się nimi.	I am very pleased with them.
Mówił z nimi.	He talked with them.

Loc.:

Mówił o nich.	He spoke about them.

We can now sum up the forms of the personal pronoun for the third person singular and plural:

Singular:

Masculine:	Feminine:	Neuter:

Nom.:

on			ona		ono		
after verbs:	emph-atic:	preposi-tional:	after verbs and emph.:	prep-osit.:	after verbs:	emph.:	preposi-tional:

Acc.:

go	jego	niego	ją	nią	je	—	nie

Gen.:

go	jego	niego	jej	niej	like the masculine

Dat.:

mu	jemu	niemu	jej	niej	like the masculine

Instr.:

nim	—	nim	nią	nią	like the masculine

Loc.:

—	—	nim	—	niej	like the masculine

Plural:

Masculine persons:			All others:	
Nom.:	oni		one	
	after verbs:	prepositional:	after verbs:	prepositional:
Acc.:	ich	nich	je	nie
Gen.:	ich	nich	like the masc. persons	
Dat.:	im	nim	like the masc. persons	
Instr.:	nimi	nimi	like the masc. persons	
Loc.:	—	nich	like the masc. persons	

Note that *jego, jej, jego* and *ich* are also used as possessive pronouns and adjectives for the third person, meaning *his, her, hers, its, their* and *theirs*, thus corresponding to *mój, twój* and *nasz, wasz* for the first and second person singular and plural. Compare:

Jego szukałem. Jej szukałem.	I was looking for him. I was looking for her.
Jego kapelusz. Jej kapelusz.	His hat. Her hat.

The words *powinien* and *trzeba* express duty, necessity, need for an action. Of the two, *trzeba* is simpler in use. It is an impersonal, non-inflected expression, followed by an infinitive, e.g.:

Trzeba to ugotować.	It needs to be cooked. It had better be cooked.
Trzeba już iść.	We (or: I, the person speaking) had better go, be going now. We have to go now.

Trzeba may be used in the past tense, which is formed by the addition of the verb *było* (past of *być*), and in the future tense, formed by the addition of the verb *będzie* (future of *być*). Thus:

Trzeba było to ugotować.	It had to be cooked. Or: It should have been cooked or: I had to cook it.
Trzeba będzie to powtórzyć.	It will need to be repeated. It will have to be repeated.

Powinien is an adjective, comparable to the English *obliged, bound to*. It has therefore the usual three forms for the three genders in the singular, viz.: *powinien, powinna, powinno*, and two forms in the plural: *powinni* (masc. persons), *powinny* (all others). These forms, without the verb *jest, są*, which is omitted, are used for the third persons in the present tense to mean: *he, she, it, they ought to, should*.

Thus:

On to powinien wiedzieć.	He ought to know it.
Ona powinna dzisiaj wyjechać.	She ought to leave to-day.
Pióro powinno być na biurku.	The pen should be on the desk.
Powinni jej pomóc.	They ought to help her.
Dzieci powinny iść spać.	The children ought to go to bed.

In the first and second persons singular and plural, however, an interesting thing takes place: the adjective takes the verbal endings, viz., the endings of the present tense of *być*. Thus:

Singular:

Masculine:	Feminine:		
powinienem	powinnam	(jest-e-m)	I ought to (man, woman)
powinieneś	powinnaś	(jest-e-ś)	thou oughtest to (man, woman)

Plural:

powinniśmy powinnyśmy (jeste-śmy)   we ought to (men,
women)
powinniście powinnyście (jeste-ście)   you ought to (men,
women)

The past tense is formed from the present by the addition of a form of the third person of the past tense of *być*, i.e., *był, była, było, byli, były*, according to gender and number. Thus:

Past tense:

  Singular:

Masculine: Feminine: Neuter:
powinienem był   powinnam była   —
  I should have, I ought to have (done something)
powinieneś był   powinnaś była   —
  thou shouldst have . . .
powinien był   powinna była   powinno było
  he, she, it should have . . .

  Plural:

Masc. persons: All others:
powinniśmy byli   powinnyśmy były
         we should have . . .
powinniście byli   powinnyście były
         you should have . . .
powinni byli   powinny były
         they should have . . .

Note also the impersonal expressions: *powinno się*, one ought to, *powinno się było*, one ought to have. . . .

The fusion of the endings of the verb *być* with the adjective *powinien* gives us an opening for the discussion of a very characteristic and very frequent phenomenon in the conjugation of a Polish verb: in the past tense the endings of the first and second persons singular and plural can be detached from the verb and added to the personal pronoun, to an interrogative, or to some other part of speech which is stressed in the sentence. Let us take the sentence:

Ty tam byłaś wczoraj. You (to a woman) were there yesterday.

In colloquial speech, in informal writing, a Pole will certainly say: Tyś tam była wczoraj, transferring the final -ś of byłaś to the personal pronoun ty. The sentence: Kiedy wróciliście? When did you (to several people) come back? will be changed to: Kiedyście wrócili?

Study some more examples:

Dlaczegoście wrócili? (dlaczego wróciliście)	Why did you come back?
Kogoś widział? (kogo widziałeś)	Whom did you see?
Pytasz się, cośmy robili? (co robiliśmy)	You are asking what we were doing?
W szkoleście nie były? (w szkole nie byłyście)	You have not been to school?
Dobrześ to zrobił. (Dobrze to zrobiłeś.)	You have made it well.

When you now turn back to page 141 and read again the second and third song given there, you will understand that the words coś błyszczała are an instance of this transposition of the ending, that coś is not *something*, but co plus the ś of the verbal form błyszczałaś; gdym ja ujrzał takes place of gdy ja ujrzałem; cóżeś ty za pani is somewhat more difficult as the verb jest is left out, it should read: cóżeś ty jest za pani, which, without the transposition, would be: cóż (another form of co) ty jesteś za pani.*

Learn the names of the months (which are not written with an initial capital letter in Polish):

styczeń	stycznia	January	w styczniu	in January
luty	lutego†	February	w lutym	in February
marzec	marca	March	w marcu	in March
kwiecień	kwietnia	April	w kwietniu	in April
maj	maja	May	w maju	in May

* This, therefore, is an example of the transposition of endings in the *present* tense; in the present, however, it is possible only with the verb *być*, a form of which in the singular may, and in the plural must be omitted so that only the transposed ending remains, e.g.: *Tyś (jest) zawsze ostatni.* You are always the last. *Zdrowiście?* Are you (in good health) keeping well? *Zdrowiśmy, dziękuję.* We are well, thank you.

† Declined as adjective.

czerwiec	czerwca	June	w czerwcu	in June
lipiec	lipca	July	w lipcu	in July
sierpień	sierpnia	August	w sierpniu	in August
wrzesień	września	September	we wrześniu	in September
październik	października	October	w październiku	in October
listopad	listopada	November	w listopadzie	in November
grudzień	grudnia	December	w grudniu	in December

do stycznia	until January	przez wrzesień	through September
do marca	until March	przez cały maj	all through May
do lutego	until February	przez luty	through February

od stycznia	from January	w ciągu lutego	during February
od czerwca	from June	w ciągu sierpnia	during August
od grudnia	from December	w ciągu kwietnia	during April

Którego (i.e. dnia) dziś mamy?	What day is it to-day?
Pierwszego stycznia.	The first of January.
Piętnastego maja.	The fifteenth of May.
Dwudziestego drugiego sierpnia.	The twenty-second of August.
sobota, dnia szesnastego listopada	Saturday, November 16th
w sobotę, dnia szesnastego listopada	on Saturday, November 16th
ósmego lipca w dniu ósmym lipca }	on the eighth of July

Translate into English:

1. Powinienem był to skończyć w listopadzie. 2. Te barwy się ze sobą nie godzą—powinnaś zmienić ten żółty kolor na niebieski. 3. Ja nie chcę z nim jechać do Warszawy. Ale powinieneś! 4. Zrobiło się ciemno i trzeba było wracać na deszczu i po błocie. A widzisz, mówiłam ci, powinniście byli wziąć parasol. 5. Pracowałam z nimi przez całą jesień, to jest do grudnia. 6. Trzeba się zacząć ubierać, już późno. 7. Nie myśl o nim. Pewnie myśli, że jej dobrze w tym kolorze. 8. Rzeczy powinny były przyjść wczoraj, trzeba zatelefonować i spytać się o nie.

9. Nie trzeba płakać, moja droga, robimy co tylko można, aby im pomóc. 10. Jej pan mógł powiedzieć, ale jemu nie powinien pan był mówić. 11. W tym roku grusze kwitły w maju, w zeszłym roku w kwietniu. 12. Nie myśli pan, że trzeba tam będzie z nią pojechać? Kiedy? Może w lipcu, albo z końcem czerwca? Dobrze, może dwudziestego dziewiątego czerwca, w niedzielę? 13. Lepiej to zrobić w jesieni niż w lecie. 14. Trzeba zmienić pieniądze. Zmień mi książkę. 15. Na początku było słowo. 16. Zacznij jeszcze raz od początku.

Translate into Polish:

1. What were you thinking about? 2. I am very fond of the colours (barwa) of autumn. This colour suits you. 3. She should have changed these towels. He should have gone away in September. 4. All the workers should go to the meeting. All the (girl) pupils ought to have white collars. 5. We had better hurry. It was necessary to hurry. It will be necessary to hurry (use *trzeba* in all these sentences). 6. What do you think about it? 7. Autumn is drawing near, the golden Polish autumn. 8. We (men) should be ready in the first days of February. 9. She hasn't changed (add *się*) at all. 10. I wrote to him, to her, to them, in March. 11. Don't think that I am afraid of you (thou). Don't think that we are afraid of you (to several people). 12. I was there from March to June. 13. He laughed at them. He was surprised at them. He was running towards them. 14. He was looking at her. She was looking at him, at them. 15. We stayed with (u) them from the beginning of May till the end of July.

Vocabulary

Learn the pronouns, verbs and nouns given in the grammar part of this lesson.

barwa, barwy; barwy, barw, colour, hue

kolor, koloru; kolory, kolorów, colour

jesień, jesieni, fem., autumn

koniec, końca; końce, końców, end

początek, początku; początki, początków, beginning

będzie (he, she, it) will be

*myśleć, myśli, myślą, myśl,
IV*, imperf., to think (*o
kimś, o czymś*, about
somebody, about some-
thing)
zmieniać, I, imperf.; *zmie-*

nić, IV, perf., *na coś*, to
change for
*z początkiem, z końcem
marca*, at the begin-
ning, towards the end
of March

LESSON 36

NEUTERS IN *-ę*—VERBS: *nieść, wieźć*—NUMBERS

There is a group of neuter nouns in Polish which in the
nominative singular end in *-ę*. These nouns take the same
endings as neuter nouns in *-e*, with this important difference,
however, that their stem is lengthened before the addition
of the ending. Thus nouns in *-mię* form their genitive
singular in *-mienia* (gen. ending: *-a*), other case endings of
the singular being added to that longer stem (dat. and loc.:
-mieniu, instr.: *-mieniem*). In the plural the lengthening
particle changes to *-mion-* and to this the usual case endings
are added (nom., acc. and voc. plural: *-miona*, dat. *-mionom*,
etc.). Nouns which in the nominative singular have the *-ę*
preceded by some other consonant (e.g. *-rzę, -czę*, see below)
form the genitive singular in *-ęcia*, the nominative plural in
-ęta. Learn the declension of the following nouns:

imię	ramię	zwierzę	dziewczę
Christian name	arm	animal	young girl, maiden

Singular:

Nom., Voc. and Acc.:

imię	ramię	zwierzę	dziewczę

Gen.:

imienia	ramienia	zwierzęcia	dziewczęcia

Dat. and Loc.:

imieniu	ramieniu	zwierzęciu	dziewczęciu

Instr.:

imieniem	ramieniem	zwierzęciem	dziewczęciem

Plural:

Nom., Voc. and Acc.:

imiona	ramiona	zwierzęta	dziewczęta

Gen.:

imion	ramion	zwierząt	dziewcząt

Dat.:

imionom	ramionom	zwierzętom	dziewczętom

Instr.:

imionami	ramionami	zwierzętami	dziewczętami

Loc.:

imionach	ramionach	zwierzętach	dziewczętach

For the change ę/ą in zwierzęta/zwierząt, dziewczęta/dziewcząt, compare the change in święto: święta/świąt (p. 26).

The English verb *to carry* has two correspondents in Polish: *nieść* and *wieźć*. *Nieść* means to carry in one's hands, in one's arms, on one's back, *wieźć* means to carry, to be bringing something with oneself in a vehicle, when travelling. Learn the conjugation of these two verbs:

Present:

Singular:	niosę	wiozę
	niesiesz	wieziesz
	niesie	wiezie

Plural:	niesiemy	wieziemy
	niesiecie	wieziecie
	niosą	wiozą

Imperative:	nieś	wieź
	nieśmy	wieźmy
	nieście	wieźcie

Past:

Singular:	Masculine:		Feminine:		Neuter:	
	niosłem	wiozłem	niosłam	wiozłam	—	—
	niosłeś	wiozłeś	niosłaś	wiozłaś	—	—
	niósł	wiózł	niosła	wiozła	niosło	wiozło

Plural: Masculine persons: All others:
            nieśliśmy   wieźliśmy   niosłyśmy   wiozłyśmy
            nieśliście wieźliście   niosłyście wiozłyście
            nieśli   wieźli   niosły   wiozły

The perfectives of *nieść, wieźć* are: *przynieść, przywieźć*.

It is rather illuminating to compare the verbs *iść* and *jechać* with *nieść* and *wieść*. *Iść* and *nieść*, and *jechać* and *wieźć* go together, the first pair of verbs implying movement and transportation by natural means, the second movement and transportation by some kind of a vehicle.

Learn the following cardinal and ordinal numbers:

200 dwieście	Nom. for	dwustu
300 trzysta	masc.	trzystu
400 czterysta	persons,	czterystu
500 pięćset	the genit.	pięciuset
600 sześćset	and all	sześciuset
700 siedemset	other	siedmiuset
800 osiemset	cases:	ośmiuset
900 dziewięćset		dziewięciuset
kilkaset, several hundred		kilkuset

1,000 tysiąc ⎱ are declined as nouns
1,000,000 milion ⎰

            200th   dwusetny or dwóchsetny
            300th   trzechsetny
            400th   czterechsetny
            500th   pięćsetny
            600th   sześćsetny
            700th   siedemsetny
            800th   osiemsetny
            900th   dziewięćsetny
          1,000th   tysięczny
      1,000,000th   milionowy

Pięćset, sześćset and *dziewięćset* are pronounced in colloquial Polish *pieńcet, szejset, dziewieńcet*.

The words *hour* and *o'clock* are both translated into Polish by the noun *godzina*. Thus we say: *dwie, trzy, cztery godziny*, two, three, four hours, *pięć, sześć, dziesięć godzin*, five, six, ten hours, and *druga, ósma, dwunasta godzina*, two, eight, twelve o'clock.   Learn the expressions of time with the noun *godzina*:

Która godzina?	O której godzinie?
What time is it?	At what time?
Druga, siódma, dziesiąta.	O drugiej, o siódmej, o
Two, seven, ten o'clock.	dziesiątej (godzinie).
	At two, seven, ten o'clock.
Wpół do drugiej, wpół do piątej, wpół do dziewiątej (literally: a half towards 2, 5, 9).	O wpół do drugiej, o wpół do piątej, o wpół do dziewiątej.
Half past one, four, eight.	At half past one, four, eight.
Kwadrans po drugiej.	Kwadrans po drugiej.
A quarter past two.	At a quarter past two.

Or:

Piętnaście po drugiej.	Piętnaście po drugiej.
Fifteen (minutes) past two.	At fifteen minutes past two.

Or:

Kwadrans na trzecią.	O kwadrans na trzecią.
A quarter past two (lit.: towards three).	At a quarter past two.
Za kwadrans druga.	Za kwadrans druga.
A quarter to two.	At a quarter to two.

Or:

Za piętnaście druga.	Za piętnaście druga.
Fifteen (minutes) to two.	At fifteen (minutes) to two.

Or:

Trzy (kwadranse) na drugą.	O trzy na drugą.
A quarter to two (lit.: three quarters towards two).	At a quarter to two.
Dwie minuty po czwartej.	Pięć, dziesięć po piątej.
Two minutes past four.	Five, ten past five.
Za dwie minuty szósta.	Za pięć, za dziesięć szósta.
Two minutes to six.	Five, ten to six.

The date of the year reads in Polish as follows:

the year 1945   rok tysiąc dziewięćset (cardinals) czterdziesty piąty (ordinals).

in the year 1945   w roku tysiąc dziewięćset (non-declined) czterdziestym piątym (declined).

Translate into English:

1. Chłopcy i dziewczęta. W naszej szkole dziewczęta uczą się razem z chłopcami. 2. W naszej szkole jest dwustu piętnastu chłopców i dwieście czternaście dziewcząt. 3. Posłaliśmy im dwa tysiące siedemset trzydzieści osiem książek, dziesięć tysięcy papierosów i dziewięćset dwadzieścia dwie paczki z gazetami i pismami. 4. Brat wczoraj przyjechał ze wsi i przywiózł mi kosz tych wspaniałych gruszek. 5. Zmęczona jestem, bo niosłam tę ciężką paczkę, a dzisiaj tak gorąco. 6. Idę do miasta, może ci co przynieść? O jak to dobrze, herbata mi* się skończyła i zapomniałam rano kupić, przynieś mi paczkę herbaty. 7. Jędrek jedzie jutro autem do Warszawy i pyta się, co ci przywieźć. 8. Dwaj panowie spotykają się w pociągu. Dzień dobry panu. Dzień dobry—gdzie pan jedzie? Jadę do rodziny, żona z córkami jest na wakacjach. Na długo pan jedzie? Tylko na niedzielę, ale mam kilka walizek, wiozę żonie różne rzeczy, których na wsi nie mogła dostać i—niech pan patrzy—co też wiozę. Piesek! Jaki śliczny! Ładny, prawda? Wiozę go mojemu małemu synkowi, który bardzo lubi zwierzęta. 9. Jak się pan nazywa? Kowalski. Imię i nazwisko proszę. Andrzej Kowalski. 10. Wziął syna w ramiona. 11. Nie mogę nawet ruszyć prawym ramieniem. 12. Siostra przywiozła dziewczętom materiał na sukienki, była wielka radość. 13. Mamusiu, przywieźli stół. 14. Ten płaszcz jest za szeroki w ramionach. 15. Wojna skończyła się w roku tysiąc dziewięćset osiemnastym. Wojna zaczęła się w roku tysiąc osiemset siedemdziesiątym pierwszym.

Exercise

1. Put the following two sentences into the plural, present tense, and into the singular and plural, masculine and feminine, past tense:

* See remarks on the dative construction, p. 109.

Wiezie drzewo z lasu.
Niesie kosz jabłek z ogrodu.

2. Jakie zwierzęta znasz? (give all the names of animals you have learned so far).

3. Give the Polish for:

> at four o'clock—at twelve o'clock—at three o'clock.
> five o'clock—one o'clock—nine o'clock.
> half past two—at half past nine.
> a quarter to five—ten minutes past five.
> a quarter past three—five minutes to six.

Translate into Polish:
1. What is she carrying? 2. My daughters (translate: girls) are very fond of apples and pears. 3. All the children in my family have Polish (Christian) names. 4. Who brought this parcel? What is in this parcel? 5. I am not afraid of animals. 6. What have you (thou, man) brought me from London? What have you (thou, woman) brought me from town? 7. We had to (trzeba) leave the car (use 3 nouns) by (przy) the road(side). 8. In the year 1617, 1492, 1066; the year 1525, 1781, 1315. 9. Bring me a glass of water. When did they bring this wardrobe? 10. They (man and woman) came by car (instr.), very tired, they were on the road (translate: were driving) five hours, and the roads were bad. 11. The forests are full of animals and birds. 12. He has two (Christian) names, John Andrew. 13. What are you sending them for Christmas? I have already sent them 2,000 cigarettes and a few books. 14. It is an old Polish surname. 15. I felt very tired about (koło) five o'clock in the afternoon.

Vocabulary

Learn the nouns, verbs and expressions given in the grammar part of this lesson.

posyłać, I, imperf.; *posłać*, perf., to send

auto, auta; auta, aut, or: *samochód, samochodu; samochody, samochodów*, or (in everyday speech): *wóz*, motor car, automobile, car

gruszka, gruszki; gruszki, gruszek, pear

nazwisko, nazwiska; na-
zwiska, nazwisk, sur-
name, family name
paczka, paczki; paczki, paczek,
parcel; packet
imię i nazwisko, name and
surname
zmęczony, zmęczeni, tired

czuję się zmęczony, I feel tired
ruszać ręką, to move one's
hand
z początku, at first
(comp. Voc., L. 35)
nawet, even
Andrzej, Andrew, diminutive: *Jędrek*

LESSON 37

NOUNS WITH IRREGULAR PLURAL—PLURAL NOUNS—PERFECTIVES—THE USE OF *nie ma*—PAST TENSE AFTER NUMBERS

The nouns *brat,* brother, *ksiądz,* priest, *człowiek,* a human being, man, which are declined regularly in the singular (but note: the vocative singular of *ksiądz* is *księże*), have special forms in the plural: *bracia, księża,* with an implication of the collective sense, while the plural of *człowiek* —*ludzie*—is formed from an entirely different root. Thus:

brat	ksiądz	człowiek	Compare: dziecko, child
Plural: Nom., Voc.:			
bracia, brothers, brethren	księża, priests	ludzie, people, men and women	dzieci, children
Gen., Acc.:			
braci	księży	ludzi	dzieci
Dat.:			
braciom	księżom	ludziom	dzieciom
Instr.:			
braćmi	księżmi	ludźmi	dziećmi
Loc.:			
o braciach	księżach	ludziach	dzieciach

The noun *rok*, year, uses as its plural the word *lata*, a regular neuter noun, declined as, e.g. *pióra*. Thus: *ten rok*, that year, *te lata*, those years; *pierwszy rok*, the first year; *dwa lata*, two years, *pięć lat*, five years, etc. Note that the singular *lato* means *summer*.

To express age, the noun (*rok*), *lata* is used in Polish with the verb *mieć*, to have, not the verb *to be*, as in English. E.g.:

Dziecko ma rok, dwa lata,   The child is a year, two
   sześć lat.   years, six years old.
Mam trzydzieści lat.   I am thirty.

Masculine nouns in -*anin*, like *warszawianin*, a Varsovian, declined regularly in the singular (gen. and acc.: *warszawianina*, dat. *warszawianinowi*, etc.) drop the -*in* of the -*anin* ending in the plural. Thus: nom. and voc. *warszawianie*, gen. and acc. *warszawian*, dat. *warszawianom*, etc.

The irregular plural and the existence of double forms for certain cases of that number in the declension of *oko*, eye, *ucho*, ear, and *ręka*, hand, are explained by the fact that the plural forms of these nouns as we have them to-day are the result of a fusion of the normal case endings for the plural and of the endings of an old dual number which once existed in Polish for nouns denoting dual organs. Thus:

oko	ucho	ręka

Plural:

Nom., Voc., Acc.:

oczy	uszy	ręce

Gen.:

oczu or oczów	uszu or uszów	rąk

Dat.:

oczom	uszom	rękom

Instr.:

oczyma or oczami	uszyma or uszami	rękoma or rękami

Loc.:

w oczach	uszach	rękach

There is a considerable number of nouns in Polish which have only plural forms, e.g. *drzwi*, door (originally: double doors—*dwoje, troje drzwi*, two, three doors, like *dwoje, troje dzieci*); *spodnie*, trousers; *nożyczki*, scissors (*dwie pary spodni, dwie pary nożyczek*, two pairs of trousers, two pairs of scissors), etc. These are declined regularly.

You have learned before that the perfective of *mówić* is *powiedzieć*, a verb of an entirely different root. There are a few more instances of imperfectives having their perfective correspondents of another root, e.g.: *kłaść na*, to be putting (down) on, perfective: *położyć na*, to lay, to put (down) on; or *kłaść do* (also: *wkładać do*), to be putting in—perfective: *włożyć do*, to lay, to put in. The imperfective *wkładać* and the perfective *włożyć* (implied: *na siebie*, on oneself) are also used in the sense *to put on (clothes)*. *Kłaść się, położyć się* mean *to lie down, to go to bed*.

Imperfective: kłaść	Perfective: położyć—włożyć
Zawsze kładłem zegarek tu na stole.	Położyłem zegarek tu na stole.
I always used to put my watch here on the table.	I have put my watch here on the table.
Zwykle kładłem (wkładałem) zegarek do tej kieszeni.	Włożyłem zegarek do kieszeni.
I used to put my watch in this pocket.	I have put the watch in my pocket.
Nie kładź tu zegarka.	Połóż tu zegarek.
Don't put your watch here	Put the watch here.
	Włóż płaszcz, zimno jest.
	Put your coat on, it is cold.
Kładliśmy się wcześnie.	Położyliśmy się wcześnie.
We used to go to bed early.	We went to bed early.

Widzieć, to see, has two perfectives: *zobaczyć*, to catch sight of, and *ujrzeć*, a word used more in literature than in daily usage. Thus:

widzieć

zobaczyć—ujrzeć

Widziałem go, jak szedł pod górę.

I saw him walk (watched him as he was walking) up the hill.

(no imperfective)

Zobaczyłem go znowu, gdy wyszedł z cienia.

I saw him (caught sight of him) again, when he walked out of the shadow.

Zobacz, kto przyszedł.

See who has come.

I ujrzeli aniołów niebieskich . . .

And they saw heavenly angels . . .

You know the expression *nie ma* which, as a negative expression, is always followed by the genitive; if followed by a genitive singular it means *there is not, is not*, if followed by a genitive plural it means *there are not, are not*. Thus:

Ojca nie ma w domu.	Father is not at home (is out).
Córki nie ma w domu.	My daughter is not at home (is out).
Czy zastałem pana doktora? Nie, pana doktora nie ma w domu.	Is the doctor at home? No, the doctor is out.
Nie ma ani jednej zapałki w tym pudełku.	There is not a single match (left) in this box.
Nie ma zapałek w domu.	There are no matches in the house.
Nie ma żadnych jarzyn.	There are no vegetables.

The past of *nie ma* is *nie było*, the future *nie będzie*:

Ojca nie było w domu.	Father was not at home (was out).
Nie było ani jednej zapałki.	There was not a single match.
Żadnych listów dziś nie było.	There have been no letters to-day.
Jutro ojca nie będzie w domu.	Father will not be at home to-morrow.
We wtorek nie będzie zebrania.	There will be no meeting on Tuesday.

| W lipcu nie będzie lekcyj* angielskiego. | There will be no lessons of English in July. |

Note the use of *nie ma, nie było, nie będzie* with personal pronouns:

Nie było mnie w domu.	I was not at home. I was out.
Nie było nas w domu.	We were not at home. We were out.
Nie będzie nas w domu.	We shall not be at home. We shall be out.
Nie będzie go w domu.	He will not be at home. He will be out.

Another impersonal expression is *wolno*, it is permitted, one is allowed, the person allowed to do something being put in the dative.   The past and future are formed with *było, będzie.*   Thus:

| Tego nam nie wolno robić. | We are not allowed to do that.   We must not do that. |
| Nie wolno mi było jeść mięsa. | I was not allowed to eat meat. |

After numbers from *pięć* up and numerical expressions, like *dużo, mało, kilka, kilkanaście, kilkadziesiąt*, etc., the verb for the past tense is put in the third person singular neuter. Thus:

Present:	Past:
Jest pięć osób.	Było pięć osób.
There are five (persons) people.	There were five people.
Wraca sześciu nauczycieli.	Wróciło sześciu nauczycieli.
Six (men) teachers are coming back.	Six (men) teachers have come back.
Wraca sześć nauczycielek.	Wróciło sześć nauczycielek.
Six (women) teachers are coming back.	Six (women) teachers have come back.
Siedmiu nas idzie.	Siedmiu nas poszło.
Seven of us (men) are going.	Seven of us (men) went.

* For the ending -*yj* compare footnote on p. 126.

Siedem nas idzie.
Seven of us (women) are going.

Siedem nas poszło.
Seven of us (women) went.

Pracuje kilku, kilkunastu, kilkudziesięciu ludzi.

Pracowało kilku, kilkunastu, kilkudziesięciu ludzi.

Several, a number (between 11-19), a few score of men are working.

Several, a number (between 11-19), a few score of men were working.

Pracuje kilka, kilkanaście, kilkadziesiąt kobiet.

Pracowało kilka, kilkanaście, kilkadziesiąt kobiet.

Several, a number, a few score of women are working.

Several, a number, a few score of women were working.

Troje, pięcioro nas jest.
There are three, five of us (brothers and sisters at home).

Troje, pięcioro nas było.
There were three, five of us (brothers and sisters at home).

Translate into English:

1. Przez pięć lat nie miałam żadnej wiadomości o moich braciach, nie wiedziałam, czy żyli, czy byli zdrowi, gdzie byli, co robili, nic, zupełnie nic. 2. Ile lat ma pana brat? Ja mam dwóch braci, jeden ma dwadzieścia lat, a drugi dwadzieścia trzy. 3. W ciągu (in the course of) tych wojen zginęło kilkanaście milionów ludzi. 4. Żadnego z księży nie było jeszcze w kościele. 5. Nie trzymaj rąk w kieszeni. 6. Widzimy oczyma, słyszymy uszyma. 7. Uszom nie wierzę. 8. Włożyłam list do paczki, nie wiedziałam, że listów w paczkach posyłać nie wolno. 9. Kilkudziesięciu ludzi było tak zmęczonych, że położyli się pod drzewami przy drodze i nie chcieli iść dalej (any further). 10. Warszawianom nie wolno było wyjść z domu po szóstej wieczór. 11. Włożył spodnie na siebie i dopiero wtedy zobaczył, że były na (for) niego za długie. 12. Zdziwiłem się, gdy zobaczyłem, że klucza nie było w drzwiach. 13. Czy ksiądz Zaleski będzie jutro w domu o trzeciej? 14. Przyniosłeś mi nożyczki? Tak, przyniosłem, mam w kieszeni w płaszczu. 15. Człowiek ma dwoje oczu, dwoje uszu, dwie ręce i dwie nogi. 16. W prawej kieszeni miałem

zegarek, a w lewej zapałki.   17. Wszyscy księża tu to
Polacy.

Translate into Polish:

1. Do you hear?   Listen—the clocks are striking.   2. A
healthy animal eats anything (translate: everything).
3. One of his brothers was a priest.   4. The door to the
garden was open.   5. I am putting the scissors into this box.
6. People are waiting for the news.   7. We were not
allowed to smoke at (przy) work.   8. For (przez) six years
people had no news about their families.   9. I received this
watch from my mother two years ago.   10. She has lovely
blue eyes.   11. My brothers and sisters are in Poland.   My
brothers will not be at home to-morrow.   12. The priests
were helping the people.   13. In which hand are you hold-
ing the scissors, in the right or the left?   14. They were in
England six years.   15. I put my hand in my pocket—
there is no money!   16. What are you doing?   I am press-
ing your trousers.   17. There is a hole in this pocket.
18. Where does one put the matches?   Where did you put
the matches?   19. See what time it is.   20. Man lives only
a few score years.

Vocabulary

Learn the new nouns, verbs and expressions given in the
grammar part of this lesson.

*kieszeń, kieszeni; kieszenie,
  kieszeni,* fem., pocket
*zapałka, zapałki; zapałki,
  zapałek,* match
*zegarek, zegarka; zegarki,
  zegarków,* watch
*wiadomość, wiadomości;
  wiadomości, wiadomości,*
  fem., news

trzymać, I., imperf., to hold,
  to keep
zdrowy, healthy, in good
  health
dopiero wtedy, only then
dwa lata temu, two years ago
pięć lat temu, five years ago

LESSON 38

FOURTH CONJUGATION—ASPECTS: THE ITERATIVE AND SEMELFACTIVE VERBS

Verbs of the fourth conjugation with infinitives ending in

-sić	e.g. prosić, to ask for, to beg
-zić	grozić, to threaten
-ścić	czyścić, to clean
-ździć	jeździć, to go, drive, travel (regularly, frequently); to run (with ref. to trains, buses, etc.)

preserve the soft consonants before the endings *-isz*, *-i*, *-imy*, *-icie* of the present tense, i.e. in the second and third persons singular and the first and second persons plural, but before the endings *-ę*, *-ą* of the first person singular and the third person plural change the

$$ś \ (= s \text{ before the following i}) \text{ to sz}$$
$$ź \ (= z \text{ before the following i}) \text{ to ż}$$
$$ść \ (= śc \text{ before the following i}) \text{ to szcz}$$
$$ździ \ (= ździ \text{ before the following i}) \text{ to żdż.}$$

Thus they are conjugated in the present tense as follows:

prosić	grozić	czyścić	jeździć
proszę	grożę	czyszczę	jeżdżę
prosisz	grozisz	czyścisz	jeździsz
prosi	grozi	czyści	jeździ
prosimy	grozimy	czyścimy	jeździmy
prosicie	grozicie	czyścicie	jeździcie
proszą	grożą	czyszczą	jeżdżą

Imperative:

proś	groź	czyść	(jeźdź
prośmy	groźmy	czyśćmy	jeźdźmy
proście	groźcie	czyśćcie	jeźdźcie)

The past tense is formed normally from the infinitive, e.g. *prosiłem, prosiłeś, prosił, prosiliśmy, prosiliście, prosili; jeździłam, jeździłaś, jeździła, jeździłyśmy, jeździłyście, jeździły.*

Verbs in *-sieć*, like *musieć*, to have to, must, are conjugated like *prosić*, i.e.: *muszę*, I must, *musisz, musi, musimy, musicie, muszą* (no imperative); past regularly: *musiałem*, I had to, *musiałeś, musiał, musieliśmy, musieliście, musieli.*

The perfectives of these verbs are as follows:

prosić — poprosić
grozić — zagrozić
czyścić — oczyścić or wyczyścić
jeździć — no correspondent, see p. 214
musieć — no correspondent

We have been studying for some time now the imperfective and perfective aspects of the Polish verb, more particularly their use in the past tense. As a repetition, consider the following two sentences illustrating these two aspects of the verb *to write*:

Pisał list (imperfective).   He was writing a letter.

What do you see? A man sitting at the table, pen in hand, a sheet of paper in front of him, he is writing on it; there is perhaps another sheet covered with his writing at his side, but the letter is not finished yet, it is still in the course of being written and the man is in the course of writing it.

Napisał list (perfective).   He has written the letter.

What do you see? You may see a letter in a sealed and stamped envelope lying on the table ready for posting—or else, you may picture it already somewhere on the way to or at its destination—because by the form *napisał* you know that the letter has been finished.

The form of the imperfective past expresses, we repeat (comp. p. 100), with most verbs, an unfinished action, an action in progress or an habitual action, thus, e.g. *kupowałem* may mean *I was buying* or *I used to buy*. There is, however, a small group of verbs in Polish which possess special forms to express a regularly repeated action. Such forms are called iterative or frequentative verbs and constitute a variety of the imperfectives. With the use of an iterative special stress is put on the repetitive character of the action, without consideration of its completion, non-completion or duration, as in the perfective and imperfective aspects.

The verbs *pisać* and *czytać* both have iterative forms which are: *pisywać* and *czytywać*. Thus:

Pisywał do rodziców co dwa tygodnie.	He used to write to his parents every fortnight (regularly).

Compare *pisywał* with *pisał* and *napisał*, above.

Now compare the present tense of *czytać* and *czytywać*:

Ona czyta teraz to pismo.	She is reading that paper now.
Ona czytuje wszystkie pisma ilustrowane.	She reads (as a rule, is in the habit of reading) all illustrated papers.

You have become acquainted with the verbs:

iść and nieść—to go (on foot) and to carry, to be bringing something on one's person;

jechać and wieźć—to go (by some means of transport) and to carry, to be bringing something with one in a vehicle.

The intrinsic sense of these verbs is *to be on one's way to* some destination (iść, jechać *do* . . .) and to be carrying, transporting some objects, parcels, luggage, etc., *to* some destination (*nieść, wieźć do* . . .) or *for* somebody (*nieść, wieźć komuś* or *dla kogoś*). These verbs cannot therefore express the idea of a repeated or habitual action. This idea is expressed by their frequentative (or iterative) correspondents, which are:

for iść and nieść — chodzić and nosić
for jechać and wieźć — jeździć and wozić

Chodzić is a regular verb of the fourth conjugation, *nosić* and *wozić* are conjugated exactly like *prosić* and *grozić*, the conjugation of *jeździć* is given above. When destination is not specified, *chodzić* means to walk, e.g. *On teraz dobrze chodzi.* He walks well now. *Chodzić do kogoś* implies regular visiting.

Compare the following two sentences and note the entirely different meaning or implication expressed by *iść* and *chodzić*:

Dziecko idzie do szkoły.	The child is going to school. (The child is on its way to school.)
Dziecko chodzi do szkoły.	The child goes to school. (The child is already school-age and attends school.)

Compare now the use of *jechać—jeździć, nieść—nosić, wieźć—wozić*:

Mąż widocznie jechał tym samym pociągiem co pan.	My husband was apparently (travelling) on the same train as you.
W zeszłym roku mąż jeździł do biura koleją, ale teraz mamy auto, więc jeździ autem.	Last year my husband went to the office (regularly) by train, but now we have a car, so he goes (regularly) by car.
Co on niesie?	What is he carrying?
On zawsze nosi parasol.	He always carries an umbrella.
Wiózł żonie suknię z Paryża i nie zgłosił na cle.	He was bringing his wife a dress from Paris and did not declare it at the customs.
Przez cały dzień wczoraj woził buraki z pola.	All day yesterday he was carting beetroot from the field.

Nosić is also used in the sense *to wear clothes*, e.g.: Ty jeszcze nosisz ten płaszcz? You are still wearing this overcoat?

The four verbs which we have just learned, may take prefixes which modify their meaning: *przychodził* means he used to come (here, from somewhere), *przynosił, przywoził*, he used to bring (here, from somewhere, on his person or by some means of transport), *wychodził* means he used to leave, he was leaving, going out, etc. *Jeździć* changes to *-jeżdżać* before the prefixes, thus *przyjeżdżał*, *wyjeżdżał*, he used to come, to arrive, he used to leave (by some means of transport). *Przyjeżdżać, wyjeżdżać* are regular first conjugation verbs.

In contrast to iterative verbs, there is a small group of verbs which express an action performed but once. These verbs, called semelfactive verbs, are always perfective, and usually denote (1) a quick movement, e.g. *kopnąć*, to give a kick, (2) a sudden sound, e.g. *krzyknąć*, to cry out, *jęknąć*, to utter a groan, (3) a flash of light, e.g. *błysnąć*, to flash, etc. They mostly end in *-nąć*, but of course not all verbs in *-nąć* are semelfactive, compare *ciągnąć, kwitnąć, rosnąć*, etc., p. 188.

Translate into English:

1. Moi sąsiedzi jeżdżą do biura autobusem, ja zwykle chodzę piechotą. 2. Mąż przyjeżdża z biura o piątej, dzieci przychodzą ze szkoły o czwartej. Mąż wyjeżdża z domu o wpół do ósmej, a dzieci wychodzą do szkoły o wpół do dziewiątej. 3. On jeździ jak wariat (madman). W lecie jeździliśmy w góry lub nad morze. 4. Oni wszędzie tego psa ze sobą wożą. Kiedy dziecko płacze, ona je bierze na ręce i nosi po pokoju. Proszę cię, nie noś już tego zielonego kapelusza. 5. Muszę dziś pojechać do matki. Wolę pojechać dziś niż jutro. Chcę dziś pojechać do matki. Mogę dziś pojechać. 6. Proszą o pisma i gazety. On nigdy o nic nie prosi. Ona mnie nigdy o nic nie poprosiła. 7. Wyczyścił te czarne buty, aż się świeciły. 8. Nieprzyjaciel groził nam wojną. 9. Chłopiec krzyknął. Chory jęknął. Ktoś kopnął psa. 10. On do nich nie chodzi, ale pisują do siebie. Dwa razy w tygodniu chodzę na lekcje polskiego. Chodź ze mną. 11. Lubię jeździć koleją. Musisz jechać koleją, bo w aucie nie ma miejsca na piątą osobę. 12. On wszędzie jeździ autem. 13. Wychodzą na wieczór.

Exercise

Put the following two sentences into (1) the first person singular, (2) the third person plural, present tense, (3) the third person plural, masculine and feminine, past tense:

Chodzi do biura piechotą.
Jeździ do biura autobusem.

Translate into Polish:

1. We are cleaning the knives. 2. Nothing threatens you, what are you afraid of? 3. The shoes must be under the bed. 4. A light flashed among the trees. 5. These green buses run to the station. 6. A horse kicked him. 7. I always carry two watches. 8. He never wears a hat. 9. We used to read regularly (one verb, no adverb) Polish papers. 10. They are asking for clothes (ubranie), not for money. 11. I must go now. 12. The girls go to all meetings. 13. I must carry everything from town myself. 14. They bring (deliver, bring by car) everything to the house. 15. She did not even cry out. 16. The peasants go (regularly) to town in carts (instr.). 17. The doctor is coming (by car) at eleven o'clock. 18. The children go to (attend) school. The children go (are on the way) to school. The children go to school by bus. The children are at school. 19. He threatened me with a knife (use imperf.).

Vocabulary

Learn the new verbs given in the grammar part of this lesson.

autobus, autobusu; autobusy, autobusów, 'bus

but, buta; buty, butów, shoe

grozić komuś czymś, to threaten somebody with something

zielony, green

piechotą, on foot

aż, until, so that

lub, or (else)

LESSON 39

MASCULINES IN -*a*—COMPARISON OF ADJECTIVES

There is an appreciable number of masculine nouns in Polish which end in -*a*, i.e. in the same ending as the feminine nouns, e.g. *mężczyzna*, man, *radca*, councillor, *poeta*, poet, *dentysta*, dentist, etc. These nouns invariably denote male persons and a qualifying adjective or pronoun takes the masculine endings. In the singular they are declined exactly as feminine nouns in -*a*, in the plural they follow the masculine declension. Thus:

Singular—compare:

Fem.:	Masc.:	Fem.:	Masc.:
ta wiosna	ten mężczyzna	młoda kobieta	młody poeta
this spring	this man	a young woman	a young poet

Nom.:

ta wiosna	ten mężczyzna	młoda kobieta	młody poeta

Voc.:

— wiosno	— mężczyzno	młoda kobieto	młody poeto

Acc.:

tę wiosnę	tego mężczyznę	młodą kobietę	młodego poetę

Gen.:

tej wiosny	tego mężczyzny	młodej kobiety	młodego poety

Dat. and Loc.:

tej wiośnie	temu mężczyźnie	młodej kobiecie	młodemu poecie
tej wiośnie	tym mężczyźnie	młodej kobiecie	młodym poecie

Instr.:

tą wiosną	tym mężczyzną	młodą kobietą	młodym poetą

Or compare the Singular of these two:

	Fem.:	Masc.:
Nom.:	praca, work	radca, councillor
Voc.:	praco	radco
Acc.:	pracę	radcę
Gen., Dat. and Loc.:	pracy	radcy
Instr.:	pracą	radcą

Now, the Plural:

Nom. and Voc.:	mężczyźni	poeci	{ radcy or radcowie
Acc. and Gen.:	mężczyzn*	poetów	radców
Dat.:	mężczyznom	poetom	radcom
Instr.:	mężczyznami	poetami	radcami
Loc.:	mężczyznach	poetach	radcach

Thus we find in the nominative (and the vocative) plural of the above nouns the well known endings of the masculine declension for this case, viz. *-i*, which softens the preceding consonant or consonants, in *mężczyźni*, *poeci* (compare *Szkoci*, p. 76), the ending *-y* in *radcy* (compare *chłopcy*), and/or the "rank" ending *-owie*, in *radcowie*.

Note that as a result of softening before the ending *-i* nouns in *-sta*, like *dentysta*, dentist, *artysta*, artist, *specjalista*, expert, form the nominative and vocative plural in *-ści*, thus *dentyści*, *artyści*, *specjaliści* (the genitive in *-ów*, *dentystów*, *artystów*, *specjalistów*).

Surnames of men in *-a*, e.g. *Zaręba*, *Żmuda*, and in *-o*, e.g. *Kościuszko*, *Fredro* are also declined in the singular like feminine nouns ending in the same consonants plus *-a*, i.e. *Zaręba* is declined like *osoba*, *Żmuda* like *woda*, *Kościuszko* like *matka*, *Fredro* like *siostra*, etc. In the plural they are declined like masculine nouns, taking in the nominative the ending *-owie*, thus *Zarębowie*, *Żmudowie*, *Kościuszkowie*, *Fredrowie*, in the genitive the ending *-ów*, *Zarębów*, *Kościuszków*, etc.

The names of wives and daughters are formed from the male surnames in *-a* by replacing the *-a* with the endings *-ina*, *-(i)anka* (note the softening of the preceding consonant), thus pani *Zarębina*, *Żmudzina*, panna *Zarębianka*, *Żmudzianka*; or, after historically soft consonants and also *r* (as this softens to *rz*), the endings *-yna*, *-anka*, thus from *Zawisza*, *Sikora*: pani *Zawiszyna*, *Sikorzyna*, panna *Zawiszanka*, *Sikorzanka*. Surnames in *-o* take *-owa*, *-ówna*, thus pani *Kościuszkowa*, panna *Kościuszkówna*.

To form the comparative degree of adjectives, the endings: *-szy*, *-sza*, *-sze* (for the three genders) are added to the stem of the positive degree; but, if the stem ends in a group of consonants difficult to pronounce, a softening *-(i)ej* is inserted before the endings *-szy*, *-sza*, *-sze*, so that the comparative ends in *-ejszy*, *-ejsza*, *-ejsze*.

* Exception: like the feminines, *mężczyzn* takes no ending in this case.

The superlative degree is formed from the comparative by adding to it the prefix *naj-*. Thus:

The ending -szy:

słaby, weak	głupi, stupid	stary, old
słabszy	głupszy	starszy
weaker	more stupid	older, elder
najsłabszy	najgłupszy	najstarszy
weakest	most stupid	oldest, eldest
młody, young	twardy, hard	tani, cheap
młodszy	twardszy	tańszy
younger	harder	cheaper
najmłodszy	najtwardszy	najtańszy
youngest	hardest	cheapest
ciekawy, interesting	nowy, new	prosty, simple
ciekawszy	nowszy	prostszy
najciekawszy	najnowszy	najprostszy

Note the change of *g* to *ż* before the comparative ending:

drogi, dear	długi, long	ubogi, poor
droższy	dłuższy	uboższy
najdroższy	najdłuższy	najuboższy

—and the change of *ł* to *l* (in some adjectives also the change of the preceding vowel *o* or *a* to *e*):

miły	pleasant	wspaniały	splendid
milszy		wspanialszy	
najmilszy		najwspanialszy	
wesoły	gay	biały	white
weselszy		bielszy	
najweselszy		najbielszy	

Adjectives which in the positive degree end in *-ki*, *-oki*, *-eki* drop this suffix before the comparative ending·

krótki, short	brzydki, ugly	ciężki, heavy
krótszy	brzydszy	cięższy
najkrótszy	najbrzydszy	najcięższy
głęboki, deep	szeroki, wide	daleki, far, distant
głębszy	szerszy	dalszy, farther,
najgłębszy	najszerszy	najdalszy further

The ending -*iejszy*:

biedny, poor	zimny, cold	smutny, sad
biedniejszy	zimniejszy	smutniejszy
najbiedniejszy	najzimniejszy	najsmutniejszy

łatwy, easy	trudny, difficult
łatwiejszy	trudniejszy
najłatwiejszy	najtrudniejszy

ładny, nice, lovely	mocny, strong
ładniejszy	mocniejszy
najładniejszy	najmocniejszy

Note the change ł/l; r/rz; st/ść:

ciepły, warm	ostry, sharp	czysty, clean	but meaning *pure*:
cieplejszy	ostrzejszy	czyściejszy	czystszy
najcieplejszy	najostrzejszy	najczyściejszy	najczystszy

The nominative plural for masculine persons of the comparative and superlative degrees ends in -*si*, thus, *młodsi mężczyźni*, younger men, *starsi poeci*, older poets, *najmłodsi uczniowie*, the youngest pupils, *najstarsi ludzie*, the oldest people, etc.

Some adjectives, like *leniwy*, lazy, *gorzki*, bitter, *uparty*, stubborn, form their comparative and superlative degrees by means of words corresponding closely to the English *more* and *most*, viz., *bardziej* and *najbardziej*,* both derived from *bardzo*, very, much, or to *less*, *least*, viz. *mniej*, *najmniej*, derived from *mało*, little. Thus, *gorzki*, *bardziej gorzki*, *najbardziej gorzki*, bitter, more bitter, most bitter; *mniej*, *najmniej gorzki*, less, least bitter. The same method of comparison often applies to adjectives preceded by the negative particle *nie-*, e.g. *niewygodny*, uncomfortable; *nieposłuszny*, disobedient (*posłuszny*, obedient); *niewyraźny*, indistinct (*wyraźny*, distinct); *niebezpieczny*, dangerous (*bezpieczny*, safe), etc., though in their affirmative form these adjectives may form the higher degrees by taking endings.

Many Polish adjectives either have no comparison or

*Więcej, najwięcej. from *wiele*, much, occasionally used in place of *bardziej, najbardziej*, should be avoided.

can only express it using *bardziej*, etc.; these are the innumerable adjectives derived from nouns. They are called relatively qualitative adjectives and take the place of what in English is expressed by an attributive noun preceding another noun, e.g.:

płaszcz zimowy	zimowy—zima	winter coat
kwiaty wiosenne	wiosenny—wiosna	spring flowers
pieśni żołnierskie	żołnierski—żołnierz	soldiers' songs
ruch uliczny	uliczny—ulica	street traffic
rok szkolny	szkolny—szkoła	school year
żelazne zdrowie	żelazny—żelazo	iron health
nocna praca	nocny—noc	night work
górskie powietrze	górski—góra	mountain air
wojna światowa	światowy—świat	world war
wtorkowe zebrania	wtorkowy—wtorek	Tuesday meetings

These adjectives are very characteristic of the Polish language. They are easily understandable and should be studied in any Polish text the student happens to be reading. (The above have not been listed again in the Gen. Vocab.)

Translate into English:

1. Kilku starszych radców nie chciało się na to zgodzić.
2. On na najprostsze pytanie nie umie odpowiedzieć.
3. Ten żart jest jeszcze głupszy niż pierwszy.   4. Najmłodszymi aktorami w naszym teatrze są dwaj bracia Żmudowie.
5. Wszyscy mężczyźni do pięćdziesiątego roku życia są w wojsku, młodsze kobiety musiały także pójść albo do wojska albo do fabryk.   6. Moja najdroższa! Moi najdrożsi!   7. Czy to jest najkrótsza droga na pocztę?   8. Najtrudniejszym zadaniem, jakie stoi przed rządem, jest sprawa odbudowy (reconstruction) kraju.   9. W tym miejscu rzeka jest szersza niż pod mostem.   10. W górskim powietrzu słabsze dzieci szybko wracały do zdrowia.
11. Herbata jest droższa niż kawa.   12. Była to najdłuższa noc, jaką pamiętam w życiu.   13. Ci poeci polscy nigdy już nie wrócili do kraju.   14. Te buty są wygodniejsze i tańsze niż tamte.   15. Były to najmilsze chwile w moim życiu.

Translate into Polish:

1. The oldest people do not remember such a severe (translate: sharp) winter. 2. It is a large family, there are still three younger children. 3. Yesterday we had the warmest day (in) this year. 4. Artists and poets do not earn much. 5. It is the oldest Polish hymn. 6. It was the heaviest punishment that he could get. 7. The eldest son worked in a factory, and the youngest daughter in (na) a post-office. 8. Zosia is the prettiest girl in the village. 9. Gold is not the hardest metal. 10. Poorer houses have only two rooms, a kitchen and a bathroom. 11. This exercise was easier than that one. 12. Men and women. Boys and girls. Brothers and sisters. 13. It is warm in the bathroom. 14. In the new government there are two women and ten men. 15. In the soap factory (translate: factory of soap) there were working forty-five men and thirty-three women. 16. Health is the most important thing. 17. In Poland there are very good dentists. 18. After the theatre we went to a café. 19. Mickiewicz and Słowacki were poets. 20. Further work was very difficult. 21. I met our dentist's wife at (na) the post-office. 22. A weak heart; poor people; a stupid joke; strong coffee; strong shoes.

Vocabulary

Learn the new nouns and adjectives given in the grammar part of this lesson.

fabryka, fabryki; fabryki, fabryk, factory

łazienka, łazienki; łazienki, łazienek, bathroom

poczta, poczty, post; post-office

rząd, rządu; rządy, rządów, government

teatr, teatru; teatry, teatrów, theatre

albo—albo, either—or

LESSON 40

THE FUTURE TENSES

Up to now you have learned only one tense of perfective verbs, i.e. the past tense. Perfective verbs, however, possess another tense, which is like the present in form, but is future in meaning. E.g., the perfective verb *kupić*, of which you know the past tense (*kupiłem, kupiłeś, kupił*, etc.), forms the future tense as follows:

kupię, I shall buy, or I will buy

kupisz, thou wilt buy

kupi, he, she, it will buy

kupimy, we shall buy, or we will buy

kupicie, you will buy

kupią, they will buy

Thus the conjugation of this future tense is exactly like that of a present tense: *kupić*, a regular fourth conjugation verb, is conjugated exactly like *robić*, but while *robię, robisz, robi*, etc., mean: I make, thou makest, he makes, etc., present tense, because *robić* is an imperfective verb (perfective: *zrobić*)—the similar forms of *kupić* mean: I shall buy, thou wilt buy, he will buy, future tense, because *kupić* is a perfective verb (imperfective: *kupować*).

More examples:

Imperfective verb:	Present:	Perfective verb:	Future:
wracać, to be going back	wracam, I am going back	wrócić, to come back	wrócę, I shall, I will come back
pozwalać, to permit, to allow	pozwalam, I permit	pozwolić, to give permission	pozwolę, I shall, I will permit
dawać, to give, to be giving	daję, I am giving	dać, to give	dam,* I shall, I will give
sprzedawać, to sell, to be selling	sprzedaję, I am selling	sprzedać, to sell	sprzedam, I shall, I will sell
robić, to make, to be making	robię, I am making	zrobić, to make	zrobię, I shall, I will make

* *Dam, dasz, da, damy, dacie, dadzą*—note the last form and compare with *jedzą*, they eat, and *wiedzą*, they know. All compounds with *dać* are conjugated in the same way, thus *sprzedadzą*, they will sell.

płacić to pay, to be paying	płacę, I am pay- ing, I pay	zapłacić, to pay	zapłacę, I shall, I will pay
uczyć się, to learn, to be learning	uczę się, I am learning, I learn	nauczyć się, to learn	nauczę się, I shall, I will learn
myć się, to wash	myję się, I am having a wash, I wash	umyć się, to have a wash	umyję się, I shall, I will have a wash
dziękować, to thank	dziękuję, I thank	podziękować, to thank, to render thanks	podziękuję, I shall, I will thank
pić, to drink	piję, I am drink- ing, I drink	wypić, to drink up	wypiję, I shall, I will drink up

(The future tense of perfective verbs is given in the General Vocabulary.)

Since perfective verbs have no present (their present tense forms have the meaning of the future), it is only from imperfective verbs that the present tense can be formed in Polish.

Imperfective verbs, however, can also form a future, so that we have two future tenses in Polish. The future of imperfective verbs is a compound tense, composed of: (1) the future of the verb *być*, to be, which is: *będę, będziesz, będzie, będziemy, będziecie, będą,* I shall be, thou wilt be, he, she, it will be, etc., and (2) of what is known to you as the third person, masculine, feminine or neuter, singular or plural, in dependence on gender and number, of the past tense of the verb. These forms, however, e.g. from *robić*: *robił, robiła, robiło* and *robili, robiły,* although to-day under-stood only as the forms for the third person of the past tense, are in fact forms of an old past participle active. This ex-plains their endings for gender and number, and their use, with the verb *być* acting as an auxiliary, in the formation of the compound future tense.

In place of these participial forms, the infinitive is also used with the verb *być* to form the compound future; this is often preferred when the auxiliary is put second: *będę robić, będziesz robić,* or: *robić będę, robić będziesz, robić będzie.*

Thus from, e.g., the imperfective verb *robić,* the future tense in its two varieties is:

With the Participle:				With the Infinitive:
Singular: Masc.:	Fem.:	Neut.:		All Genders:

będę		—		będę
będziesz	robił	robiła —		będziesz
będzie		robiło		będzie

Plural:	Masc. pers.:	All others:		robić
będziemy				będziemy
będziecie	robili	robiły		będziecie
będą				będą

With the verbs *chcieć, móc, musieć, woleć,* which syntactically are followed by an infinitive in the sentence (to want *to do,* to be able *to do,* etc.) the infinitive variety of the future is not used. Thus: *będzie chciał,* he will want to; *będę mógł,* I shall be able to; *będę musiała,* I shall have to; *będą woleli,* they will prefer.

The meaning of the future tense formed from perfective verbs corresponds to the English future tense (I shall do, he will do, etc.), to the volition future, especially for the first person (I will do, we will do), and also to the English future perfect (I shall have done). The Polish compound future (with *być*) corresponds generally to the English progressive form for that tense (I shall be doing, he will be doing, etc.).

Thus the complete conjugation of a Polish verb is as follows:

The verb: pisać

Imperfective:	Perfective:
pisać	napisać

Present Tense:

piszę, I write, I am writing
piszesz   etc.
pisze
    etc.

Past Tense:

pisałem, I was writing, I   napisałem, I have written, I
pisałeś   wrote, etc.   napisałeś   wrote, etc.
pisał   napisał
    etc.   etc.

Future Tense:

będę pisał, I shall be writ-   napiszę, I shall write, I will
będziesz pisał   ing, etc.   napiszesz   write, etc.
będzie pisał   napisze
    etc.   etc.

Imperative:

pisz, write, etc.   napisz, write down, put
piszmy   napiszmy   down, etc.
piszcie   napiszcie

The pluperfect tense has gone out of use in Polish, a pluperfect action being expressed by the past tense with adverbs such as *uprzednio*, previously, *przedtem*, before, etc.

Compare the use of the tenses in Polish and in English in the following two sentences:

Zatelefonuję do ciebie, gdy   I shall give you a ring,
   wrócę z Warszawy.   when I come back from
                            Warsaw.

Dam ci ciastko, jeżeli   I shall give you a cake if
   wypijesz mleko.   you drink up the milk.

You see that in the subordinate clauses of time (when I come back . . .) and condition (if you drink up . . .) the present tense is used in English, but the future tense (*gdy wrócę . . ., jeżeli wypijesz . . .*) in Polish. This is always the case in Polish, when a subordinate clause refers to the future. Thus in Polish you have the future tense in both the principal (Zatelefonuję . . ., Dam . . .) and the subordinate clauses, while in English the latter is put in the present tense, and the future used only in the principal clause.

The perfective verbs *przyjść, wejść, wyjść* are used as correspondents of the imperfectives *przychodzić, wchodzić, wychodzić* (comp. pp. 215 and 216). The future of *przyjść, wejść, wyjść* is conjugated as follows:

przyjdę,	wejdę,	wyjdę,
I shall come,	I shall enter,	I shall go out,
przyjdziesz etc.	wejdziesz etc.	wyjdziesz etc.
przyjdzie	wejdzie	wyjdzie
przyjdziemy	wejdziemy	wyjdziemy
przyjdziecie	wejdziecie	wyjdziecie
przyjdą	wejdą	wyjdą

Imperative:

przyjdź	wejdź	wyjdź
przyjdźmy	wejdźmy	wyjdźmy
przyjdźcie	wejdźcie	wyjdźcie

The perfectives *przyjechać, wyjechać*, etc., have their imperfective correspondents in *przyjeżdżać, wyjeżdżać*, etc. The future of *przyjechać, wyjechać*, etc., is conjugated like the present of *jechać*, i.e. *przyjadę, wyjedziesz*, etc., I shall come (e.g. by car), you will leave, etc.

The perfectives *przynieść, przywieźć* have their imperfective correspondents in *przynosić, przywozić*. The future of *przynieść, przywieźć* is conjugated like the present of *nieść, wieźć*, i.e. *przyniosę, przywieziesz*, etc., I shall bring, you will bring (in a vehicle), etc.

Translate into English:

1. Jutro idziemy do miasta. Mamy kupić różne rzeczy. Wyjdziemy z domu o dziewiątej, pojedziemy autobusem na ulicę Marszałkowską, tam spotkamy się z ciocią, potem pójdziemy do naszego sklepu kupić zimowy płaszcz dla ciebie i ciepłe rękawiczki dla Antka. Jeżeli płaszcz nie będzie bardzo drogi i zostanie nam jeszcze trochę pieniędzy, kupimy sześć chustek do nosa dla tatusia. Potem zjemy obiad w restauracji na piątym piętrze, po obiedzie ja pójdę do dentysty, a ty z ciocią do kina. Na herbacie będziemy już w domu, wrócimy przed piątą. 2. Nie zapomnisz? Nie, nie zapomnę. 3. Ojciec się ucieszy, gdy cię zobaczy. 4. Będę szedł po prawej stronie ulicy. 5. Kiedy stryj

przyjedzie? 6. Zdziwisz się, gdy ci to powiem. 7. Zawołam cię, gdy skończę pisać ten list. 8. Będę zawsze kładła twoje książki na tym stole. 9. Jutro włożę tę nową suknię. 10. Będziesz musiał pojechać do niego. 11. W piątek nie będziemy mogły wyjść z domu. 12. Antek zgubił już dwie pary rękawiczek, pewnie i te zgubi. 13. Wyjechał z lewej strony. 14. To jest z jednej strony dobre, z drugiej złe.

Translate into Polish:

1. Who will help us? 2. If I get the money, I will pay you on Thursday. 3. What will you cook for dinner on Sunday? 4. We shall now repeat this lesson once more. 5. He will lend you this book, if you ask him. 6. Pass me that glove, I will stitch the button on for you (use dative without the preposition *for*). 7. If it rains to-morrow, father will not allow us to go. 8. When I have washed (use future of wyprać) these towels, I shall iron the handkerchiefs. 9. I shall be expecting you on Sunday. 10. The sun will be shining and the birds will be singing. 11. He will not know that. 12. Daddy, what will you bring me from Warsaw? 13. The holidays will begin on the 15th of July. 14. We shall have to change this money to-morrow. 15. She will not be afraid to tell him that. 16. I have never lost anything yet. 17. Your room will be on the second floor, on the left-hand side. 18. We shall be listening (use both future forms) to the radio.

Vocabulary

chustka (*do nosa*), *chustki*; *chustki*, *chustek*, handkerchief

piętro, *piętra*; *piętra*, *pięter*, story, floor

rękawiczka, *rękawiczki*; *rękawiczki*, *rękawiczek*, glove

strona, *strony*; *strony*, *stron*, side; page

po prawej stronie, on the right-hand side

z lewej strony, from the left side

z drugiej strony, from the other side; on the other hand

gubić, *gubi*, *gubią*, *gub*, IV, imperf.; *zgubić*, like *gubić*, IV, perf., to lose (a tangible object)

Antek, dimin. of Antoni, Anthony

trochę, a little, some (with gen.)

LESSON 41

IRREGULAR COMPARISON OF ADJECTIVES—
FORMATION AND COMPARISON OF ADVERBS—
IMPERSONAL EXPRESSIONS

The following adjectives have an irregular comparison:

dobry, good	lepszy, better	najlepszy best
zły, bad, wrong, evil	gorszy, worse	najgorszy, worst
mały, small, little	mniejszy, smaller	najmniejszy, smallest
duży, large ⎱ wielki, great ⎰	większy, larger, greater	największy, largest, greatest

Note also the comparison of the following:

bliski, near, close	bliższy, nearer, closer	najbliższy, nearest
niski, low	niższy, lower	najniższy, lowest
wąski, narrow	węższy, narrower	najwęższy, narrowest
wysoki, high, tall	wyższy, higher, taller	najwyższy, highest
lekki, light (in weight)	lżejszy, lighter	najlżejszy, lightest
gorący, hot, tall	gorętszy, hotter	najgorętszy, hottest
mądry, wise, clever	⎰mądrzejszy, ⎱mędrszy wiser	najmądrzejszy, wisest

Adverbs are formed from adjectives by replacing the final vowel of the nominative singular by *-o* or *-(i)e*. There is no rule to determine which ending should apply, but adjectives ending in *-ki, -gi* usually take *-o*. The comparatives of all adverbs end in *-(i)ej*, and are formed from adjectival comparatives by dropping the *-szy* of those ending in *-(i)ejszy* (pp. 219, 221), in others by changing the *-szy* to *-ej* which softens the preceding hard consonant, a now familiar process. E.g. *biedniej-szy: biedniej; droż-szy: drożej;* and *krót-szy, młod-szy, więk-szy, gor-szy, prost-szy: krócej* (not: króciej), *młodziej, więcej, gorzej, prościej.* Adverbial superlatives are formed like those of adjectives (p. 220). Thus:

głęboki, deep	głęboko, deeply	głębiej	najgłębiej
krótki, brief	krótko, briefly	krócej	najkrócej
długi, long	długo, long, for a long time	dłużej	najdłużej
drogi, dear	drogo, dearly	drożej	najdrożej
tani, cheap	tanio, cheaply	taniej	najtaniej
późny, late	późno, late	później	najpóźniej
ostry, sharp	ostro, sharply	ostrzej	najostrzej
wczesny, early	wcześnie, early	wcześniej	najwcześniej
biedny, poor	biednie, poorly	biedniej	najbiedniej
ładny, nice	ładnie, nicely	ładniej	najładniej
Compare with the opposite page:	dobrze, well	lepiej	najlepiej
	źle, badly	gorzej	najgorzej
	mało, little, few	mniej	najmniej
	dużo wiele } much	więcej	najwięcej
	blisko, near(ly)	bliżej	najbliżej
	nisko, low	niżej	najniżej
	wąsko, narrowly	wężej	najwężej
	wysoko, high up	wyżej	najwyżej
	gorąco, hotly	goręcej	najgoręcej
	lekko, lightly	lżej	najlżej
	mądrze, wisely	mądrzej	najmądrzej

An adverb (not an adjective as in English) is used after the verb *wyglądać*, to look. E.g. *ładnie wygląda*, it looks nice, *brzydko wygląda*, it looks ugly; *młodziej wygląda*, he, she looks younger, *staro wygląda*, he, she looks old; *dobrze wyglądasz*, you look well, you look fit, etc.

Polish abounds in impersonal expressions. Some of such expressions denote phenomena of nature, e.g.:

grzmi	it thunders
wypogadza się	it is clearing up
wypogodziło się	it has cleared up
oziębiło się	it has got colder

The expression *widać*, is visible, can be seen, has its correspondent in *słychać*, is heard, can be heard. The past and future tense are formed like those of *trzeba, można, wolno*, i.e.:

widać, is, are visible	słychać, is, are heard, can be heard
widać było, was, were visible	słychać było, was, were heard, could be heard
widać będzie, will be visible	słychać będzie, will be heard, one will be able to hear

Note the expression: *co słychać?* what news? what's the latest?

co u was słychać? what is your news? how are you getting on?

The following examples illustrate another type of impersonal expressions denoting reaction of the senses, impression received, or mental attitude to something:

smakuje mi, it tastes good to me	Smakuje mi ten chleb. I like this bread.
	Smakował mi ten chleb. I liked this bread.
podoba mi się, it looks nice to me	Bardzo mi się podoba (podobała) twoja suknia. I like (liked) your frock very much.
chce mi się, I feel like ...	Pić mi się chce. I am thirsty.
	Śmiać mi się chciało. I felt like laughing.
	Nie chce mi się. I don't feel like doing it. Or: I can't (won't) be bothered.
śni mi się, I dream (in my sleep)	Co noc matka mi się śni. I dream about my mother every night.
	Śniło mi się, że ... I dreamed that ...

wydaje mi się ⎱ it seems
zdaje mi się ⎰ to me*

To mi się nie wydaje trudne.
This does not seem diffi-
cult to me.

Zdawało mi się, że ktoś
przyszedł. I thought
that someone had come.

udaje mi się
　I manage, I succeed in

Udało mu się uciec. He
managed to make his
escape.

Udał się panu ten obraz.
You have made a fine job
of this picture.

Nic mi się nie udawało. I
could not make a success
of anything. Nothing
was going right for me.

chodzi o . . .
　it is about . . . it con-
　cerns

Chodzi o te listy z Warszawy.
It is about those letters
from Warsaw.

O co chodzi? What is it
all about?

chodzi mi o . . .
　what I am concerned
　about, what I have in
　mind, what I mean,
　what I mind, is . . .

O to mi właśnie chodziło.
That is exactly what I had
in mind. (what I wanted,
or: what I meant to say).

Chodziło jej o to, żeś nie
napisał. She minded (was
disappointed) that you
had not written.

robi mi się zimno, gorąco,
słabo
　I suddenly feel cold, hot,
　faint

Zrobiło mu się słabo. He
felt suddenly faint.

żal mi się go zrobiło
　I felt ("was taken")
　sorry for him

Żal mu się dziecka zrobiło i
dał mu dwa złote. He
felt sorry for the child and
gave him two zloty.

* The English construction in *it seems to me* provides the key to the
Polish in these expressions.

Note that in the above expressions the person who experiences a sensation or impression, i.e. who is the logical subject of the sentence, is put in the dative, and the predicate is in the third person (neuter).

The logical subject is also put in the dative in expressions composed of an adverb and the verb to be, which is usually omitted in the present tense (*jest*), but appears in the past (*było*) and future (*będzie*). Thus:

zimno mi, ciepło mi	I am cold, I am warm
dobrze mi	I am comfortable, I am happy
smutno mi	I feel sad
miło mi było	I was glad, I was pleased
przykro mi będzie	I shall regret, I shall be sorry, I shall mind, be disappointed
żal mi (żal is a noun)	I regret, I am sorry (that)
żal mi go było (będzie)	I felt (shall feel) for him, I was (shall be) sorry for him

With the verb *boleć*, to ache, the construction literally is: something aches me (accusative). Thus:

Głowa mnie boli.	I have a headache.
Zęby go bolały.	He had toothache.

Translate into English:

1. Wydaje mi się, że ten drugi most jest niższy i węższy niż ten pierwszy.   2. Zawsze mi smakuje to, co ty ugotujesz. 3. To mądry chłop, mądrzejszy niż jego ojciec.   4. Nie podoba mi się to mieszkanie.   Dlaczego ci się nie podoba? Jest większe i wygodniejsze.   5. Wszystko mu się zawsze udawało.   6. Bliższa koszula ciała niż suknia (proverb). 7. To jest najwyższa cena, jaką mogę zapłacić.   8. Jeżeli jutro będzie tak gorąco jak dzisiaj, włożę lżejszą suknię. 9. O co matce chodzi?   O to, że nie chcecie dłużej zostać. 10. Bardzo mi było przykro, że cię nie zastałem, ale nie mogłem wcześniej przyjść.   11. Nasi dwaj najlepsi urzędnicy wyjechali na wakacje.   12. Bardzo nam jej żal było. 13. Krótsze słowa pamięta się lepiej.   14. Smutno mi będzie po waszym wyjeździe.   15. Śniło się jej, że szła przez długie ulice Warszawy i co chwila spotykała znajomych.   16. Najważniejsza rzecz to to, że mam teraz więcej

czasu dla siebie. 17. Mamy teraz mniej uczniów w drugiej klasie. 18. Czytałem wczoraj dłużej niż zwykle i dziś mnie oczy bolą. 19. Dzieci wyglądają doskonale, ale siostra ma się gorzej. 20. Deszcz przestał padać i wypogodziło się. 21. Wszędzie dobrze, ale w domu najlepiej (proverb). 22. Ten chłopiec źle się uczy, źle pisze i źle czyta. 23. Ciepło ci? Tak, dziękuję ci, ciepło i wygodnie.

Translate into Polish:

1. February is the shortest month of the year; which are the longest months? 2. It has got colder after the storm. 3. It seems to me that this knife is sharper. 4. My elder brother is taller than I. 5. She has got a better job now. 6. I will come to you later. 7. I haven't seen them since Christmas, what is their (u nich) news? 8. He liked our old clock very much. 9. He replied sharply that he cannot do it. 10. This is our lowest price. 11. I don't feel like going there. 12. You have done very wisely. 13. We are less sorry for him than for her. 14. I feel best in the country. 15. Did you like (smakować) these cakes? 16. I never remember my dreams (translate: what I dreamed about). 17. I did not manage to finish this book in July. 18. This smaller suitcase is no lighter than that large one. 19. It seemed to us that the end of the war was already near, but it was not so. 20. The longest journey. The shortest way. A light wind. A tall man—the tallest man. The poorest (use both adjectives) people. 21. My tooth aches. 22. He bought this house very cheaply. 23. Do you hear —it thunders.

Vocabulary

Learn the new adjectives and adverbs, and the expressions given in the grammar part of this lesson.

głowa, głowy; głowy, głów, ząb, zęba; zęby, zębów,
  head   tooth

PART II

KEY

to Translations from English into Polish and Exercises

Lesson 1

1. Te dwa pióra są dobre. 2. To pole jest duże. 3. Mam małe dzieci. 4. Mam jedno dziecko. 5. Mam czworo dzieci. 6. Morze jest głębokie. 7. To jest moje okno. 8. Moje dobre dzieci!

Lesson 2

1. Dziecko otwiera to duże pudełko. 2. Dzieci otwierają to duże pudełko. 3. Pamiętam to mieszkanie. 4. Czekamy na te nowe pióra. 5. Oni mają ładne mieszkanie. 6. Twoje zadanie jest dobre. 7. One czytają zadania. 8. Pan czyta moje zadanie. 9. Dzisiaj macie dwa zadania. 10. Czekam na śniadanie. 11. Mamy dzisiaj zebranie. 12. Panie zamykają okna. 13. Kocham morze. 14 Dziś jest święto.

Lesson 3

Exercise

1. To (tamto) okno jest duże. 2. To okno jest duże (małe). 3. Nasze okna są duże (małe). 4. Mam jabłka na śniadanie. 5. Ja mam jabłka (ty masz jabłka, etc.). 6. On otwiera okno (pudełko). 7. Ona zamyka okno (pudełko). 8. My czekamy na śniadanie (ty czekasz, wy czekacie, etc., na śniadanie). 9. Te pisma są moje (twoje, nasze, waśze). 10. To zadanie jest moje (twoje, nasze, wasze). 11. On ma twoje pióro (ja mam twoje pióro, etc.). 12. Okno, które zamykam, jest duże (małe). 13. Czytam te pisma. 14. Morze jest głębokie. 15. Nasze mieszkanie jest duże. 16. Ja mam jedno pudełko (dwa pudełka).

POLISH

Translation

1. Czyje zadanie czytasz? Czyje zadanie czytacie? Czyje zadanie pan czyta? Czyje zadanie pani czyta? Czyje zadanie panowie czytają? Czyje zadanie panie czytają? Czyje zadanie państwo czytają? 2. Które pismo jest najlepsze? 3. Czyje jabłka są najlepsze? 4. Jakie pióro pani ma? 5. Kto ma ładne nowe mieszkanie? 6. Czyje słowa pamiętamy? 7. Czy pisma wieczorne są dobre? 8. Czy morze jest głębokie? 9. Na co czekamy? 10. On pamięta trzy słowa—jakie słowa? 11. Jakie pisma pan czyta? 12. Kto ma twoje zadanie? 13. Kto ma wasze zadania, pan S. czy pani K.? 14. Tak czy nie?

Lesson 4

1. Nie znamy tego nowego pisma. 2. Idę od okna do biurka. 3. Mało mleka, mało masła. Małe jabłko, małe mieszkanie. Mało drzewa—małe drzewo. 4. Co jest zrobione ze szkła? z drzewa? 5. Ona chowa pióra do pudełka. 6. Ty znasz to pismo. 7. Pani nie zna tego pisma. 8. Co jest koło tego drzewa? 9. Dla kogo są te jabłka? 10. Opowiadanie dziecka. Z tego pola.

Lesson 5

1. To dziecko nie umie pływać. 2. Kiedy on wraca? Nie wiem kiedy. 3. Czy on już wie, że ona dzisiaj wraca? On nie wie, ale Staszek i Maryla wiedzą. 4. Jemy śniadanie. 5. Dlaczego tego nie wiesz? 6. Oni jedzą, oni wiedzą. One to rozumieją, one to umieją. 7. Kiedy oni wracają z biura? 8. Czy wiesz, gdzie jest masło? Nie, nie wiem, ale Zosia pewnie wie. Nie, ona także nie wie. Może dzieci wiedzą. Nie, nie wiedzą. 9. Kto śpiewa? My śpiewamy. 10. Rozumiem te cztery słowa, ale nie rozumiem tego. 11. Dlaczego pani nie śpiewa? 12. Ja wiem—ty także już wiesz. 13. Dlaczego dzieci nie wracają? 14. Ona nie wie, ona nie pamięta. 15. Ja to dobrze pamiętam.

Lesson 6

Exercises

1. Nie zamykacie okien. Wracacie z pól. Nie jedzą śniadań. Nie otwieramy pudełek. Nie znamy uczuć. . . . Szukają piór.

2. Pola—pól; morza—mórz; pisma—pism; przymierza
—przymierzy; słowa—słów; święta—świąt; narzędzia—
narzędzi; zebrania—zebrań; szkła—szkieł; opowiadania
—opowiadań; uczucia—uczuć.

Lesson 7

1. Nie biorę tych czterech jaj (jajek). 2. Nie czekajmy
na śniadanie. 3. Proszę czytać. 4. Proszę, niech państwo
siadają. 5. Nie pamiętam tych pięciu zadań. 6. (Czy) nie
masz moich szkieł? 7. Dzieci, nie jedzcie tego! 8. Czego
ona szuka? Szuka tych pięciu pism. 9. Mamy teraz dużo
wieczornych zebrań. 10. Czytam dwa krótkie zdania z
twojego zadania. 11. On nie ma takich narzędzi. 12. Jak
wiesz, szukamy mieszkania. 13. Mało jest dużych mieszkań. 14. Proszę nie czekać na dzieci. 15. Nie znam tych
trzech polskich miast. 16. Życie tu jest bardzo przyjemne.
17. Ja już wiem, jak to jest zrobione. 18. Czytajmy razem.

Lesson 8

Exercise

1. Jest tu pięć bardzo głębokich jezior. 2. Znam tylko
sześć polskich słów. 3. Tylko siedem okien jest otwartych.
4. Czytamy codziennie kilka wieczornych pism. 5. Koło
biurka jest kilka krzeseł. 6. Macie tu osiem bardzo starych
drzew. 7. Z tych miast pięć jest dużych, dziewięć małych.
8. Może pamiętasz tych dziesięć zdań. 9. Kupuję tych kilka
jabłek. 10. Nie kupuje tych ośmiu jabłek. 11. Nie biorę
tych dziewięciu pudełek. 12. Szukam tych dziesięciu miast.

Translation

1. Kto zostaje? 2. Co zostaje? 3. Ile zostaje? 4. Ile
jabłek zostaje? 5. Ile okien jest otwartych? 6. Niech pan
nie kupuje takich drogich jabłek. 7. Czy oni tu zostają na
święta? 8. Co dajesz na śniadanie? 9. One dają sześć
jajek, Maryla daje masło, a ja daję mleko. 10. Mieszkanie
jest zawsze zamknięte. 11. Gdzie ona pracuje? 12. Oni
mają kilka pięknych starych krzeseł. 13. Nie zostaję tu
długo. 14. On wraca niedługo. 15. Pracujmy dziś i jutro.

Lesson 9

Exercise

1. Dzisiaj-dziś — teraz. Codziennie-codzień — zawsze.
Jutro — znowu. 2. Tu — tam. 3. Może — pewnie.
4. Także — już — razem.

Translation

1. Gdzie jest krzesło, przed biurkiem, czy za biurkiem?
2. Krzesło jest za biurkiem, koło okna. 3. Kto zostaje z
dzieckiem? 4. Dlaczego pani nie pozwala dziecku
śpiewać? 5. Idę ku oknu. 6. Gdzie one mieszkają?
7. One mieszkają nad morzem. 8. Oni mieszkają za
miastem. 9. Piszę zadanie. 10. Co pożyczasz temu
dziecku? 11. Co jest pod pudełkiem? 12. Oni mieszkają
pod naszym biurem. 13. Te dzieci są bardzo spokojne.
14. Pod tym drzewem jest dużo jabłek.

Lesson 10

Exercise

z pudełkami	z pudełka	od tego święta
pod pudełkiem	do pudełek	przed tym świętem
ku morzom	z moimi dziećmi	naszemu dziecku
od mórz	dla mojego dziecka	od tych dzieci

Translation

1. Pracują w polach. 2. Biurko jest przed oknami.
3. Ona wraca do miasta z dziećmi. 4. Nie pożyczaj
dzieciom ostrych narzędzi. 5. Idę ku oknom. 6. Czy
panowie wiedzą o tych dwóch lotniskach? 7. W następ-
nych zadaniach jest dużo nowych słów. 8. Nie otwieraj
tego pudełka przed świętami. 9. Czego pan szuka w tych
pismach? 10. Kto rozmawia z dziećmi?

Lesson 11

Exercise

Nie mówcie tego.	Nie mówmy tego.
Nie róbcie tego.	Nie róbmy tego.
Nie palcie tego.	Nie palmy tego.

Nie słuchajcie tego.   Nie słuchajmy tego.
Nie patrzcie na to.   Nie patrzmy na to.
Nie liczcie na to.   Nie liczmy na to.

Translation

1. Co robią dzieci? 2. Czy pani uczy polskiego? 3. Co tu widzisz? 4. Czy lubisz kino? 5. Lubię spokojne życie. 6. Nie mów tego. 7. Zosia lubi pływać i jak pani widzi, pływa bardzo dobrze. 8. Staszek za dużo pali. 9. Patrzymy na te piękne stare drzewa. 10. Jakie cygara pan pali? 11. Ja wiem, że ona nie słyszy dobrze. 12. Co on mówi? 13. Dlaczego on to mówi? 14. Czy lubicie mleko? 15. Nie rozumiem, co to znaczy.

Lesson 12

1. Brat i siostra; mąż i żona; syn i córka; dziadek i babka. 2. Nie widzę twojego wuja. 3. Co je lew? 4. Nie mamy konia, ale mamy psa i kota. 5. Czy ty znasz mojego brata? Twojego brata Władka? Tak, ja mam tylko jednego brata. 6. Zadanie Staszka jest najlepsze. 7. Nauczycielka patrzy na was. 8. Pamiętaj słowa twojego ojca. 9. Matka kupuje taki sam ołówek. 10. Ptak patrzy na kota, a kot na ptaka. 11. Moje mieszkanie jest takie samo jak twoje.

Lesson 13

1. Ona znała mojego brata bardzo dobrze. 2. Jezioro było bardzo głębokie. 3. Mój wuj miał duże mieszkanie. 4. Chłopiec nie pamiętał tego słowa. 5. Czytam długi list od mojego syna, który był nad morzem z dziećmi. 6. Dom mojego dziadka był stary i piękny, ale za duży dla mojego brata. 7. Ta krowa daje dużo mleka. 8. Chłopiec słuchał opowiadań dziadka. 9. Ona pewnie nie słyszała, co on mówił. 10. Czyja to owca? To nasza owca. 11. Wuj zawsze za dużo jadł. 12. Droga była bardzo dobra. 13. Czego on szukał? 14. Nie pozwalał dzieciom śpiewać. 15. Co on czytał? 16. Hania miała cztery pióra, a Jaś miał sześć piór. 17. To jest cała prawda.

Lesson 14

Exercises 1 and 2

1. Na kogo pani patrzyła? 2. Zosia lubiła ten stary las.
3. On zawsze czytał wieczorne pisma. 4. Hania miała list
dla Staszka. 5. To dziecko nic nie słyszało.
1. Nikogo nie widział. 2. Nikomu nie dała tego listu.
3. Nigdy nie mam czasu. 4. Oni nic nie wiedzą. 5. On z
nikim nie rozmawiał. 6. Ona o niczym nie mówiła.
7. Tu nikogo nie ma. 8. W pismach nic nie było. 9. Żadna
z nas dzisiaj nie ma czasu. 10. Pies nic nie jadł. 11. Na
nikogo nie czekamy. 12. Jeszcze nic nie widać.

Translation

1. Bardzo lubię chleb z masłem. 2. Na co patrzysz?
3. Kto idzie do lasu? Nikt, nie mamy czasu. 4. Ojciec
mówi, że nic nie słyszał. 5. On nigdy nie palił cygar.
6. Mamy drzewo z lasu. 7. Gdzie jest ten nowy sklep?
8. Przez cały ten czas miał tylko jeden list od brata. 9. Ja
nigdy nie wiem, co on robi. 10. Żadne dziecko tego nie
wiedziało. 11. Ja nigdy do nikogo nie piszę na Boże Narodzenie. 12. O kim rozmawiacie? 13. Ojciec kupuje ten
dom dla brata. 14. Z kim ona idzie do miasta? 15. Kiedy
oni wracają do Londynu? do Krakowa? 16. Ten sklep z
owocami był zamknięty. 17. Ona nie lubi tego sera.
18. Ktoś czeka na pana.

Lesson 15

1. Dziewczynka się myje. Chłopiec się myje. Dziecko
się myje. 2. O co ojciec się gniewał? O ten list. 3. Bardzo się cieszę, że kupujecie ten dom. 4. Mąż tam był z
córkami. 5. Chłopiec się cieszy, bo nie spodziewał się
takiego dobrego świadectwa. 6. Ona uczyła mojego syna
polskiego. Ona uczyła się polskiego. 7. Jak się ma pana
matka? 8. Dziwię się, że to mieszkanie jest takie zimne.
Mieszkania w starych domach są często bardzo ciepłe.
9. Nie lubię zimna. 10. On mieszkał z moim bratem.
11. Mój mąż był bardzo chory, ale już się ma lepiej.
12. Było bardzo ciepło nad morzem. 13. Kto się uczy
lepiej—on czy ona? 14. Teraz się wstydzą tego listu.

15. Cieszymy się z waszego zwycięstwa. 16. Matka spodziewała się listu od brata. 17. Moje biuro było bardzo ciemne i zimne. 18. Dzieci zostają tu na święta z dziadkiem i ciotkami. 19. Nie śmiej się z tego. 20. To się często widzi. To się często widziało. To się często słyszy. To się często słyszało. 21. Dlaczego palisz ten list? Co się tu pali? 22. To okno się nie zamyka. 23. Twoje życie się zaczyna, moje się kończy.

Answers to questions

1. Masło robi się z mleka. Krzesła robi się z drzewa. Okna robi się z drzewa i ze szkła. 2. Po południu robi się zimno. 3. Nie, słowo sport to nie polskie słowo, to angielskie słowo.

Lesson 16

1. Pani się nigdy nie spóźniała, ja wiem. 2. Nie słyszałem tego ciekawego opowiadania. 3. Nie wierz temu chłopcu. 4. Po południu jest tylko jeden pociąg. 5. Nigdy nie lubiłam sera. 6. Staszek jest bardzo zajęty, pisze zadanie. 7. Zupełnie nie wiem, komu dziękować. 8. Zbliżają się święta Bożego Narodzenia. 9. Czy mówiłeś nauczycielowi, że wczoraj byłeś chory? 10. Proszę pana, był tu jakiś chłopiec z listem do pana. 11. Przez pewien czas nie kupowałam mięsa, my jemy bardzo mało mięsa. 12. Bóg wszystko wie i wszystko widzi. 13. Ja nigdy nic twojemu bratu nie pożyczałem. 14. Nie pamiętam jak on się nazywa. 15. Gdzie widziałaś mojego kota? 16. Czego się dzisiaj uczyłeś? 17. Dlaczego ona się tak spieszyła? 18. Dziecko nie umiało pływać. 19. Wierzyłaś ojcu, ale nie mężowi. 20. O co się gniewałeś?

Lesson 17

Exercise 1

1. Uczniowie nie umieli polskiego. 2. Anglicy nie lubią cudzoziemców. 3. Generałowie nie mieli czasu. 4. Ogrodnicy znali każde drzewo. 5. Przez pewien czas chłopcy spóźniali się. 6. Urzędnicy nie wiedzieli o tym. 7. Polacy nie rozumieli Anglików. 8. Kupcy sprzedawali jabłka.

Exercise 2

1. Janka i Zosia nie miały psa. 2. Janek i Zosia nie mieli syna. 3. Matka i żona spieszyły się do sklepu. 4. Mąż i syn spieszyli się do biura. 5. Śmiali się, gdy to czytali. Śmiały się, gdy to czytały. 6. Cieszyłyśmy się bardzo. Cieszyliśmy się bardzo. 7. Nie znaliśmy żadnych generałów, pułkowników ani kapitanów, ale znaliśmy dwóch biskupów i trzech profesorów. 8. Rybacy mieszkali nad morzem. 9. Aktorzy rozmawiali z autorem. 10. Zarabialiście tyle co oni. 11. Byli to bohaterzy. 12. Szkoci ciężko pracowali.

Lesson 18

1. Mięso mamy od rzeźnika, chleb od piekarza, a mleko od mleczarza. 2. Czy pan zna jakiego dobrego lekarza? Nie, nie znam tu żadnych lekarzy. 3. Polacy i Anglicy bardzo lubią konie. 4. Po południu deszcz padał. 5. Żołnierze zdejmowali płaszcze. 6. Nie mam kluczy. 7. Mieliśmy dwa parasole. 8. Są tu dwa cmentarze polskich żołnierzy i lotników. 9. Ogień dobrze się palił. 10. Wczoraj mieliśmy gości. 11. Ten lekarz jest moim przyjacielem. 12. Czyje to są płaszcze i kapelusze? 13. Nigdy nie widziałem takiego wielkiego niedźwiedzia. 14. Nie mieliśmy noży, widelców i talerzy. 15. Słonie lubią cień, ale nie lubią deszczu. 16. Trzy pokoje są duże, dwa są małe. 17. Mój brat był nauczycielem, a mój mąż inżynierem. 18. Czy to są twoje kołnierze? 19. Kraków był miastem królów polskich. 20. To jest zrobione z bardzo drogiego metalu. 21. Nie wyjmuj tych papierosów z pudełka. 22. Nie znam twoich przyjaciół. 23. Ty jesteś małym chłopcem. My jesteśmy żołnierzami.

Lesson 19

Exercise

1. drodzy synowie—drogich synów; 2. moje nowe kapelusze—moich nowych kapeluszy; 3. tacy żołnierze—takich żołnierzy; 4. ci młodzi Anglicy—tych młodych Anglików; 5. nasi dyrektorzy, nasi dyrektorowie—naszych dyrektorów; 6. twoi najlepsi przyjaciele—twoich najlepszych przyjaciół; 7. noże i widelce—noży i widelców;

8. te głębokie talerze—tych głębokich talerzy; 9. wszyscy polscy chłopi—wszystkich polskich chłopów.

Translation

1. Uczniowie byli dobrze przygotowani. One były dobrze przygotowane. 2. Ci dwaj Kanadyjczycy bardzo lubią polskie ciastka. Rozmawia z tymi dwoma Kanadyjczykami. 3. Nie słyszeliśmy dzwonka. 4. Wszystko było ułożone i przygotowane. Wszyscy byli przygotowani. Wszystkie były przygotowane. 5. Wszyscy trzej synowie byli lekarzami. 6. Ilu robotników macie? Ile jabłek macie? Mamy wielu robotników. Mamy wiele jabłek.

Lesson 20

1. Każdy uczeń robi błędy. 2. Krowa ma rogi. 3. Nie lubię szpinaku, ale bardzo lubię polski barszcz. 4. To są słowniki mojego ojca. 5. Gdzie kupujesz te cukierki? 6. On miał długi. 7. Widziałem się z nim kilka dni temu. 8. Kiedy on sprzedaje te cztery domy? W poniedziałek. 9. W sobotę są trzy dobre pociągi. 10. Mamy wszystko gotowe (or: przygotowane) na niedzielę. 11. Robotnicy kupują dzienniki. Rolnicy sprzedają ziemniaki. Ci urzędnicy znają różne języki. 12. Przyszywałam guziki do płaszcza. 13. We wtorek chłopcy byli sami w domu. 14. Czy macie wolny dzień we czwartek? Tak, nasz ostatni wolny dzień.

Lesson 21

1. Pierwszy raz spóźniłem się do biura. 2. Kupiliśmy dwa ołówki i pióro. 3. Wróć na obiad. 4. Tym razem powtórzył całe zdanie bez błędu. 5. Babcia nie pozwalała nam palić w domu, zwłaszcza w tych pokojach. 6. We czwartek zarobiłem dziesięć złotych. 7. Nie pożyczaj tego słownika nikomu. 8. Nasi pracownicy zarabiają bardzo dobrze. 9. Doktor nie pozwolił wczoraj mężowi iść do biura. 10. Nie przyszyłaś tego guzika. 11. Zawsze powtarzaliśmy każde zdanie trzy razy. 12. Kupowaliśmy ziemniaki od wuja.

Lesson 22

1. Ziemia jest okrągła. Mamy tu bardzo dobrą ziemię. 2. Nie dostałam dzisiaj mleka. 3. On zarabiał mało, a

wydawał dużo. 4. Mój wuj miał bardzo dobrą gospodynię.
Moja ciotka była bardzo dobrą gospodynią. Nasza gospodyni nie pozwala nikomu spóźniać się na obiad. Goście żegnali się z gospodynią (z panią domu). 5. Polska jest ojczyzną Polaków. 6. Staszek nie oddał mu tych pieniędzy. 7. Proszę podać mi tę książkę. 8. Mój brat rozmawiał z panią S. i twoją córką. 9. Mój ojciec miał krowę i dwa konie. 10. Czekałem na żonę i córkę. 11. Co im dałeś? Co on wam dał? 12. Ile wydałeś? 13. Mieszkaliśmy z matką męża; mieliśmy cztery pokoje i bardzo małą kuchnię. 14. Dziewczyna od ogrodnika czeka na panią, ona mówi, że ogrodnik ma tę żółtą różę dla pani. 15. Nie przestawaj się uczyć. 16. Mleko jest białe, masło jest żółte, ta róża jest czerwona. 17. Moja córka jest nauczycielką. 18. Zostawiam mu parasol.

Lesson 23

1. Mam bardzo dobrą uczennicę. 2. Zostaliśmy tam przez zimę. 3. Matka nie lubi herbaty z mlekiem, ale lubi białą kawę. 4. Spodziewaliśmy się wczesnej wiosny. 5. Burza idzie. 6. Żyrafa ma długą szyję. 7. Nie wierzę pani T. 8. Dostałem osiemnaście listów od żony. 9. Dwanaście noży i widelców; dwadzieścia ciastek; siedemnaście koni; dwunasty uczeń; trzynasta uczennica; czternastu nauczycieli; piętnaście piór; kilkunastu chłopców; kilkunastu żołnierzy; kilkanaście kotów, koni, stołów, pudełek. 10. Dyrektor nie ma żadnej władzy. 11. Ta dziewczynka jest czarną owcą naszej szkoły. 12. Dlaczego nie umiesz lekcji? 13. Żona zawsze pomagała gospodyni, która była chora. Żona bardzo dobrze gotuje. 14. Był on jedynym synem mojej ciotki. 15. Rozmawiali o poezji.

Lesson 24

Exercise 1

1. Lubicie je? 2. Podziękowaliśmy im. 3. Uczę ją (rare: je, to dziecko). 4. Czy one ci pomagają? 5. Za co oni go przepraszali? 6. Nie dziwimy się im. 7. Dali mu—dali jej—kawałek chleba. 8. Mówiły mi o tym.

Exercise 2

1. Ciocia zrobiła herbatę. 2. Podała kolację. Podał kolację. 3. Policzyłem noże i widelce. Policzyłam noże i widelce. 4. Matka i żona zjadły śniadanie. 5. Zrozumieliście to zdanie? Zrozumiałyście to zdanie? 6. Powtórzyłem tę lekcję. Powtórzyłam tę lekcję. 7. Pożyczyłem ci tych dwanaście ręczników. Pożyczyłam ci tych dwanaście ręczników. 8. Zostali przez niedzielę. Zostały przez niedzielę. 9. Nauczył się sam, bez nauczyciela. 10. Podziękowaliśmy ci za pieniądze. Podziękowałyśmy ci za pieniądze. 11. Wróciliśmy do pralni. Wróciłyśmy do pralni. 12. Przyszyli guziki. Przyszyły guziki.

Translation

1. To mnie wcale nie zdziwiło. 2. Właściciel tej księgarni był dawniej nauczycielem, uczył moją siostrę i brata. 3. Wszyscy go lubili. 4. Ona jeszcze się tego nie nauczyła. 5. Oni nie znają innej drogi. 6. Matka mię nauczyła gotować. 7. Zjadł kawałek chleba z masłem. 8. To są te słowa, których nie rozumiałem. 9. Twoja suknia jest w pralni. 10. Miałem wczoraj długą rozmowę z naszym ogrodnikiem. 11. Pytałem się ojca, ale nie wiedział. 12. Przepraszam pana, czy to pana książka? O dziękuję pani bardzo, tak, moja. 13. Co ona zrobiła z tego materiału? 14. Tu był kawałek mięsa, gdzie on jest? Dlaczego nie odpowiadasz? Bo, proszę pani, pies je (mięso, or: go, kawałek) zjadł. 15. Dzieci zostały bez matki. 16. Wrócił po chwili. 17. Nie rozumiem takiego życia. Życie tu jest zupełnie inne.

Lesson 25

Exercise

1. Pięć kobiet, sióstr, pań, dyrektorek; od naszych żon, od twoich (waszych) córek; od krów; wiele dróg, szkół, róż; wiele miłych chwil. 2. Pani Kowalska, panna Kowalska, dwie panny Kowalskie; pani Rawiczowa, panna Rawiczówna, dwie panny Rawiczówny. 3. Idę do państwa Kowalskich, do państwa Rawiczów.

Translation

1. Wiesz, że doktor nie pozwolił ci pić czarnej kawy.
2. Ona nie lubi gór, ona lubi morze. 3. Panie były w kuchni. On był w księgarni. 4. Czy czytałeś jakie nowele Sienkiewicza? 5. Pożyczyłem te dwa tomy od pana Borskiego. 6. Śmiał się z sióstr, bo spóźniły się na pociąg. 7. Mam pisma Sienkiewicza w piętnastu tomach. 8. Kot pił mleko. Kot wypił mleko. 9. Dziewczynki zbiły chłopca, bo im nie dał jabłek, zjadł wszystkie sam. 10. Ty masz dwie nogi, ale koń ma cztery nogi. 11. Pan Szaniawski był profesorem literatury polskiej. 12. Proszę pana, zegar w kuchni przestał bić. 13. Biedne dziecko, on nie pamięta ojca; czy pan pamięta pana Gruszewskiego, on był lotnikiem? 14. Podaj mi szklankę wody. 15. Pod drzewami były kosze pełne jabłek. 16. Jestem bez pracy. 17. Rzeki w górach nie są bardzo głębokie, ale woda jest bardzo zimna. 18. Była to bardzo ciężka, ale ciekawa praca.

Lesson 26

Exercises

1. W pełnym słońcu; w tym miesiącu, w zeszłym miesiącu, w przyszłym miesiącu; na swoim miejscu; w czystym powietrzu; w każdym przysłowiu; dla mojej rodziny; w prawym oku; w lewym uchu; w wielkim strachu; w dobrym zdrowiu; w sercu matki; na cmentarzu; w pośpiechu; w domu.
2. On się nie chciał uczyć. Oni się nie chcieli uczyć. On się nie mógł uczyć. Oni się nie mogli uczyć. Ona się nie chciała uczyć. One się nie chciały uczyć. Ona się nie mogła uczyć. One się nie mogły uczyć.

Translation

1. Zrobiłeś dwa błędy w tym zdaniu. 2. Robotnicy nie mogli pracować na dachu. 3. Jej brat dostał dobrze płatną posadę. 4. Poprawiałem ich zadania w wielkim pośpiechu. 5. Nie pozwalaj (nie pozwól) psu leżeć na łóżku. 6. Chciałem zapłacić mu za te lekcje. 7. W tym miesiącu byłem dwa razy w Poznaniu. 8. Matka nie czuła się dobrze i nie mogła wrócić do Paryża; chciała być w Paryżu na Boże

Narodzenie, ale została w Toruniu do Nowego Roku.
9. Nasz dom był w tym miejscu. 10. Chciałem mieć bardzo
wygodne łóżko. 11. Opowiadał mi o swoim ojcu i o
swoich dzieciach. 12. Jest dużo prawdy w tym przysłowiu.
13. Czy ty wiesz, w kim on się kochał? Nie, nie wiem,
wolę nie wiedzieć. 14. Nie wiem nic o tym uczniu.
15. Ona miała wielu znajomych w Kaliszu. 16. Dziadek
siadał w cieniu, pod tą gruszą; babcia wolała być w słońcu.
17. Niech robi co chce. 18. Staraliśmy się jej pomóc. Nie
mogliśmy jej pomóc. 19. Kto płaci za ten kosz owoców?
20. Lekarz dał mu świadectwo zdrowia. 21. Śmiał się z
naszego strachu. 22. Ona się tak cieszy, bo jej syn wraca
z wojska. 23. To dziecko ma bardzo dobre serce. 24. W
górskim powietrzu czuł się lepiej.

Lesson 27

1. Nasz (mały) piesek ma jedno czarne ucho, a jedno
białe. 2. Cieszę się, że nie zapomniałeś i że zatelefonowałeś*
do Staszka—jak on się dzisiaj czuje? 3. Ojcze nasz!
Kobiety polskie! Robotnicy! Dzieci! Ojczyzno moja!
Droga† ciociu! Polacy! 4. Nie ruszaj się. Nie mogę się
ruszyć. 5. Nie zapomnijcie o tych listach. 6. Janeczku,
czy widzisz tam krówki i koniki? 7. On nie chciał telefonować do ciebie, ty wiesz dlaczego, ale czy nie możecie
spotkać się w kawiarni? 8. Po raz ostatni widziałem go
przed wojną. 9. Nie wrócił z wojny. 10. Jurek, tatuś cię
dwa razy wołał. 11. Proszę zawołać syna. 12. Spoty-
kaliśmy ich czasem, gdy mieszkali w Poznaniu. 13. Spotkałem ją wczoraj. Spotykają się codziennie. 14. Czy
telefonowałeś (zatelefonowałeś) do pani Dembińskiej?
15. Czy pan mnie wołał? 16. Często o tym zapominamy.
Nie zapomniałam o cioci, staram się zrobić, co mogę.

* Or: *zadzwoniłeś* (coll.).   † *Kochana* is more cordial.

Lesson 28

Exercise 1

1. trzy walizki; 2. dworzec, stacja (kolejowa); 3. pierwsza klasa, druga klasa; 4. pięć biletów do Warszawy;
5. Bagażowy! 6. Pociąg ruszył. 7. dwa bilety peronowe.

Exercise 2

1. Stryj to jest brat ojca. Wuj jest to brat matki, albo mąż ciotki.

Translation

1. Wyjdźmy stąd, jest tak gorąco. 2. Idź teraz do miasta, Basiu. 3. Pojedźmy pociągiem. 4. Przyjdźcie jutro. 5. Przyjechali taksówką. 6. Czy pan szedł, czy pan jechał? 7. Dzieci wyszły ze szkoły wcześnie. 8. Jak długo idzie się stąd do pana biura? Jak długo jedzie się z Poznania do Warszawy? 9. Ona już wyszła. 10. Wyjechali do Warszawy. 11. Przyjechał z Warszawy. 12. Pojechali (wyjechali) na kilka dni. 13. Nie zastaliśmy go w domu.

Lesson 29

Exercise

1. Jechaliśmy z nimi do Kalisza. 2. Wracałam z nią z kina. 3. Spotkałem się z nim we środę. 4. Dlaczego nie poszedłeś do niego? 5. Kiedy telefonowałeś do niej? 6. Szła ku nim. 7. Szli ku niej. 8. Tylko dzięki niemu nauczyłam się pływać.

Translation

1. Książka spadła za łóżko. Książka była na ziemi za łóżkiem. 2. Był z nią w restauracji. Weszli do restauracji. 3. Wyjechał do Anglii w ubiegłym (w zeszłym) tygodniu. (On) jest teraz w Anglii. 4. Ona z nim nie żyje. 5. Nie wiedziałem, że jego matka nie żyje. 6. Pożyczyłem od niego dwa tomy poezji Mickiewicza. 7. Nie rzucaj kapelusza na stół. 8. Na lotnisku było dwadzieścia samolotów. 9. Rzucił rybę do koszyka. 10. Mieli dziewiętnaście koszyków ryb. Ryba się gotuje. 11. On się na to nie zgodził. 12. Dostałeś tę książkę? Ja jej jeszcze nie czytałem. 13. Dzieci idą do szkoły. Dzieci poszły do szkoły. 14. Chłopcy byli na lekcji.

Lesson 30

Exercise

1. Dzieci w pierwszej klasie pisały ćwiczenie. 2. Czym pisałeś, piórem, czy ołówkiem? 3. Może pan wolał pisać na maszynie? 4. Ona się bardzo ładnie czesała, nie wie

pani, kto ją czesał? Owszem, wiem, pan Władysław na Marszałkowskiej. Ja i moja córka także się u pana Władysława czesałyśmy. 5. Wszyscy płakaliśmy. 6. On sam nie wiedział, dlaczego płakał. 7. Co ogrodnik robił? Wiązał róże. 8. Czy panie to same pisały?

Proverb: I cannot make ends meet.

Translation

1. Byłem wczoraj w tym sklepie i kupiłem żonie ładny grzebień. 2. Pisz często. 3. W tym czasie ona pomagała mojej żonie. 4. Moje serce zostało w ojczyźnie. 5. Matka płakała, gdy ten list przyszedł. 6. Napisałeś do ojca? 7. Widzieliśmy ten film w Poznaniu w zeszłym tygodniu. 8. Zwiąż te listy. 9. Jak on napisał to słowo? 10. Napisz zaraz do jego matki.

Lesson 31

1. Zawsze ktoś jest w szkole. 2. Pływamy w rzece, w jeziorze, w morzu. 3. Jesteśmy w domu; w biurze; w pokoju na górze; w sklepie; w kinie; na dole; na drodze; na ulicy; na dworcu, na stacji. 4. Papierosy są na stole. 5. Ten cukier jest wilgotny. 6. Wyprałam wczoraj twoje pończochy, ale są jeszcze mokre; ale są jeszcze wilgotne; i w jednej pończosze jest dziura. 7. Nie pierz tych nowych ręczników w gorącej wodzie. 8. Dostała od niego śliczne kwiaty. 9. Piszemy na papierze. 10. Gdzie kupujecie jarzyny? 11. Szliśmy w deszczu i błocie. 12. Ciotki biorą dwie dziewczynki, a dziadek bierze chłopca. 13. Poszliśmy do ogrodu. Byliśmy w ogrodzie. 14. Na podłodze; przy oknie; w dziurze.

Lesson 32

Exercise

1. Panie siedzą przy oknach. 2. Chłopcy stali pod drzewami. 3. Psy leżą przed domami. Pani siedziała przy oknie. Panie siedziały przy oknach. Pies leżał przed domem. Psy leżały przed domami. Chłopiec stoi pod drzewem. Chłopcy stoją pod drzewami.

Translation

1. Słońce świeciło. Gwiazdy świeciły. Księżyc świeci. 2. Panowie rozmawiali o swoim nowym sąsiedzie. 3. Pu-

dełko z papierosami stało na stole. 4. W tym gnieździe były cztery jajka. 5. Pies leżał na łóżku. 6. Są na świecie różne kraje, ale dla nas jest tylko jeden: Polska. 7. Został wierny wierze swoich ojców. 8. Nie mogę czytać przy tym świetle. 9. Stał przy oknie w ciemnym pokoju. 10. Przyszedł po obiedzie. 11. Co tam leży na krześle? 12. Mamy zająca na obiad. 13. Leżał dwa tygodnie. 14. List przyszedł po waszym wyjeździe. 15. W tym małym mieście jest pięć kościołów. 16. Łóżka stały na środku pokoju. 17. Dwie jego córki zginęły w Warszawie. 18. Drzewa kołysały się na wietrze. 19. Kto tam siedzi przy kościele? 20. Stały na środku ulicy.

Lesson 33

Exercise

1. po podróży; 2. w jego (or: swoich) podróżach; 3. w tych wsiach; 4. w tej pieśni; w tych pieśniach; 5. na jego twarzy; 6. między tymi rzeczami; 7. z tą myślą; 8. powiedziała mi o tym; mówiła mi o tym; nie odpowiedziała mi; 9. nie powiedzieli mu o tym; opowiedzieli nam wszystko; odpowiedzieli we wtorek. 10. to ważna sprawa, to inna sprawa; to ważna rzecz, to inna rzecz.

Translation

1. Czy może się pan dla nas dowiedzieć o taką rzecz. 2. To bardzo trudne pytanie. 3. Gwiazdy i księżyc świecą w nocy. 4. W tym domu są myszy. 5. Podróż była bardzo przyjemna. 6. Jechaliśmy nocą. 7. Dowiedziałem się, że moje rzeczy są jeszcze na stacji. 8. Nie mogę odpowiedzieć na to pytanie. 9. Nie chciała ıni tego powiedzieć. 10. Czytałem jego list z wielką radością. 11. Kto odpowiedział na ten list? 12. Dlaczego nie odpowiadasz? 13. Wyjechali na wieś. Mieszkają na wsi. 14. Mamy doskonałe koleje.

Lesson 34

Exercises

1. Alone: 2, 5. The same: 4, 9. Emphasizing a pronoun or noun: 1, 3, 6. Emphasizing a reflexive relation: 7, 8.

2. Konie ciągną wozy. Koń ciągnął wóz. Konie ciągnęły wozy.

Translation

1. Kwiaty rosły nad jeziorem. 2. Szliśmy brzegiem rzeki, oni byli przed nami. 3. Dzieci szybko rosną. 4. Statek płynął do Polski. Statek nie dopłynął do Polski. Rzeki płyną do morza. 5. Zamknijmy okna i zacznijmy naszą pracę. 6. Siostry kłóciły się ze sobą. 7. Płynę ku tobie. On płynął ku mnie. 8. Kto chciał ze mną mówić? Ja chciałem z tobą mówić. 9. Pytał się o ciebie. O mnie? Tak, o was wszystkich. 10. Ciągnij ku sobie. 11. To drzewo rośnie tylko w ciepłych krajach. 12. Biegnij z nami. Biegli szybko ku mnie.

Lesson 35

1. O czym myślałeś? 2. Bardzo lubię barwy jesieni. Dobrze ci w tym kolorze. 3. Powinna była zmienić te ręczniki. On powinien był wyjechać we wrześniu. 4. Wszyscy robotnicy powinni pójść (iść) na zebranie. Wszystkie uczennice powinny mieć białe kołnierze. 5. Trzeba się spieszyć. Trzeba było się spieszyć. Trzeba będzie się spieszyć. 6. Co ty o tym myślisz? 7. Jesień się zbliża, złota polska jesień. 8. Powinniśmy być gotowi w pierwszych dniach lutego. 9. Nie zmieniła się wcale. 10. Napisałem do niego, do niej, do nich, w marcu. 11. Nie myśl, że ja się ciebie boję. Nie myślcie, że my się was boimy. 12. Byłem tam od marca do czerwca. 13. Śmiał się z nich. Dziwił się im. Biegł ku nim. 14. Patrzył (or patrzał) na nią. Ona patrzyła na niego, na nich. 15. Zostaliśmy u nich od początku maja do końca lipca.

Lesson 36
Exercise

1. Wiozą drzewo z lasu. Wiózł drzewo z lasu. Wiozła drzewo z lasu. Wieźli drzewo z lasu. Wiozły drzewo z lasu. Niosą, niósł, niosła, nieśli, niosły kosz jabłek z ogrodu. 3. o czwartej; —o dwunastej—o trzeciej; piąta—pierwsza— dziewiąta; wpół do trzeciej—o wpół do dziesiątej; trzy na piątą, or: za kwadrans piąta—dziesięć po piątej; kwadrans na czwartą, or: kwadrans po trzeciej—za pięć szósta.

Translation

1. Co ona niesie? 2. Moje dziewczęta bardzo lubią jabłka i gruszki. 3. Wszystkie dzieci w mojej rodzinie mają

polskie imiona. 4. Kto przyniósł tę paczkę? Co jest w tej paczce? 5. Nie boję się zwierząt. 6. Co mi przywiozłeś z Londynu? Co mi przyniosłaś z miasta? 7. Trzeba było zostawić auto (wóz, samochód) przy drodze. 8. W roku tysiąc sześćset siedemnastym; w roku tysiąc czterysta dziewięćdziesiątym drugim; w roku tysiąc sześćdziesiątym szóstym; rok tysiąc pięćset dwudziesty piąty; rok tysiąc siedemset osiemdziesiąty pierwszy; rok tysiąc trzysta piętnasty. 9. Przynieś mi szklankę wody. Kiedy oni przywieźli tę szafę? 10. Przyjechali autem (samochodem), bardzo zmęczeni, jechali pięć godzin, a drogi były złe. 11. Lasy są pełne zwierząt i ptaków. 12. On ma dwa imiona, Jan Andrzej. 13. Co im posyłasz na Boże Narodzenie? Już im posłałem dwa tysiące papierosów i kilka książek. 14. Jest to stare polskie nazwisko. 15. Czułam się bardzo zmęczona koło piątej popołudniu.

Lesson 37

1. (Czy) słyszysz? Słuchaj—zegary biją. 2. Zdrowe zwierzę wszystko je. 3. Jeden z jego braci był księdzem. 4. Drzwi do ogrodu były otwarte. 5. Wkładam (kładę) nożyczki do tego pudełka. 6. Ludzie czekają na wiadomości. 7. Nie wolno nam było palić przy pracy. 8. Przez sześć lat ludzie nie mieli wiadomości o swoich rodzinach. 9. Dostałem ten zegarek od mojej matki dwa lata temu. 10. Ona ma śliczne niebieskie oczy. 11. Moi bracia i siostry są w Polsce. Moich braci nie będzie jutro w domu. 12. Księża pomagali ludziom. 13. W której ręce trzymasz nożyczki, prawej czy lewej? 14. Sześć lat byli w Anglii. 15. Wkładam rękę do kieszeni—nie ma pieniędzy. 16 Co ty robisz? Prasuję twoje spodnie. 17. W tej kieszeni jest dziura. 18. Gdzie się kładzie zapałki? Gdzie położyłeś zapałki? 19. Zobacz, która (jest) godzina. 20. Człowiek żyje tylko kilkadziesiąt lat.

Lesson 38

Exercise

1. Chodzę do biura piechotą. Jeżdżę do biura autobusem. 2. Chodzą do biura piechotą. Jeżdżą do biura autobusem. 3. Chodzili—chodziły—do biura piechota. Jeździli—jeździły—do biura autobusem.

Translation

1. Czyścimy noże. 2. Nic ci nie grozi, czego się boisz? 3. Buty muszą być pod łóżkiem. 4. Światło błysnęło między drzewami. 5. Te zielone autobusy jeżdżą (chodzą) do dworca. 6. Koń go kopnął. 7. Ja zawsze noszę dwa zegarki. 8. On nigdy nie nosi kapelusza. 9. Czytywaliśmy polskie gazety (pisma). 10. Proszą o ubrania, nie o pieniądze. 11. Muszę już iść. 12. Dziewczęta chodzą na wszystkie zebrania. 13. Muszę wszystko z miasta sama nosić. 14. Przywożą wszystko do domu. 15. Nawet nie krzyknęła. 16. Chłopi jeżdżą wozami do miasta. 17. Doktor przyjeżdża o jedenastej. 18. Dzieci chodzą do szkoły. Dzieci idą do szkoły. Dzieci jeżdżą do szkoły autobusem. Dzieci są w szkole. 19. Groził mi nożem.

Lesson 39

1. Najstarsi ludzie nie pamiętają takiej ostrej zimy. 2. To jest duża rodzina—jest jeszcze troje młodszych dzieci. 3. Wczoraj mieliśmy najcieplejszy dzień w tym roku. 4. Artyści i poeci nie zarabiają dużo. 5. Jest to najstarsza polska pieśń. 6. Była to najcięższa kara, jaką mógł dostać. 7. Najstarszy syn pracował w fabryce, a najmłodsza córka na poczcie. 8. Zosia jest najładniejszą dziewczyną we wsi. 9. Złoto nie jest najtwardszym metalem. 10. Uboższe domy mają tylko dwa pokoje, kuchnię i łazienkę. 11. To zadanie było łatwiejsze niż tamto. 12. Mężczyźni i kobiety. Chłopcy i dziewczęta. Bracia i siostry. 13. W łazience jest ciepło. 14. W nowym rządzie są dwie kobiety i dziesięciu mężczyzn. 15. W fabryce mydła pracowało czterdziestu pięciu mężczyzn i trzydzieści trzy kobiety. 16. Zdrowie jest najważniejszą rzeczą. 17. W Polsce są bardzo dobrzy dentyści. 18. Po teatrze poszliśmy do kawiarni. 19. Mickiewicz i Słowacki byli poetami. 20. Dalsza praca była bardzo trudna. 21. Spotkałam na poczcie żonę naszego dentysty. 22. Słabe serce; biedni ludzie; głupi żart; mocna kawa; mocne buty.

Lesson 40

1. Kto nam pomoże? 2. Jeżeli dostanę pieniądze, zapłacę ci we czwartek. 3. Co ugotujesz w niedzielę na

obiad? 4. Powtórzymy teraz tę lekcję jeszcze raz. 5. On ci pożyczy tę książkę, jeżeli go poprosisz. 6. Podaj mi tę rękawiczkę, przyszyję ci guzik. 7. Jeżeli jutro będzie deszcz padał, ojciec nie pozwoli nam iść. 8. Kiedy wypiorę te ręczniki, będę prasowała (or wyprasuję) chustki (chusteczki). 9. Będę się pana spodziewał w niedzielę. 10. Słońce będzie świeciło i ptaki będą śpiewały. 11. On tego nie będzie wiedział. 12. Tatusiu, co mi przywieziesz z Warszawy? 13. Wakacje zaczną się piętnastego lipca. 14. Będziemy musieli zmienić jutro te pieniądze. 15. Nie będzie się bała tego mu powiedzieć. 16. Nigdy nic jeszcze nie zgubiłem. 17. Twój pokój będzie na drugim piętrze, po lewej stronie. 18. Będziemy słuchali radia. Będziemy słuchać radia.

Lesson 41

1. Luty jest najkrótszym miesiącem roku; które miesiące są najdłuższe? 2. Oziębiło się po burzy. 3. Zdaje mi się, że ten nóż jest ostrzejszy. 4. Mój starszy brat jest wyższy niż ja. 5. Ona ma teraz lepszą posadę. 6. Przyjdę do ciebie później. 7. Nie widziałem ich od Bożego Narodzenia, co u nich słychać? 8. Bardzo mu się podobał nasz stary zegar. 9. Odpowiedział ostro, że nie może tego zrobić. 10. To jest nasza najniższa cena. 11. Nie chce mi się tam iść. 12. Bardzo mądrze zrobiłaś. 13. Jego nam mniej żal niż jej. 14. Najlepiej czuję się na wsi. 15. Czy pani smakowały te ciastka? 16. Nigdy nie pamiętam, co mi się śniło. 17. Nie udało mi się skończyć tej książki w lipcu. 18. Ta mniejsza walizka nie jest lżejsza niż ta duża. 19. Wydawało się nam, że koniec wojny był już bliski, ale tak nie było. 20. Najdłuższa podróż; najkrótsza droga; lekki wiatr; wysoki mężczyzna—najwyższy mężczyzna; najbiedniejsi ludzie, najubożsi ludzie. 21. Ząb mnie boli. 22. Kupił ten dom bardzo tanio. 23. Słyszysz?—grzmi.

Feminine Nouns

Neuter Nouns

Pronouns

Personal Pronouns:

Singular and Plural	1st person	2nd person	3rd person
Nominative	2	2	2
Accusative	11, 24, 34	11, 24, 34	24, 29, 35
Vocative	34	34	—
Genitive	11, 34	11, 34	29, 35
Dative	22, 34	22, 34	22, 29, 35
Instrumental ⎱ Locative ⎰	34	34	35

The Reflexive Pronoun—with verbs, 15
    declension, 34
Interrogative Pronouns *kto, co*—3, 4, 9, 14
Indefinite Pronouns *ktoś, coś*, 14
Demonstrative Pronouns and Adjectives—see adjectives.
Possessive Pronouns and Adjectives—see adjectives;
    for the 3rd person, 26; *swój*, 26

Adjectives

Declension—Singular	masc.	fem.	neut.
Nominative	12	12	1
Accusative	12, 18	22	1
Vocative	27	27	1
Genitive	12	23	4
Dative	16	23	9
Instrumental	15	22	9
Locative	26	23	26

Plural	masc. persons	all others
Nominative	19	1, 19, 25
Accusative	1, 17, 18, 25	
Vocative	1, 25, 27	
Genitive	7, 17, 25	
Dative ⎱ Instrumental ⎬ Locative ⎰	10	

Comparison—regular, 39
    irregular, 41

Numbers

Verbs

Various

GENERAL VOCABULARY

EXPLANATIONS

Nouns.—The following forms are given: (1) the nominative and genitive singular; for nouns which in this case have a consonantal, or a consonantal and vowel change, also the locative singular, preceded by a preposition (*o, w,* or *na*); (2) the nominative and genitive plural (divided by a semicolon from the forms of the singular).

Since the rules for the determination of the gender of nouns have been explained in the grammar part of the book (see pp. 7, 50, 51, 177, 199, 218), the gender is indicated only in the case of feminine nouns ending in a soft consonant (fem.) and masculine nouns ending in -*a* (m.).

Diminutives, except those of Christian names, are given with the parent word.

Pronouns.—The forms given are those for the nominative singular for the three genders; but all declensional forms are listed for the Personal and Reflexive, a few for other Pronouns.

Adjectives.—Only the form for the nominative singular masculine is given, from which the feminine (in -*a*) and the neuter (in -*e*) are regularly formed. In the few cases of adjectives ending in a consonant in the nominative singular masculine, the feminine and neuter forms are included.

The nominative plural for masculine persons is given for adjectives which have a consonantal, or a consonantal and vowel change in this form, and which are likely to be used with reference to male persons.

Numbers.—The second form given with the cardinal numbers is that of the genitive which is the same as the nominative for masculine persons.

Verbs.—The following forms are given:

(1) The infinitive—for the first conjugation verbs which are all regular, this is the only form given.

(2) The third person singular and plural:

    (*a*) of the present tense—for imperfective verbs, indicated by the letter *i.*, after a Roman figure denoting the number of conjugation;

    (*b*) of the future tense—for perfective verbs, indicated by the letter *p.* (as above).

(3) The imperative for the second person singular.

Whenever in common use, the perfective correspondent is given with an imperfective verb. The conjugation of that perfective in the future tense (perfectives have no present) is illustrated by the third person singular and plural, followed by the imperative. When, however, this future is analogous to the present tense of the corresponding imperfective, this is indicated by the word *like* followed by the infinitive of that imperfective, e.g.:

    bić, bije, biją, bij, III i.; p.: zbić, like bić, should read:

    the future tense of the perfective *zbić* is *zbije, zbiją* (like the present of the imperfective *bić*), the imperative is *zbij* (like the imperative of *bić*).

Iterative verbs, denoting a repeated action and always imperfective, are indicated: *i. iter.*

Semelfactive verbs, denoting an action performed once only and always perfective, are indicated: *p. semelf.*

A		Lesson
a	and, but, whilst . .	8
aby	in order to, to . .	28
aktor, aktora, o aktorze; aktorzy, aktorów	actor	17
albo	or; albo—albo, either—or . . .	18, 39
ale	but	4
aleja, alei; aleje, alei	avenue	28
Andrzej, Andrzeja, dim.: Jędrek, Jędrka	Andrew . . .	36
angielski, masc. pers. angielscy .	English . . .	13
Anglik, Anglika; Anglicy, Anglików	Englishman . .	17
ani	not even; ani—ani, neither—nor; ani jeden, not a single .	5, 10

ciastko, ciastka; ciastka, ciastek,
   further dim.: ciasteczko . . — cake, French pastry . 19, 27
ciasto, ciasta, w cieście . . . — dough, pastry . . 32
ciąg—w ciągu . . . — in the course of, during . 37
ciągnąć, ciągnie, ciągną, ciągnij, III
   i.; p.: pociągnąć, like ciągnąć . — to draw, to pull . . 34
ciekawy . . . . . — curious, interesting 13, 19, 39
ciemny . . . . . . — dark 15
cień, cienia; cienie, cieni or cieniów . — shadow; shade . . 18
ciebie (gen. and acc. of ty) . . — thee, you . . . 34
ciepło, ciepła, w cieple . . . — warmth . . . 15
ciepło . . . . . . — warmly . . . 15, 41
ciepły, masc. pers.: ciepli . . — warm . . 15, 19, 39
cieszyć się, cieszy się, cieszą się, ciesz
   się, IV i.; p.: ucieszyć się, like
   cieszyć się . . . . — to be glad, to be well
      pleased, to rejoice . 15, 24
cię (acc. and gen. of ty) . . . — thee, you . . 24, 34
ciężki, masc. pers. ciężcy . . — heavy; hard, difficult . 9, 39
ciężko . . . . . — heavily, hard (adverb) . 8
ciocia, cioci; ciocie, cioć . . — auntie . . . 13
ciotka, ciotki, o ciotce; ciotki, ciotek — aunt . . . 12, 22
cło, cła, na cle; cła, ceł . . — customs; customs duty . 38
cmentarz, cmentarza; cmentarze,
   cmentarzy . . . — cemetery . . . 18
co . . . . . . — what; co za, what a 3, 4, 14, 33
codziennie or codzień . . . — every day, daily . . 8
coś, czegoś . . . . — something . . . 14
córka, córki, o córce; córki, córek,
   dim.: córeczka . . . — daughter . . 12, 22, 27
cudzoziemiec, cudzoziemca; cu-
   dzoziemcy, cudzoziemców . — alien, foreigner . . 17
cukier, cukru, w cukrze . . . — sugar . . . 31
cukierek, cukierka; cukierki, cukierków . . . . . — sweet, candy . . 20
cygaro, cygara, w cygarze; cygara,
   cygar . . . . . — cigar . . . 11
czarny . . . . . . — black 23
czas, czasu; czasy, czasów . . — time . . 14, 16, 19, 20, 21
czasem . . . . — sometimes, occasionally . 27
czekać, I i.; p.: poczekać or zaczekać,
   like czekać . . . — to wait . . . 2, 29
czekolada, czekolady, w czekoladzie — chocolate . . . 28
czemu (used in place of dlaczego) . — why . . . 27
czerwiec, czerwca . . . — June . . . 35
czerwony . . . . . — red 11
czesać, czesze, czeszą, czesz, III i.;
   p.: uczesać, like czesać . . — to do the hair, to comb 30
często . . . . . — often . . . 10, 21
człowiek, człowieka; ludzie, ludzi . — human being, man . 37
czterechsetny . . . . — four hundredth . . 36

Lesson

czterej (masc. pers.) . . .	four . . .	19
czterdziesty	fourtieth . . .	33
czterdzieści, czterdziestu . .	forty . . .	33
˙zternasty	fourteenth . .	23
czternaście, czternastu . .	fourteen . . .	23
cztery, czterech . . .	four . . 1 7, 19
czterysta, czterystu . . .	four hundred . .	36
czuć się, czuje się, czują się, czuj się, III i.	to feel, to be feeling . 26, 36
czwartek, czwartku; czwartki, czwartków	Thursday . . .	20
czwarty	fourth . . .	21
czworo, czworga	four (collective) . . 1, (37)
czy	whether; or . .	3
czy tak?	is it so . .	7
czyj, czyja, czyje . . .	whose . . 3, 12, 19
czysty, masc. pers. czyści .	clean, pure . . . 23, 39
czyścić, czyści, czyszczą, czyść, III i; p.: oczyścić, wyczyścić, like czyścić	to clean . . .	38
czytać, I i; p.: przeczytać, like czytać	to read . . .	2
czytywać, czytuje, czytują, czytuj, III i. iter.	to read . . .	38
ćwiczenie, ćwiczenia; ćwiczenia, ćwiczeń	exercise . . .	12

D

dach, dachu; dachy, dachów . .	roof . . . 26, 29
dalej	further . . .	37
daleki, masc. pers. dalecy . .	far, distant . .	39
dawać, daje, dają, dawaj, III i.; p.: dać, future: da, dadzą (lesson 40); daj, II	to give . . 8, 22, 40
dawniej	formerly . . .	17
dawno	for some time; (for) a long time . .	30
dentysta, dentysty, o dentyście; dentyści, dentystów, m. . .	dentist . . .	39
deszcz, deszczu; deszcze, deszczy or deszczów	rain; deszcz pada, it is raining . . .	18
diabeł, diabła, o diable; diabły, diabłów	devil . . .	16
dla, prep. with gen. . . .	for . . .	4
dlaczego	why . . .	5
dług, długu; długi, długów . .	debt . . .	20
długi, masc. pers. dłudzy . .	long . . 7, 19, 39
długo	long (adverb), for a long time . . . 8, 41

G

Lesson

jasny, masc. pers. jaśni . . . light, clear . . . 15, 32
ją (acc. of ona) . . . her . . . 24 35
je (acc. of ono; acc. of one) . it; them . . . 24, 35
jechać, jedzie, jadą, jedź, III i.; p.:
    pojechać, like jechać . . to go (by some means of
        transport) . . 28, 38
jeden, jedna, jedno; jeden z (gen.) . one; one of . 1, 12, 21
jedenasty . . . . eleventh . . . 23
jedenaście, jedenastu . . eleven . . . 23
jedyny . . . . . the only . . . 23
jego . . . . . his; its . . . 26, 35
jego (acc. of on; gen. of on, ono) . him; (of) him, (of) it . 35
jej . . . . . her, hers . . 26, 35
jej (dat. and gen. of ona) . . (to, of) her . . 22, 29, 35
jemu (dat. of on, ono) . . (to) him, it . . . 35
jesień, jesieni, fem. . . . autumn . . . 35
jest . . . . . is; there is . . . 1, 8
jeszcze . . . . . still . . . 13, 14
jeszcze nie; jeszcze raz . . not yet; once more 13, 14, 21
jeść, irregular, see pp. 21, 30, 79—i.;
    p.: zjeść, like jeść . . to eat . 5, 7, 13, 17, 24
jezioro, jeziora, w jeziorze; jeziora,
    jezior . . . . lake . . . 6, 8, 31
jeździć, jeździ, jeżdżą, IV i. iter. . to go (regularly, by some
        means of transport) . 38
jeżeli . . . . . if 40
Jędrek, see Andrzej 36
jęknąć, future: jęknie, jękną, III p.:
    semelf. . . . . to utter a groan . . 38
język, języka; języki, języków . tongue; language . . 20
Józef, Józefa, dim. Józek, Józka . Joseph, dim. Joe . . 27
Jurek, Jurka, dim. of Jerzy, Jerzego . George . . . 27
jutro . . . . . to-morrow . . . 8
już; już nie . . . . already; no longer, no
        more . . 5, 12, 14

K

Kalisz, Kalisza . . . a town in Poland . 26
Kanadyjczyk, Kanadyjczyka;
    Kanadyjczycy, Kanadyjczyków Canadian (man) . . 17
kapelusz, kapelusza; kapelusze,
    kapelusze . . . hat 18
kapitan, kapitana; kapitanowie,
    kapitanów . . . captain . . . 17
kapusta, kapusty, w kapuście . cabbage . . . 32
kara, kary, o karze; kary, kar . punishment . . 31
kasa, kasy; kasy, kas . . . cash register, cashier's
        desk, booking office . 28
Kasia, Kasi, dim. of Katarzyna . Kathleen, Catherine . 27

	Lesson
koń, konia; konie, koni; dims.: konik, koniczek . . . . . horse . . .	12, 18, 27
kończyć, kończy, kończą, kończ, IV i.; p.: skończyć, like kończyć . to finish, to end (something, transitive); kończyć się, to end (intransitive) . .	15
kopnąć, future; kopnie, kopną; kopnij, III p. semelf. . . to give a kick . .	38
kosz, kosza; kosze, koszów; dims.: koszyk, koszyczek . . basket . .	26, 27
koszula, koszuli; koszule, koszul . shirt; chemise . .	23
kościół, kościoła, w kościele; kościoły, kościołów . . . church . . .	32
kość, kości; kości, kości, fem. . . bone . . .	33
kot, kota, o kocie; koty, kotów; dims.: kotek, koteczek . . . cat . .	12, 16, 20, 27
koza, kozy; kozy, kóz . . . goat . . .	30
kraj, kraju; kraje, krajów . . country . . .	18
Kraków, Krakowa . . . . Cracow . .	14, 30
krawat, krawatu, w krawacie; krawaty, krawatów . . . neck-tie . .	30
krowa, krowy; krowy, krów; dim.: krówka, króweczka . . . cow . .	13, 27
król, króla; królowie, królów (rarely: króli) . . . . king . . .	18
krótki . . . . . short, brief . .	7, 39
krótko . . . . . briefly; (for) a short time . .	41
krzesło, krzesła, na krześle; krzesła, krzeseł . . . . chair . .	8, 31
krzyknąć, future: krzyknie, krzykną; krzyknij, III p. semelf. . . to cry out, to utter a shriek . .	38
ksiądz, księdza; księża, księży . priest . .	37
książka, książki, w książce; książki, książek; dim.: książeczka . book . .	22, 27, 31
księgarnia, księgarni; księgarnie, księgarni or księgarń . . bookshop . .	23
księżyc, księżyca . . . . moon . .	32
kto, kogo . . . . . who . .	3, 4, 9, 14
ktoś, kogoś . . . . . somebody . .	14
który, masc. pers. którzy . . who, which, that .	3, 19
ku, prep. with dat. . . . towards, in the direction of . .	9
kuchnia, kuchni; kuchnie, kuchni . kitchen . .	19
kupiec, kupca; kupcy, kupców . merchant . .	17
kupować, kupuje, kupują, kupuj, III i.; p.: kupić, future: kupi, kupią; kup, IV . . to buy . .	8, 21, 40

łyżka, łyżki, w łyżce; łyżki, łyżek; dim.: łyżeczka, teaspoon . . spoon . . . *Lesson* 27

M

Madzia, dim. of Magdalena. .	Maud . . .	27
maj, maja	May	35
major, majora, o majorze; majorowie or majorzy, majorów . .	major . . .	33
malowany	painted . . .	27
mało	little, few . .	4, 37, 41
mały, masc. pers. mali . .	small, little . .	1, 19, 41
mama, mamy, dim. of matka .	mummy . . .	27
mamusia, mamusi, dim. of mama .	mummy . . .	24
Mania, Mani		27
Maryla, Maryli }dims. of Maria .	Mary . . .	5
Marysia, Marysi		27
marzec, marca	March . . .	35
masło, masla, w maśle . . .	butter . . .	4
maszyna, maszyny; maszyny, maszyn; maszyna do pisania, typewriter	machine . . .	30
materiał, materiału, w materiale; materiały, materiałów . .	material . . .	24
matka, matki, o matce; matki, matek	mother . 12, 14, 22, 31	
mądry, masc. pers. mądrzy . .	wise, clever . .	41
mądrze	wisely, cleverly . .	41
mąż, męża; mężowie, mężów . .	husband . . 12, 17	
metal, metalu; metale, metali .	metal . . .	18
mężczyzna, mężczyzny; mężczyźni, mężczyzn, m.	man . . .	39
mgła, mgły, w mgle; mgły, mgieł .	fog . . .	29
mi (dat. of ja)	(to)me . . . 22, 34	
miasto, miasta, w mieście; miasta, miast	town, city . . 7, 32	
Mickiewicz, Mickiewicza, Adam .	Polish poet . .	29
mieć, ma, mają, miej . .	to have . 1, 2, 7, 13, 28	
miejsce, miejsca; miejsca, miejsc .	spot, place, seat; room .	26
miesiąc, miesiąca; miesiące, miesięcy	month . . .	26
mieszkać, I i.	to live, to dwell . .	9
mieszkanie, mieszkania; mieszkania, mieszkań	flat, dwelling, home .	2
Mietek, Mietka, dim. of Mieczysław	boy's name . .	21
mię (acc. and gen. of ja) . .	me . . . 24, 34	
między, prep. with acc. or instr. .	between, among . .	29
mięso, mięsa	meat . . .	16
milion, miliona; miliony, milionów .	million . . .	36
miły, masc. pers. mili . .	nice, pleasant, agreeable 19, 39	
minister, ministra, o ministrze; ministrowie, ministrów . .	(cabinet) minister .	25
minuta, minuty, w minucie; minuty, minut	minute . . . 28, 36	

		Lesson
mleczarz, mleczarza; mleczarze, mleczarzy	milkman	18
mleko, mleka	milk	4
młody, masc. pers. młodzi	young	19, 39
mną (instr. of ja)	(with) me	34
mnie (dat. and loc. of ja)	(to) me; (about) me	34
mnie (acc. and gen. of ja)	me	24, 34
mniej (comp. of mało)	less	39, 41
mniejszy, masc. pers. mniejsi	smaller, lesser	41
mocny	strong	39
modlić się, modli się, modlą się, módl się, IV i.	to pray	16
mokry, masc. pers. mokrzy	wet	19
morze, morza; morza, mórz	sea	1
most, mostu, na moście; mosty, mostów	bridge	12, 14, 20, 32
może	perhaps	5
można	it is possible, one may	26, 41
móc, może, mogą, irregular, see pp. 135, 136	to be able, can, may	26
mój, moja, moje	my, mine	1, 12, 19
mówić, mówi, mówią, mów, IV i.; p.: powiedzieć, like wiedzieć	to speak; to say, to tell	11, 33
mu (dat. of on, ono)	(to) him, (to) it	22, 35
mucha, muchy, o musze; muchy, much	fly	31
musieć, musi, muszą, IV i.	to have to, must	38
muzyka, muzyki, o muzyce	music; band	23
my	we	2, 34
myć, myje, myją, myj, III i.; p.: umyć, like myć	to wash; myć się, umyć się, to have a wash, to wash oneself	15, 24, 40
mydło, mydła, w mydle; mydła, mydeł	soap	15, 31
myśl, myśli; myśli, myśli, fem.	thought	33
myśleć, myśli, myślą, myśl, IV i.; p.: pomyśleć, like myśleć	to think	35
mysz, myszy; myszy, myszy, fem.	mouse	33

N

na, prep. with acc. or loc.	on, at; to; for	2, 10, 29
nad, prep. with instr. or acc.	above, over, at	9, 29
nadzieja, nadziei; nadzieje, nadziei	hope, expectation	23
najbardziej	most	39
najlepszy, masc. pers. najlepsi	best	3, 19, 41
najmniej	least	39, 41
nam (dat. of my)	(to) us	22, 34
nami (instr. of my)	(with) us	34
narzędzie, narzędzia; narzędzia, narzędzi	tool	6

Lesson

nas (acc., gen. and loc. of my) .	us . . .	11, 24, 34
następny	the following, the next .	10
nasz, nasza, nasze . . .	our, ours . .	. 3, 19
nauczyciel, nauczyciela; nauczyciele, nauczycieli	teacher (man) .	. 12, 18
nauczycielka, nauczycielki, o nauczycielce; nauczycielki, nauczycielek	teacher (woman) .	12
nawet	even . . .	36
nazwisko, nazwiska; nazwiska, nazwisk	surname . .	36
nazywać się, I i. . . .	to be called, named	16
nią (acc. and instr. of ona) .	her . . .	29, 35
nic, niczego	nothing . .	14
nich (acc. of oni; gen. and loc. of oni, one)	them; (of, about) them	29, 35
nie	no; not . .	. 3, 14
nie (acc. of ono, one) . .	it; them . .	29, 35
nie ma	there is not, there are not . .	10, 14, 37
niebezpieczny . . .	dangerous . .	39
niebieski	blue; (poetic:) heavenly	23, 37
niebo, nicba	sky; heaven .	30
niech, particle with imperative (p. 30)	let . . .	7
niedługo	shortly, soon, not long, before long .	8
niedobrze	not (too) well .	33
niedziela, niedzieli; niedziele, niedziel	Sunday . .	20
niedźwiedź, niedźwiedzia; niedźwiedzie, niedźwiedzi . . .	bear . .	18
niego (acc. of on; gen. of on, ono) .	him; (of) him, it .	29, 35
niej (gen., dat. and loc. of ona) .	(of, to, about) her	29, 35
niemu (dat. of on, ono) . .	(to) him, it .	29, 35
nieposłuszny	disobedient .	39
nieprzyjaciel, nieprzyjaciela; nieprzyjaciele, nieprzyjaciół . .	enemy .	18
nieść, niesie, niosą, nieś (see p. 200), III i.; p.: przynieść, like nieść .	to carry, to bring .	36
niewygodny	uncomfortable .	39
niewyraźny	indistinct .	39
nigdy	never .	14
nigdzie	nowhere . .	14
nikt, nikogo	nobody . .	14
nim (dat. of oni, one; instr. and loc. of on, ono)	(to) them; (with) him, it	20, 21, 29, 35
nimi (instr. of oni, one) . .	(with) them .	35
niski, masc. pers. niscy . .	low (adjective); short .	41
nisko	low (adverb) .	41
niż	than . .	34

Lesson

pismo, pisma; pisma, pism . . handwriting; writing; periodical . . 3, 29

pisywać, pisuje, pisują, pisuj, III i. iter. . . . . . . to write (regularly) . 38

pisze . . . . . . he, she, it writes . . 16, 30

piszę . . . . . . I write . . . 9, 30

płacić, płaci, płacą, płać, IV i.; p.: zapłacić, like płacić . . to pay . . . 26, 40

płakać, płacze, płaczą, płacz, III i.; p.: rozpłakać się, like płakać, to burst into tears . . . to cry, to weep . . 30

płaszcz, płaszcza; płaszcze, płaszczy or płaszczów . . . overcoat . . . 18

płatny—dobrze płatny . . well paid . . . 26

płynąć, płynie, płyną, płyń, III i.; p.: dopłynąć, like płynąć . . to flow; to sail, swim (to, towards) . . 34

pływać, I i. . . . . . to swim . . . 5

po, prep. with loc. (also acc.) . after; (all) over (some area); (for, p. 149) . 10

pociąg, pociągu; pociągi, pociągów . train 16, 20

początek, początku; początki, początków . . . . beginning, start . . 35, 36

poczekalnia, poczekalni; poczekalnie, poczekalni . . . waiting-room . . 25, 28

poczta, poczty, na poczcie . post; (coll.) post-office . 39

pod, prep. with instr. or acc. . under . . . 9, 29

podawać, podaje, podają, podawaj, III i.; p.: podać, future: poda, podadzą; podaj (like dać) . to pass, to hand, to serve (at table). 22, 23, 40

podłoga, podłogi, na podłodze; podłogi, podłóg . . . floor . . . 31

podoba mi się (coś) . . . (something) looks nice to me, I like something . . . 41

podróż, podróży; podróże, podróży, fem. . . . . . journey, voyage, travel . 33

poeta, poety, o poecie; poeci, poetów, m. . . . . poet . . . 39

poezja, poezji; poezje, poezji (or poezyj) . . . . poetry; plur.: poetical works . . . 23

pojechać, future: pojedzie, pojadą; pojedź; see p. 146, III p.; i.: jechać to go (by some means of transport) . . 28

pokój, pokoju; pokoje, pokojów or pokoi; dims.: pokoik, pokoiczek . . . . . room; peace 12, 14, 18, 27

Polak, Polaka; Polacy, Polaków . Pole . . . 17

Lesson

pole, pola: pola, pól; dim.: pólko	field . . . 1, 27
Polska, Polski, w Polsce . .	Poland . . . 22, 31
polski, masc. pers. polscy . .	Polish . . . 6, 19
polsko-brytyjski	Polish-British . . 6
położyć, future: położy, położą; połóż, IV p.; i.: kłaść, irregular, see above	to lay, to put (down); położyć się, kłaść się, to lie down . . 37
pomagać, I i.; p.: pomóc, like móc (Lesson 26)	to help, to lend a hand 9, 26
pomiędzy, prep. with acc. or instr. .	between, (among) . 29
poniedziałek, poniedziałku; poniedziałki, poniedziałków	Monday . . . 20
pończocha, pończochy, w pończosze; pończochy, pończoch . .	stocking . . . 31
po południu	in the afternoon . . 11
poprawiać, I i.; p.: poprawić, future: poprawi, poprawią; popraw, IV	to correct, to mark (exercises) . . 12
porucznik, porucznika; porucznicy, poruczników . . .	lieutenant . . . 17
posada, posady, na posadzie; posady, posad	position, job . . 26, 31
posłuszny	obedient . . . 39
posyłać, I i.; p.: posłać, future: pośle, pośla; poślij, III .	to send . . . 36
pośpiech, pośpiechu . . .	haste, hurry . . 26
potem	afterwards, later, then . 11
potrzeba mi	I need, I require . . 33
potrzebować, potrzebuje, potrzebują, III i.	to need, to require . 33
powiedzieć, p. of mówić, see mówić .	to say . . . 33
powietrze, powietrza . . .	air 26
powinien, powinna, powinno .	he, she, it ought to, should . . . 35
powinno się	one ought to, one should 35
powtarzać, I i.; p.: powtórzyć, future: powtórzy, powtórzą; powtórz, IV	to repeat . . . 21
Poznań, Poznania . . .	Poznan . . . 26
pozwalać, I i.; p.: pozwolić, future: pozwoli, pozwolą; pozwól, IV .	to allow, to permit 9, 21, 29, 40
pożyczać, I i.; p.: pożyczyć, future: pożyczy, pożyczą; pożycz, IV .	to lend; to borrow . 9, 21
pójść, p. of iść; future: pójdzie, pójdą; past, see p. 146 .	to come, to arrive (on foot) . . . 28
późno	late (adverb) . . 21, 41
późny	late (adjective) . . 41

Lesson

słońce, słońca; słońca, słońc	sun	6, 26
Słowacki, Słowackiego, Juliusz	Polish poet	25
słownik, słownika; słowniki, słowników	dictionary	20
słowo, słowa; słowa, słów	word	3, 19
słuchacz, słuchacza; słuchacze, słuchaczy	listener; (Univ.) student	18
słuchać, I i.	to listen; to be obedient	4
służyć, służy, służą, służ, IV i.	to serve	11
słychać	it is heard, one hears	41
słyszeć, słyszy, słyszą, IV i.; p.: usłyszeć, like słyszeć.	to hear	11
smakuje mi (inf.: smakować)	it tastes good to me, I like it	41
smutno	sadly	41
smutny	sad	39
sobą (instr.)	(with) oneself (myself, etc.)	34
sobie (dat. and loc.)	(to, about) oneself (myself, etc.)	34
sobota, soboty, o sobocie; soboty, sobót	Saturday	20
spadać, I i.; p.: spaść, future: spadnie, spadną; spadnij, III	to fall down	6, 29
specjalista, specjalisty, o specjaliście; specjaliści, specjalistów, m.	expert	39
spieszyć się, spieszy się, spieszą się, spiesz się IV	to hurry	16
spodnie, spodni (plural only)	trousers	37
spodziewać się, I i.	to expect	15
spokojny	quiet, peaceful	9
sport, sportu, o sporcie; sporty, sportów	sport	15, 20
spotykać, I i.; p.: spotkać, I (also used with się).	to meet	27
spóźniać się, I i.; p.: spóźnić się, future: spóźni się, spóźnią się; spóźnij się, IV	to be late	16, 21
sprawa, sprawy; sprawy, spraw	matter; affair, case, business, problem	33
sprzedawać, sprzedaje, sprzedają, sprzedawaj, III i.; p.: sprzedać, future: sprzeda, sprzedadzą; sprzedaj (like dać)	to sell	17, 22, 40
stacja, stacji; stacje, stacji (or stacyj)	station	28
stać, stoi, stoją, stój, IV i.	to stand	32
stado, stada, w stadzie; stada, stad	flock	31
stale	constantly, all the time	21

U

		Lesson
u, prep, with gen.	at (somebody's house)	28
ubierać, I i.; p.: ubrać, future: ubierze, ubiorą; ubierz (like brać)	to dress (somebody, transitive); ubierać się, ubrać się, to dress (oneself)	15
ubogi, masc. pers. ubodzy	poor (not rich)	39
ubranie, ubrania; ubrania, ubrań	clothes; suit of clothes	23
ucho, ucha; uszy, uszu or uszów	ear	9, 37
uczennica, uczennicy; uczennice, uczennic	schoolgirl, pupil	23
uczeń, ucznia; uczniowie, uczniów	schoolboy, pupil	17
uczucie, uczucia; uczucia, uczuć	feeling, emotion	6
uczyć, uczy, uczą, ucz, IV i.; p.: nauczyć, like uczyć	to teach; uczyć się, nauczyć się, to study, to learn	11, 15, 24, 40
udaje mi się (infinitive: udawać się, i.; udać się, p., like dawać, dać)	I am successful in, I succeed in, I manage	41
ujrzeć, future: ujrzy, ujrzą, IV i.; p.: widzieć	to see, to catch sight of	27, 37
ulica, ulicy; ulice, ulic	street	28, 39
ułożony, masc. pers. ułożeni	arranged	19
umieć, umie, umieją, II i.	to know how to	5, 7
uparty, masc. pers. uparci	stubborn	39
uprzednio	previously	40
urzędnik, urzędnika; urzędnicy, urzędników	official, civil servant	17

W

		Lesson
w (we), prep. with loc. or acc.	in, into	10, 29
wakacje, wakacji (or wakacyj)	(summer) holidays	28
walizka, walizki, w walizce; walizki, walizek	suitcase	28
wam (dat. of wy)	(to) you	22, 34
wami (instr. of wy)	(with) you	34
wariat, wariata, o wariacie; wariaci, wariatów	madman	38
Warszawa, Warszawy	Warsaw	28
warszawianin, warszawianina; warszawianie, warszawian	Varsovian (man)	37
was (acc. gen. and loc. of wy)	you (of you, in you, etc.)	11, 24, 34
wasz, wasza, wasze	your, yours	3, 19
ważny	important	33
wąski (masc. pers. wąscy)	narrow	41

Lesson

wkładać, I i.; p.: włożyć, see below	to put in, into; to put on (clothes)	37
Władek, Władka, dim. of Władysław	Ladislas	12
władza, władzy; władze, władz	power, authority	23
Władzia, Władzi, dim. of Władysława	girl's name (comp. Władysław)	23
właściciel, właściciela; właściciele, właścicieli	owner	18
właśnie (wtedy)	just (then)	30
włożyć, future; włoży, włożą; włóż, IV p.; i.: wkładać, I	to put in, into; to put on (clothes)	37
woda, wody, w wodzie; wody, wód	water	23, 31
wojna, wojny; wojny, wojen; dim.: wojenka	war	27
wojsko, wojska; wojska, wojsk	army, the forces	6, 26
Wojtek, Wojtka, dim. of Wojciech	Albert	27
woleć, woli, wolą, IV i.	to prefer	26
wolno	it is allowed	37
wolny	free, independent; not engaged	20
wołać, I i.; p.: zawołać, like wołać	to call, to cry out	27
wozić, wozi, wożą, woź, IV i. iter.	to carry (by some means of transport, regularly)	38
wóz, wozu; wozy, wozów	cart; (motor) car	30, 36
wpół do (e.g. drugiej)	half past (one o'clock)	36
wracać, I i.; p.: wrócić, see below	to go back, to come back, to return	5, 21, 40
wreszcie	at last	22
wrócić, future: wróci, wrócą; wróć, IV p.; i.: wracać, I	to come back, to return	21, 40
wrzesień, września	September	35
wspaniały, masc. pers. wspaniali	splendid, magnificent	15, 39
wstydzić się, wstydzi się, wstydzą się, wstydź się, IV i.; p.: zawstydzić się, like wstydzić się	to be ashamed	15
wszędzie	everywhere	34
wszyscy (male pers.)	all, everybody	19
wszystkie	all (other than male persons)	10, 19
wszystko	all, everything	16, 19
wtedy	then, at that time	37
wtorek, wtorku; wtorki, wtorków	Tuesday	20, 39
wuj, wuja; wujowie, wujów	uncle (on the mother's side)	12, 17
wy	you	2, 34
wybrzeże, wybrzeża; wybrzeża, wybrzeży	coast, shore	26

298

POLISH

Lesson

zielony	green 38
ziemia, ziemi; ziemie, ziem	earth, soil, ground, land; province (of Poland) 22, 23, 25
ziemniak, ziemniaka; ziemniaki, ziemniaków	potato 20
zima, zimy; zimy, zim	winter 23, 39
zimno, zimna	(the) cold, cold weather 15
zimny	cold, chilly 15, 19, 39, 41
złodziej, złodzieja; złodzieje, złodziei or złodziejów	thief 18
złoto, złota, w złocie	gold 31
złoty, złotego; złote, złotych (złoty, złota, złote—golden)	zloty, the Polish currency 22
zły, masc. pers. źli	bad, evil, wrong 25, 41
zmęczony, masc. pers.: zmęczeni	tired 36
zmieniać, I i.; p.: zmienić, future: zmieni, zmienią; zmień, IV	to change 35
znaczyć, IV i.	to mean 11
znać, I i.; p.: poznać, I, to come to know	to know 4, 5
znajoma, znajomej; znajome, znajomych (adject. decl.)	acquaintance (woman) 26
znajomy, znajomego; znajomi znajomych (adject. dec.)	acquaintance (man) 26
znowu	again 8
zobaczyć, future: zobaczy, zobaczą; zobacz, IV p.; i.: widzieć.	to see, to catch sight of 37
Zosia, Zosi, dim. of Zofia	Sophie 5, 23, 27
zostać (see the line below) kimś (instr., e.g., nauczycielem)	to become somebody (e.g., a teacher) 18
zostawać, zostaje, zostają, zostawaj, III i.; p.: zostać, future: zostanie, zostaną; zostań, III	to stay, to remain 8, 22
zostawiać, I i.; p.: zostawić, future: zostawi, zostawią; zostaw, IV	to leave, to leave behind 22
zrobiony z . . . (gen.)	made of . . . 4
zupa, zupy; zupy, zup	soup 30
zupełnie	entirely, completely, quite; zupełnie nie, not at all 16
zwierzę, zwierzęcia; zwierzęta, zwierząt.	animal 36
zwłaszcza	especially 11
zwycięstwo, zwycięstwa; zwycięstwa, zwycięstw	victory 10
zwykle	usually 21

Ź

GERMAN

PAUL COGGLE

This is a complete course in understanding, speaking and writing German. If you have never learnt German before, or if your German needs brushing up, *Teach Yourself German* is for you.

Paul Coggle has created a practical course that is both fun and easy to work through. He explains everything clearly along the way and gives you plenty of opportunities to practise what you have learnt. The course structure means that you can work at your own pace, arranging your learning to suit your needs.

Based on the Council of Europe's Threshold guidelines for language learning, the course contains:

- A range of graded units of dialogues, grammar and exercises
- Up-to-date information on unified Germany
- A detailed pronunciation guide
- An extensive German-English vocabulary

By the end of the course you'll be able to take a fully active part in the culture and everyday life of German-speaking people.

TEACH YOURSELF BOOKS

BUSINESS GERMAN

ANDREW CASTLEY and DEBBIE WAGENER

Now that the European market place is truly with us, thousands of business people are finding that they need to be able to say more than just 'Guten Morgen' if they are to survive.

If you've never learnt German before, or if your German needs brushing up, this is the course for you.

Andrew Castley and Debbie Wagener have created a practical course that is both fun and easy to work through. They explain the language clearly along the way and give you plenty of opportunities to practise what you've learnt. The course structure means that you can work at your own pace, arranging your learning to suit your needs.

The course contains:
- A range of units of dialogues, culture notes, grammar and exercises
- Further units of cultural briefings – in German to give you more practice
- A pronunciation guide
- Verb tables
- An English–German glossary of business terms
- An extensive German–English vocabulary

By the end of the course you'll be able to participate fully and confidently in meetings, on the shop floor, on the telephone, or in the bar after work.

TEACH YOURSELF BOOKS

NORWEGIAN

INGVALD MARM and ALF SOMMERFELT

This book offers a clear and comprehensive guide to everyday conversational Norwegian for readers with no previous experience of the language.

Norwegian has two accepted languages, Landsmål and Riksmål, which are spoken in different areas. This book concentrates on Riksmål, the language of the capital and of the most populous part of the country. Pronunciation, grammar and vocabulary are fully covered, and the text includes numerous exercises and examples to introduce the reader to the life and culture of Norway.

TEACH YOURSELF BOOKS

RUSSIAN

DAPHNE M. WEST

This is a complete course in spoken and written Russian. If you have never learnt Russian before, or if your Russian needs brushing up, *Teach Yourself Russian* is for you.

Daphne West has created a practical course that is both fun and easy to work through. She explains everything clearly along the way and gives you plenty of opportunities to practise what you have learnt. The course structure means that you can work at your own pace, arranging your learning to suit your needs.

Based on the Council of Europe's Threshold guidelines on language learning, the course contains:

- Graded units of dialogues, culture notes, grammar and exercises
- A step-by-step guide to the Russian alphabet and its pronunciation
- An extensive grammar summary
- A Russian–English vocabulary list

By the end of the course you'll be able to cope with a whole range of situations and participate fully and confidently in Russian life and culture.

TEACH YOURSELF BOOKS

SWEDISH

R. J. McCLEAN

This book provides a complete introductory course, designed to help the beginner learn to speak, read and write Swedish as quickly and easily as possible.

Pronunciation, grammar and syntax are clearly and simply explained, and a basic everyday vocabulary is gradually built up. Each chapter contains several examples to illustrate the new grammar points, and exercises with answers are also provided to test and encourage the reader's progress. The book also includes a useful grammar index and a comprehensive two-way vocabulary.

TEACH YOURSELF BOOKS